Maximilian Kunz * Willkommen im Leben

Über Sein und Werden

Maximilian Kunz

Willkommen im Leben

Über Sein und Werden

WHV

Wolfgang Hager Verlag

Stolzalpe 2024

Maximilian Kunz
Willkommen im Leben
Über Sein und Werden

1.Auflage November 2024

Wolfgang Hager Verlag
A-8852 Stolzalpe 70
www.wolfgang-hager-verlag.at

Umschlaggestaltung: Tobias Wölfler

ISBN 978-3-903443-33-4

Inhaltsverzeichnis

Über den Autor

Maximilian Kunz wurde 1978 in Wien geboren und lebt hier mit seiner Frau und seinem Sohn. Nach der Reifeprüfung absolvierte er eine wirtschaftliche Ausbildung mit Schwerpunkt Kommunikation an der Universität Wien bzw. der FH Wien. Mit zwanzig Jahren Erfahrung in der Kommunikationsberatung liegt sein nunmehriger Schwerpunkt im Bereich der kommunikativen Begleitung von strukturellen und kulturellen Veränderungsprozessen (Transformation) in großen Unternehmen.

Dieses Buch ist meiner wunderbaren Frau gewidmet, die mein Leben jeden Tag mit neuen Farben erfüllt. Sie ist die Quelle meiner Inspiration und hat mich bei diesem Buchprojekt vom ersten Tag an unterstützt. Dafür danke ich ihr von Herzen. Möge es mir gelingen, andere mit meinen Gedankengängen ebenso zu berühren, wie ihr das bei mir gelingt.

Vorwort

Zwar bin ich der unbedeutenden Meinung, gute Geschichten erzählen zu können, meine Absicht beim Verfassen dieses Buches geht jedoch weit über die Intention der Unterhaltung hinaus.

Ich begleite darin einen Menschen und seine persönliche Entwicklung: Lebensabschnitte, Taten und Prozesse, Vergangenes und Kommendes, Außergewöhnliches wie Alltägliches - nicht immer besonders Spektakuläres. Eigentlich gar nicht so Außergewöhnliches und sogar viel mehr Alltägliches. An Bedeutung gewinnt all das erst durch die Rückschlüsse und Erkenntnisse, die ich daraus für ihn abzuleiten versuche. Diese haben mitunter Bezug zur eigenen Existenz, der Gesellschaft und unserer Rolle in ihr.

Wer nun fragt, was an gewöhnlichen und alltäglichen Erlebnissen, kombiniert mit meinen persönlichen Ableitungen daraus, so besonders sein soll und warum ich gar den Aufwand betreibe, ein ganzes Buch darüber zu schreiben, dem antworte ich: Weil all das einen Menschen formt, seine Gedanken und Handlungen prägt und letztlich seine individuelle Sicht auf die Welt ausmacht. Im Zentrum meiner Ausführungen soll der Prozess unserer dynamischen Entwicklung, die wir alle durchlaufen, stehen. Schließlich gehen wir anders von der Welt, als wir auf sie gekommen sind. Alles, was wir hier wahrnehmen und erleben, was wir durchlaufen, lässt uns gedeihen und wachsen.

Je mehr ich mich darin übe, mein eigenes Leben, meinen persönlichen Weg, der mitunter gepflastert mit für mich nicht immer leichten und teils äußerst emotionalen Begebenheiten war, besser zu verstehen, desto reicher ist die Fülle an Erkenntnissen, die ich daraus gewinne. Nicht immer sind diese angenehm, manchmal sogar schmerzhaft, so gut wie immer aber lehrreich - jedenfalls dann, wenn sie mir eine Erklärung dafür liefern, warum gewisse Dinge in meinem Leben so passieren, wie sie es eben tun. Und trotzdem: Ich würde diese gegen nichts auf der Welt eintauschen wollen, denn sie haben mich zu dem gemacht, was ich bin.

Dieses Buch ist also der Dynamik der Persönlichkeitsentwicklung gewidmet – aus der Sicht eines reflektierenden Laien. Es soll sie nachvollziehbarer, nachhaltiger und greifbarer machen – für mich und alle, die es lesen.

Im Sinne des Leseflusses habe ich mich übrigens dazu entschieden, auf ein durchgehendes Gendern zu verzichten und stattdessen an dieser Stelle ausdrücklich darauf hinzuweisen, dass dieses Buch sich gleichermaßen an alle Menschen richtet – losgelöst von deren Geschlecht oder sexueller Orientierung.

Statt nun meine eigene Geschichte im Rahmen einer Autobiographie zu verfassen, habe ich mich bewusst für eine fiktive Erzählung entschieden. Dadurch möchte ich den erforderlichen Abstand sicherstellen, den ich für notwendig erachte, um mich sachlich jenen Fragen nähern zu können, die ich darin aufgreife. Die Gedanken, die ich mir bei dessen Entstehung gemacht habe, liefern mir Antworten, nach denen ich teils lange gesucht habe und durch die jedenfalls ich selbst intensiv wachsen konnte. So bin ich zur Überzeugung gekommen, dass dieses Buch auch anderen Hilfestellung bieten kann.

Durch kurzweilige Szenen, gepaart mit zunehmend tiefgehenden Anekdoten, tauche ich, Kapitel für Kapitel, tiefer in eine Geschichte ein, die Themen aufgreift, die uns alle auf die ein oder andere Art berühren. Immer wieder in die Perspektive des Erzählers wechselnd, liefere ich Gedankenanregungen, alternative Sichtweisen und Handlungsoptionen mit dem Ziel, zu einer besseren Einschätzung einer persönlichen Situation zu verhelfen oder die Notwendigkeit einer Veränderung zu erkennen. Das unweigerliche Resultat ist eine bewusstere Lebensführung durch ein erweitertes Infragestellen dessen, wer man ist und wer man sein möchte.

Wenn du in deinem Leben dazu tendierst, die Bodenhaftung zu verlieren und dich nach Erdung sehnst, wenn du in unserer oberflächlichen Gesellschaft den Tiefgang vermisst, wenn du dich voyeuristisch über soziale Medien am Leben Anderer ergötzt und literarische Abwechslung suchst - oder wenn du einfach nur auf der Suche nach Unterhaltung bist, dann bist du mir willkommen. Ganz besonders dann, wenn dein Weltbild, aus welchen Gründen immer, ins Wanken geraten ist oder ins Wanken geraten muss, weil du auf dem sogenannten Holzweg bist, so wie ich es häufig war, und du das entweder schon erkannt hast oder noch erkennen musst, ehe du dich selbst finden kannst.

Während ich dieses Buch geschrieben habe, wurde ich, wann immer ich davon erzählt habe, erschreckend oft gefragt, ob ich mich dabei künstlicher Intelligenz bedienen würde. Bücher wie dieses, die zutiefst Menschliches aufgreifen, sind den Aufwand immer wert, geschrieben zu werden - und zwar von Menschen für Menschen. Der menschliche Verstand ist etwas, das künstliche Intelligenz nicht ersetzen kann. Ihr fehlt sowohl die Seele als auch das Bauchgefühl. Der durch und durch menschliche Inhalt dieses Buches richtet sich also an alle, die sich wieder mehr als Mensch spüren und stolz darauf sein wollen.

Ich stelle den Anspruch, das Ernsthafte, das Tiefgehende mit dem Unterhaltsamen, dem Oberflächlichen und Banalen zu verknüpfen, weshalb ich versuche, die Geschichte so zu skizzieren, dass sie unsere Fantasie ebenso wie unseren Verstand anregt, uns also zum Nachdenken bringt. Das aber unbedingt mit einem Lächeln im Gesicht - weil das Nachdenken, wenn es erst in die Tiefe geht, rasch unbequem werden kann.

Sollte es mir gelingen, ein Stück weit dazu beizutragen, dass auch nur ein Mensch wieder Erdung erfährt, Halt und Vertrauen gewinnt oder das eigene Leben auch nur einen Deut intensiver wahrnehmen oder einordnen kann, dann habe ich mehr erreicht, als ich mir erträumt hätte.

Wenn du jetzt noch da bist, diese Zeile also noch liest, dann gehörst du nicht zu der überwiegenden Mehrheit, die – statistisch gesehen – ein Buch schon nach dem Kauf zur Seite legt, und mein Buch wahrscheinlich zu jenen, die dein Interesse insoweit geweckt haben, dass du bis hierhergekommen bist. Das freut mich sehr. Ich danke dir von Herzen und begrüße dich zu dieser Geschichte.

Einleitung

> *„Wer einmal sich selbst gefunden, kann nichts auf dieser Welt mehr verlieren."* (Stefan Zweig)

Wir alle reisen durch unser Leben. Es beginnt mit unserer Geburt und endet mit unserem Tod. In der Zeit dazwischen erfahren wir eine Entwicklung. Es ist die Entwicklung unseres Körpers, unseres Geistes, unserer Werte, Ansichten und Meinungen, unseres Wesens und unserer Identität. Diese Lebensreise inhaltlich einzugrenzen ist nicht einfach, wenngleich es für jeden Einzelnen Grenzen gibt: Intellektuelle, zum Beispiel in Form unserer Gedanken, emotionale, etwa in Form unserer Gefühle, physische, beispielsweise hinsichtlich unseres Lebensraumes, darüber hinaus soziale, religiöse, spirituelle und viele mehr.

Die Reise, an die ich denke, wenn ich im Folgenden von Lebens- oder Entwicklungsreise spreche, beinhaltet diese und viele weitere Aspekte. Sie bezieht sich auf die Entwicklung, die jeder von uns auf dieser Welt im Laufe der Zeit vollzieht. Demnach haben die Geschichten in diesem Buch viele Inhalte: Kindheit, Familie, Freundschaft, Liebe, Selbstfindung, Glück, Tod und manche mehr, die ich unter dem Begriff Leben zusammenfassen möchte.

Laut gängigem Verständnis umfasst das Leben die Sammlung aller Erfahrungen eines Individuums beziehungsweise verstehen wir darunter eine Prozessform, die alle Lebewesen gemein haben und die uns von toter Materie unterscheidet. Soweit die sachliche und durchaus nüchtern ausfallende Definition.

Hört man Philosophen darüber sinnieren, so geht deren Ansatz für gewöhnlich in eine alternative Richtung. Bei ihnen steht nicht die Frage im Vordergrund, was eine Lebensform erfüllen muss, um als Mensch zu gelten, sondern, welche Optionen innerhalb der Lebensform Mensch grundsätzlich bestehen. Ergo gehören dazu nicht nur Fähigkeiten wie Laufen, Sehen oder Sprechen, sondern auch Handlungen wie das Gründen einer Familie, das Ausüben von Sport, das Lieben, Reisen oder das Beginnen eines Krieges. All das sind Optionen, die im Verlauf unserer Kulturgeschichte Teil unserer Lebensform geworden sind. Damit steht nicht mehr die Frage, was den Menschen als Menschen definiert, zentral, sondern im Prinzip die Breite an Handlungsoptionen, die uns innerhalb der uns gegebenen Lebenszeit zur Verfügung steht. So ergibt sich eine schier unendliche Farbpalette an möglichen Lebensinhalten und Ausrichtungen. Beginnen wir diese zu evaluieren – was wir zwangsläufig tun, sobald wir Entscheidungen treffen, etwa um deren Konsequenzen abzuwägen, so kommen Emotionen, also Gefühle, die uns beim Treffen von Entscheidungen beeinflussen, hinzu.

Emotionen, unsere Gefühle und Empfindungen, sind die vielzitierte Würze des Lebens. Darüber, und was es letztlich ausmacht, kursieren unzählige Weisheiten in sämtlichen Kulturen und Religionen – und das längst nicht mehr nur von Philosophen. Wir alle kennen Geschichten wie die von dem Lehrer mit dem Krug. Darin möchte ein Lehrer seinen Schülern eine Lektion über und für das Leben mitgeben. Um ihnen seine Essenz auch bildlich zu vermitteln, stellt er einen Glaskrug vor seiner Schulklasse auf einen Tisch. Der Krug ist leer und die Schüler warten gespannt, was er damit tun würde. Er holt hinter dem Tisch einen Sack mit Golfbällen hervor und füllt den Krug so lange damit, bis keiner mehr hineinpasst. Dann fragt er die Anwesenden, ob sie den Krug für voll hielten. „Ja“, so die einhellige Antwort. Dann holt er einen weiteren Sack, gefüllt mit Kieselsteinen, und befüllt den Krug so lange, bis auch die Zwischenräume damit ausgefüllt sind. Er wiederholt seine Frage - und wieder sind sich die Anwesenden einig, dass der Krug voll sei. Schließlich holt er einen zweiten Krug, gefüllt mit Sand, hinter dem Tisch hervor und leert so viel davon in den ersten Krug, bis alle Zwischenräume sich füllen und der Krug randvoll ist. Ein letztes Mal wiederholt er seine Frage. Einigkeit. Der Krug ist nun vollends gefüllt.

„Der Krug ist ein Abbild unseres Lebens“, so der Lehrer. Die Golfbälle stehen dabei für die essenziellen Dinge: Familie, Freunde, Leidenschaften, die Kieselsteine für alle anderen Dinge, die auch wichtig sind: das Zuhause, der Job, das Auto. Der Sand repräsentiert alles, was übrigbleibt. Das Kleinzeug eben. Wenn man allerdings zuerst den Sand in den Krug füllt, so bleibt kein Platz für den Kies und die Golfbälle. Ähnlich ist es im Leben. Wenn wir unsere ganze Energie für das Kleinzeug aufwenden, bleibt uns nichts mehr für die wirklich wichtigen Dinge. „Schaut daher“, so legt der Lehrer den Schülern nahe, „besonders auf jene Dinge, die dafür verantwortlich sind, dass ihr glücklich seid. Die Golfbälle. Setzt Prioritäten. Denn alles andere ist nur Sand“, schließt er. Das Setzen von Prioritäten spielt eine entscheidende Rolle, wenn es darum geht, ein ausgeglichenes Leben zu führen. Freude, Glückseligkeit und Euphorie sind, genauso wie Zweifel, Herausforderungen und Ängste, Emotionen, die mit unseren Prioritäten verknüpft sind. Manchmal kann auch die Emotion selbst zur Priorität werden.

Während der Reise durch unser Leben ändern sich unsere Prioritäten und Sichtweisen zu so vielen Dingen. Je nach Umwelt und Lebensphase haben wir unterschiedliche Wertvorstellungen und Ideale. Entscheidend ist für mich zunächst die Erkenntnis selbst, dass diese sich ändern, also keine Konstante sind - auch dann nicht, wenn wir in der ein oder anderen Lebensphase noch so fest im Sattel zu sitzen glauben: Die Zeit relativiert alles. Junge Menschen sind resistenter gegen diesen Prozess als ältere. Wenn wir jung sind, machen wir uns kaum Gedanken über das Älterwerden – und wenn doch, sind diese meist mit zweifelhaften Annahmen verbunden. Für junge Menschen liegt das Alter in scheinbar weiter Ferne. Bei mir war es jedenfalls so.

Die Gründe für diese Änderungen in uns und um uns herum sind vielseitig. Äußere Rahmenbedingungen ändern sich ebenso wie die Fülle unserer Erfahrungen. Je älter wir werden, desto mehr sammeln wir - auch im Umgang mit uns selbst. Und aus Erfahrung lernen wir - auch über uns selbst.

Je nach äußeren Einflüssen, unserem Erfahrungsschatz und individuellen Erwartungen an die Zukunft sowie ein paar anderen Faktoren bilden wir dann unsere Meinungen, definieren unsere Werte und suchen unsere Ideale.

Bei manchen bleiben diese Meinungen, Werte und Ideale ein ganzes Leben lang unverändert – unreflektiert und starr. Bei den meisten von uns ist es anders: Was uns nämlich heute wichtig erscheint, kann morgen schon am Rande der Bedeutungslosigkeit sein – und umgekehrt.

Manchmal können wir solche Veränderungen in unserem Wertekonstrukt mit einschneidenden Erlebnissen verknüpfen, manchmal nicht. Dann ist es das Voranschreiten der Zeit beziehungsweise unsere körperliche und geistige Entwicklung, die in unserem Unterbewusstsein unaufhaltsam stattfindet. Sekunde für Sekunde und Tag für Tag. Und das nicht ohne Einfluss auf unseren Verstand. Und so wachen wir vielleicht eines Tages auf und sehen manches ganz anders als vorher. Vielleicht auch nur ein wenig anders. Was vorher schwarz war, muss nachher nicht unbedingt weiß sein. Es reicht schon, wenn aus Schwarz ein Braun wird. Und das ist gut so. Es ist unsere Entwicklung.

Entwicklung ist Stillstand jedenfalls vorzuziehen. Es sei denn, wir wären als Menschheit bereits perfekt – so es einen solchen Zustand überhaupt geben kann. Dass es ohnehin keinen Stillstand gibt, weil alles fließt, meinte schon der griechische Philosoph Heraklit, als er sagte, dass niemand zweimal in denselben Fluss steigen kann, weil eben alles fließt und nichts bleibt. Welchen Einfluss Erfahrungen und äußere Faktoren auf unsere Ansichten, Werte und

Ideale haben und wie sie diese verändern, veranschaulicht folgende Geschichte:

Der Bleistift und ich

Ein Bleistift ist nur dann ein guter Stift, wenn er von Zeit zu Zeit geschärft wird. Hätte er Gefühle, so wäre das Spitzen der Mine für ihn äußerst schmerzvoll. Und doch braucht es genau diesen schmerzvollen Prozess, um den Bleistift zu einem guten und sinnvollen Instrument zu machen.

Im Leben ist das ähnlich. Wir alle machen schmerzvolle Erfahrungen. Doch letztlich sind es genau diese, die unsere Persönlichkeit formen und uns wachsen lassen. Fehler gehören dazu. Wir alle machen sie. Manche davon können wir wieder gutmachen - sozusagen mit dem Radiergummi am Kopf des Bleistifts. Andere nicht. Was aber viel wichtiger ist: Eigentlich gibt es keine Fehler, denn in dem Moment, wo wir etwas als Fehler bezeichnen, haben wir bereits daraus gelernt - gelernt, beim nächsten Mal etwas besser machen zu wollen. Der Fehler wird damit zur Lektion. Genau wie der Bleistift, hinterlassen wir überall unsere ganz persönlichen Spuren. Wir schreiben unsere eigene Geschichte. Und jedes Mal, wenn wir geschunden werden, wachsen wir. Genauso wie die Mine des Bleistifts jedes Mal geschärft wird, wenn sie einmal abstumpft - und das Wichtigste, egal ob Stift oder Mensch, kommt dabei immer von innen.

Im Inneren liegen unsere Meinungen, Werte und Ideale – und folglich unsere innere Überzeugung, etwas zu tun oder zu unterlassen. Sie ist unser stärkster Antrieb. Aus ihr leiten wir auch unsere Handlungen ab, was sie zu unserer wichtigsten Motivation für unser Verhalten macht.

Der britisch-amerikanische Unternehmensberater und Autor Simon Sinek trifft es mit seinem Bestseller „Frag immer erst: Warum“[1] auf den Punkt, wenn er sagt, dass jedes Unternehmen zwar erklären kann, was es macht. Die meisten können auch gut darlegen, wie sie etwas tun. Doch nur die wenigsten wissen wirklich, warum. Und nein, das Erzielen von Profit ist keine zulässige Antwort. Profit sei nur die logische Konsequenz des intrinsischen Antriebs, des tatsächlichen Warum, wegen dem man in der Lage ist, etwas überdurchschnittlich gut machen zu können und man sich deshalb auch langfristig wahrscheinlich am Markt behaupten wird.

Ein Beispiel zur Veranschaulichung: Den meisten von uns wird das Essen in einem Restaurant dann positiv in Erinnerung bleiben, wenn der dort beschäftigte Koch aus der tiefsten Überzeugung heraus werkt, die besten Gerichte kreieren und zubereiten zu wollen, mit dem Ziel, seinen Gästen damit ein besonderes Erlebnis zu kredenzen. Gleich gegenüber ist ein weiteres Restaurant. Hier ist man nur auf das schnelle Geschäft aus. Der Koch arbeitet primär, um seine Rechnungen zahlen zu können, der Eigentümer nur, um möglichst rasch Profit zu machen. Nur logisch, dass er den billigsten Koch suchen wird, der wiederum mit geringstem Aufwand danach trachten wird, den Mindestanspruch der Restaurantgäste zu erfüllen. Wenn überhaupt. Ähnlich ist es, wenn das Restaurant gar nicht die Intention hat, gutes Essen zu servieren, sondern etwa Geldwäsche zu betreiben oder als Abschreibposten zu fungieren. Welches Restaurant sich mittelfristig behaupten wird, liegt auf der Hand. Rezensionen, Image und folglich die Buchungsauslastung im erstgenannten werden sich nachhaltig positiv entwickeln, während letzteres früher oder später etwas ändern wird müssen – oder eben zusperren wird.

---

[1] Simon Sinek, Frag immer erst: Warum, Redline Verlag, 7. Auflage, 2019

Sinek meint darüber hinaus, dass Menschen heute vielerorts nicht mehr kaufen, was man tut, sondern warum man es tut – Menschen also bereit sind, für die innere Überzeugung und Motivation eines Dienstleisters oder Herstellers eines Produktes einen Preisaufschlag zu zahlen. Sie tun das mitunter, weil im Falle der Identifikation des Käufers mit der Geisteshalteng des Verkäufers ein größeres Vertrauen zum gemeinsamen Wertekonstrukt zustande kommt. Denken wir an einen Bio-Supermarkt. Hier sind die Produkte nicht zwangsläufig geschmacklich besser und optisch meist weniger ansprechend, jedenfalls aber teurer. Auch gibt es solche Märkte nicht an jeder Ecke, man muss also mehr Aufwand betreiben, um überhaupt hinzukommen. Trotzdem kaufen Menschen dort ein, weil das Warum des Bio-Supermarkts für sie das Überzeugende ist – nicht das Produkt selbst.

Entscheidend ist, dass Menschen wie Unternehmen dann ein deutlich stärkeres Durchhaltevermögen haben, wenn sie ihr Warum, ihre intrinsische Motivation dahinter, kennen. Dann werden sie sich leichter in der Gesellschaft durchsetzen und in ihr behaupten.

Würden wir beide Köche der genannten Restaurants kennen, aber bei keinem der beiden je gegessen haben, wohin würden wir wahrscheinlich zuerst gehen? Genau. Wer ein Warum im Leben hat, der erträgt fast jedes Wie, meinte schon Friedrich Nietzsche.

Die Frage nach meinem Warum hat meine Haltung zu so vielen Dingen grundlegend verändert – deshalb, weil Simon Sinek mich dazu inspiriert hatte, zu beginnen, über mein persönliches Warum zu so vielen meiner Haltungen im Leben nachzudenken.

Wie ich mich früher auch, sehnen sich viele Menschen nach einem Leben, das sie ganz offensichtlich nicht führen. Das wird etwa bei der scheinbar omnipräsenten Freude auf das Wochenende oder der weitverbreiteten Abneigung gegenüber Montagen deutlich. Dabei sind Montage gar nicht schlechter als andere Tage. Nicht sie geben uns das Gefühl, unsere Tage und Energie zu verschwenden. Es sind einzig unsere Lebensumstände und die Sicherheit der Gewohnheit, die wir nicht bereit sind aufzugeben. Anstatt nun aber unser Leben zu ändern, bevorzugen viele von uns die sichere Unzufriedenheit. Vertrautes ist schließlich auch dann Vertrautes, wenn es einen unzufrieden macht. Widerspricht unser aktuelles Leben unserer Idee vom Leben, etwa, weil wir im Job unglücklich sind, dann beginnen wir, Montage abzulehnen und Wochenenden zu bevorzugen. Die Konsequenz ist ein konsequenter Kompromiss. Wer nun fragt was übrig bliebe, wenn man die Sicherheit, die einen doch nur lähmt, verließe, dem sei gesagt: der Rest seines Lebens.

Wenn jeder von uns immer das eigene, das wahre Warum kennen würde, wäre unsere Welt nicht mehr dieselbe. Dem ist nicht so. Verantwortlich dafür sind aber nicht immer nur die von uns eingegangenen Kompromisse. Denken wir etwa an ein Dutzend Philosophie-Studenten im ersten Semester und konfrontieren wir sie mit der Frage, warum sie sich für ein Philosophiestudium entschieden haben, so werden wir unterschiedlichste Antworten darauf bekommen. Dieselben zwölf Menschen dreißig Jahre später noch einmal mit derselben Frage konfrontiert, wird wahrscheinlich ein anderes Ergebnis liefern. Es gibt also ein Delta zwischen den beiden Antworten auf die gleiche Frage beim identen Personenkreis. Verantwortlich dafür sind die dreißig Jahre Lebenserfahrung dazwischen. Ich selbst habe mich für eine wirtschaftliche Studienrichtung entschieden. Warum? Darauf antwortete ich vor fünfundzwanzig Jahren gänzlich anders, als ich es heute tue. Weil ich damals schlichtweg keinen Schimmer von meinem eigentlichen Warum für diese Studienrichtung hatte. Zwar gab es eines, das war allerdings brüchig, basierte mehr auf oberflächlichen Vorstellungen eines frischgebackenen und naiven Maturanten, denn auf ernstzunehmenden Überlegungen eines zielstrebigen

Akademikers in spe. Heute gilt mein Interesse der Psychologie – doch nein: Ich habe keine psychologische Ausbildung.

Hätten wir die Gelegenheit, einzelne Kapitel in unserer Geschichte noch einmal beginnen zu können, so würden wahrscheinlich viele von uns manches anders machen - aus den unterschiedlichsten Gründen, mitunter, weil sich ihre Antwort auf das Warum zu gewissen Fragen im Laufe ihres Lebens - und basierend auf dem damit verbundenen Erfahrungsschatz - verändert hat. Selbst, wenn manche gleich alles noch einmal von vorne machen wollten, muss das noch nichts mit Reue zu tun haben. Nur weil man nichts bereut, heißt das nicht, dass man nicht gewisse Dinge anders machen würde, bekäme man die Gelegenheit dazu. Entscheidend ist nicht, dass man etwas anders machen würde und ob Reue dabei eine Rolle spielt, sondern, dass man es im Laufe seines Lebens erkennt und sich das auch eingestehen kann. Das ist keine Selbstverständlichkeit!

Ich selbst würde, abgesehen von meinem Studium, manches in meinem Leben anders machen, wenn ich die Möglichkeit hätte, in der Zeit zurückzureisen. Nicht, weil ich etwas bereue, sondern weil ich erkannt habe, dass meine Entwicklung hätte schneller erfolgen können. Es wären keine gravierenden Dinge, eher Entscheidungen, die mich später zur Erkenntnis geführt haben, dass mein Potenzial schon früher zur vollen Geltung hätte kommen können, wäre ich in einem anderen Umfeld gewesen. Doch das ist eben mein Weg. Wie bei den meisten von uns waren auch bei mir einzelne Phasen dieses bisherigen Weges für mich schwierig. Weil ich nicht genau erkennen konnte, warum, habe ich Hilfe in Anspruch genommen. Ausgehend von einer Familienaufstellung absolvierte ich unter anderem eine Gesprächstherapie und eine Energietherapie. Durch diese und andere Prozesse kam ich zu für mich schlüssigen Antworten:

1. Falle der Bequemlichkeit

Es heißt, das Leben beginne an dem Punkt, an dem man seine Komfortzone verlässt. Die Komfortzone wird damit zum Synonym für Bequemlichkeit. Denken wir an die bunte und artenreiche Tierwelt. Wahrscheinlich ist ausgerechnet der pelzige und gemütlich anmutende Koalabär für viele von uns das bequemste Tier auf Erden. Kaum fünf Stunden am Tag wach, verbringt er die meiste Zeit auf ein und demselben Baum, wo er letztlich nichts weiter tut als Fressen und Schlafen. Doch der Schein trügt, denn Koalas schränken ihre Beweglichkeit bewusst ein, um weniger Energie zu verbrauchen und ihren Kalorienbedarf zu drücken. Damit dient das eigene Faulsein dem Koala zum Überleben. Wir Menschen sind, ähnlich den Koalas, auf Bequemlichkeit programmiert. Im Gegensatz zu den Bären aus Australien gibt es für die Faulheit bei uns Menschen aber keinerlei Rechtfertigung. Trotzdem versuchen wir, unsere Ziele mit möglichst wenig Aufwand zu erreichen, ja manchmal sogar, diese nicht höher als nötig anzusetzen. Und nein, was ich meine, hat nichts mit Effizienz zu tun. Neues, uns bislang Unbekanntes, zu starten, ist für uns oft eine besondere Überwindung. Wir sind Gewohnheitstiere. Das veranschaulichen etwa die klassischen Neujahrsvorsätze: weniger Essen oder mehr Bewegung. Erst einmal zu etwas überwunden, versuchen wir, es in unsere tägliche Routine einzubauen. Wie wichtig das ist, veranschaulicht Folgendes: Wenn wir im Fitness-Studio mehrere Stunden trainieren, und uns anschließend vor den Spiegel stellen, werden wir von der wahrscheinlich erhofften Veränderung nichts sehen. Vielleicht fühlen wir uns kurzfristig besser, die angestrebte optische Veränderung wird jedoch ausbleiben - der Bauch wird immer noch da sein, die Muskeln immer noch nicht. Wenn wir das am nächsten Tag wiederholen, wird das am Ergebnis auch nichts ändern. Wir haben zwei Optionen: Entweder wir lassen es wieder, weil wir kein Ergebnis sehen und uns denken, das würde nichts bringen, oder wir machen weiter. Letzteres tun wir aber nur dann, wenn wir der inneren Überzeugung sind, dass diese Anstrengung sich für uns auszahlen wird. Dann betreiben wir sie konsistent weiter. In diesem Fall tut es nichts zur Sache, wenn wir einmal eine Torte essen oder zwei Tage keinen Sport machen. An einem Tag großen Aufwand zu betreiben, bringt uns nicht in Form. Jeden Tag eine viertel Stunde jedoch schon. Nicht die Intensität ist entscheidend, sondern die Routine. Wir streben dabei jedenfalls nach einer positiven Veränderung, die – wenn wir davon überzeugt sind, sie auch wirklich herbeiführen zu wollen, leicht gelingen wird – weil wir unser Warum kennen.

Der internationale Trainer, Coach und Autor Dieter Lange bezeichnet die Bequemlichkeit gar als härtesten Klebstoff der Welt, weil uns nichts so sehr bindet wie sie. Und dafür zahlen wir einen hohen Preis, denn Gewohnheit ist der Wartesaal des Lebens, das letztlich erst dort beginnt, wo man vorher noch nicht war. „Die Lust nach Bequemlichkeit“, so Lange, „mordet die Leidenschaft der Seele“. Laut ihm gibt es nur zwei Ereignisse, die uns blitzschnell aus diesem Muster katapultieren können: Liebe, die uns – als vorübergehender Tod des Egos – angstfrei macht, oder ein Schicksalsschlag, wobei Sal, von Los stammend, etwas Heiliges ist, man also, im übertragenen Sinn, zum Heil geschickt wird. Ein Gesunder hat viele Wünsche, ein Kranker nur einen. Und Lange fährt fort: „Zahme Vögel singen von der Freiheit, die wilden fliegen“. Auf der einen sind die „man könnte, wollte, sollte mal ...“, auf der anderen die, die es tun. Auf der einen Unternehmer und Pioniere, auf der anderen Unterlasser und jene, die ständig fragen: „Wo kämen wir denn da hin?“. Die von Lange gestellte Gegenfrage schießt den Vogel ab, denn sie lautet: Wo kämen wir denn da wirklich hin, wenn alle nur Herumlamentieren und keiner wirklich gehen würde, um zu schauen, wohin wir da wirklich kämen? Die Welt gemacht haben jedenfalls die Macher, nicht die Unterlasser. Großartig, nicht?

Dumm nur, dass ich kein Macher war. Zwar hatte ich es mir eine Zeit lang eingeredet, doch letztlich fehlte mein klares Warum und meine innere Überzeugung als wichtigster Antrieb. Die Gefahr der Bequemlichkeit ist allgegenwärtig – und ich ging ihr voll auf den Leim.

Haben wir sie erst einmal erkannt, gilt es, sie zu überwinden. Rezepte dafür gibt es unzählige. Die Tugend lautet, für sich selbst das Passende zu finden und es in seinen Lebensalltag zu implementieren.

In meinem Fall war der Schlüssel Inspiration zu intensiverer Reflexion. Ich musste gewisse Dinge ändern, weil ich anstand.
So habe ich begonnen zu lesen und mich mit Menschen und Themen zu beschäftigen, die mich vorher nicht interessierten.

Irgendwann kam dann von selbst das Verlangen, durch die dicke und fest verschlossene Türe am Rande meines sprichwörtlichen Tellers zu schauen. Entgegen all meiner, bis dahin scheinbar plausiblen, Erklärungen dafür, diese Türe möglichst nicht öffnen zu wollen, wollte ich es plötzlich doch. Und was ich zu sehen bekommen habe, hat weit mehr bewirkt, als ich jemals gedacht hätte. Mein anfänglich kurzer Blick durch diese Türe wurde für mich zum Aha-Erlebnis – und ich bekam Appetit auf mehr.

Bis dahin hatte ich die Grenzen meiner Komfortzone mit allen Mitteln verteidigt - und zwar von innen. Hoffnungslos verloren war ich deshalb aber nicht - muss mich also nicht den Rest meines Lebens als jemand abgestempelt fühlen, der mit minimalem Aufwand seine gegebene Zeit auf diesem Planeten verlebt - unmotiviert und bedeutungslos. Doch selbst wenn dem so wäre: Auch dieser Zugang hat seine Existenzberechtigung.

2. Suche nach Schuldigen

Durch mein Leben hat sich ein Gedankenmuster wie ein roter Faden gezogen. Viele kennen es, es ist weit verbreitet, bleibt meist lange unerkannt und wird in seiner Auswirkung häufig unterschätzt. Es ist das Gedankenmuster, das einem sagt, dass die Schuld für alles und jedes, also auch das eigene Scheitern, andere tragen. Als ich erkannte, dass ich stets versuchte, die Verantwortung für mein Leben an andere abzugeben, indem ich etwa hoffte, dass diese mein Potenzial erkennen und dann alles den von mir erhofften Verlauf nehmen würde, wurde mir klar, dass ich etwas ändern muss.

Mindestens zwei Geisteshaltungen waren bei mir für die Manifestation dieses Gedankenmusters verantwortlich. Zum einen bin ich davon ausgegangen, selbst immer alles richtig zu machen, zum zweiten habe ich immer und überall nach Anerkennung gesucht. Wer nun fragt, ob ich das bereue: Nein, denn schließlich habe ich es erkannt, für mich zur Lektion gemacht und meine Geisteshaltung adaptiert.

3. Die Krux mit der Angst

Lange habe ich mich gefragt, warum gerade ich der Bequemlichkeit so sehr auf den Leim gegangen war. Wie konnte es passieren, dass ausgerechnet ich, der es früher so gut verstand, mit Begriffen wie Fortschritt oder dem Puls der Zeit zu jonglieren, als Pseudokoala auf einem Baum verweilte, während sich das Leben am anderen Ende des Waldes abspielte - und dann, warum gerade ich die Schuld dafür, und alles andere auch, immer anderswo suchte, nur nie bei mir selbst.

Der Weg zur Antwort hat in meinem Fall gedauert – doch ich wurde fündig: Angst. Konkret die Angst vor der Verantwortung, etwas falsch zu machen und die Angst davor, nicht die Anerkennung zu bekommen, die ich mir für etwas erwarte. Hätte ich mein Problem der Bequemlichkeit erkannt und die Schuld daran bei mir gesehen, hätte ich handeln müssen – und das war damals außerhalb der mir ersichtlichen Bandbreite an Optionen.

Angst ist immer ein schlechter Ratgeber. Besonders dann, wenn gehandelt werden muss und Entscheidungen zu treffen sind. Dann wird sie nämlich zum Hinweis für ein wahrscheinliches Scheitern. Zwingt man Menschen, aus inneren Zwangslagen heraus Entscheidungen zu treffen und handeln zu müssen, droht irrationales Verhalten. Die Angst, und ihr Einfluss auf unsere Entwicklung, ist weitaus stärker, als wir glauben: Stellen wir uns vor, wir halten ein Glas mit unserem Lieblingsgetränk in einer Hand. Das hat kaum Gewicht, egal, was wir uns eingeschenkt haben. Im nächsten Schritt stellen wir uns vor, wir halten dieses Glas für die nächsten zwanzig Minuten in der ausgestreckten Hand waagrecht zum Boden. Plötzlich beginnt es in uns zu arbeiten. Erst gedanklich, dann körperlich. Wir müssen uns anstrengen. Irgendwann beginnt die Hand vielleicht zu zittern oder wir erleiden einen Krampf, je nachdem, wie gut wir in Form sind. Früher oder später werden wir müde, beginnen zu schwitzen. Unsere Schultern und unser Rücken werden bald weh tun. Je nach Alter und Verfassung scheitern wir vielleicht und senken die Hand schon vor Ablauf der zwanzig Minuten. Worum es geht, ist nicht, dass das Glas leicht ist, sondern, dass wir die Hand, in der wir es halten, nicht senken. Ähnlich ist es mit der Angst. Irrelevant, ob das, wovor wir Angst haben, eine große oder eine kleine Sache ist, ob es um viel geht oder wenig: Solange wir an der Angst festhalten, wird sie unser Leben beeinflussen.

In meinem Fall waren die Konsequenzen weitreichend. Auch, weil es tatsächlich nicht um Größe oder Gewicht des Glases geht, sondern um unsere Beharrlichkeit – meine Beharrlichkeit, es hochzuhalten. Und je länger wir das tun, desto mehr Angst müssen wir ertragen und desto mehr Aufwand betreiben.

Die Lösung des Problems mit der Angst ist, sie abzulegen. Klingt einfach, ist es aber nicht. Selbstreflexion, also unsere Analyse von Lebensumfeld und Lebensumständen, eignet sich als Präventivmaßnahme. Je eher wir sie in unseren Alltag implementieren, je eher werden wir die vorhandenen Ängste erkennen.

Trotz der Tatsache, dass ich in die Bequemlichkeitsfalle getappt, die Schuld immer bei anderen gesucht und ungeahnt weitreichende Ängste gehabt habe, hat es das Schicksal gut mit mir gemeint: Zum einen, weil es mich bislang vor besonders einschneidenden Erlebnissen verschont hatte. Zumindest vor solchen, die in kurzer Zeit weitreichende Veränderungen in meinem Wertekonstrukt beziehungsweise meiner Geisteshaltung verursachen würden. Auch ohne einschneidende Erfahrungen erlebt zu haben, kenne ich, wie wir alle, Berichte jener Menschen, die uns in Wissen, Erfahrung und Umgang mit derartigen Ereignissen voraus sind. Alle diese Berichte haben eines gemeinsam: Es ist die Kernaussage, dass unser Umgang damit das Entscheidende ist. Jedenfalls dann, wenn Aufgeben keine Option ist. Und wie wir damit umgehen, entscheiden allein wir selbst. Dass ich bislang von solchen Ereignissen verschont wurde, bedeutet aber nicht, dass ich mein Leben ausschließlich auf der Sonnenseite verbringe. In meinem Fall haben die Schattenseiten nur ein anderes Gesicht - ein weniger grässliches vielleicht. Schön ist es deshalb aber noch lange nicht. Ich denke etwa an Lebensabschnitte, in denen bei mir etwas aus dem Ruder gelaufen ist. Vielleicht aufgrund falscher Ideale, vielleicht wegen des Verlustes von Kontrolle, vielleicht auch nur, weil ich die Konfrontation mit der Realität scheute und mich lieber in eine Phantasiewelt flüchtete, ähnlich der kleinen Amélie Poulain in ihrer fabelhaften Welt[2], die so fröhlich verspielt, geziert mit einem Duft aus träumerischer Leichtigkeit und einem nicht wegzudenkenden Hauch von Melancholie, dazu einlädt, sich in ihr zu verlieren.

Zum anderen, weil ich nicht länger als menschlicher Koalabär auf einem Baum sitzen muss und die mir gegebene Zeit verlebe, unmotiviert und bedeutungslos, während sich das Leben am anderen Ende des Waldes abspielt. Nein!

Mir hat das Schicksal auf unerwartete Weise gezeigt, wie unendlich weit das Leben über den eigenen, selbstgesetzten Tellerrand hinausgehen kann. Im Boxsport heißt es, der Schlag, der am meisten trifft, ist nicht der härteste, sondern der, der unerwartet kommt.

Schuld daran, dass manche Lebensabschnitte für mich weniger schön waren, wie sie es vielleicht hätten sein können, war allein ich selbst. Primär, weil ich unzufrieden war. Unzufrieden, weil das, was sich mir in der Realität darbot, nicht immer dem entsprach, was für mich, der ich damals hoffnungslos in Amelies träumerischen Welt verloren war, passte. Der Weg, bis ich schließlich erkannte, dass die Differenz zwischen meiner selbst zurechtgestrickten Realität und der tatsächlichen Realität auf mein eigenes Versagen, meine Bequemlichkeit, zurückzuführen ist, war kein leichter.

Heute bin ich unendlich dankbar dafür, diese Entwicklung, diese Transformation, bewusst wahrnehmen zu dürfen. Sie hat dazu beigetragen, dass ich nunmehr ein leichteres, weil authentischeres und folglich glücklicheres, Leben führen darf. Glück?

---

[2] Die fabelhafte Welt der Amelie, Film von Jean Pierre Jeunet

Seit der Antike beschäftigt uns diese Frage, die bis heute allgegenwärtig ist. Wir leben in einer Zeit, in der Narrative zu großen Themen wie Politik, Freiheit, Gerechtigkeit oder eben auch Glück keine geteilten Narrative mehr sind. Heute haben Menschen eine zunehmend individuelle Auffassung darüber, was Freiheit, Gerechtigkeit oder auch Glück für sie bedeutet.

Zu dieser Entwicklung stark beigetragen haben soziale Medien, die den Medien- und Informationskonsum eines jeden Einzelnen beeinflussen. Soziale Netzwerke, Weblogs, Microblogs, Wikis sowie Foto- und Videoplattformen zeigen uns, was uns interessiert. Aufwendige und von den Betreibern oft streng geheim gehaltene Algorithmen sorgen dafür, dass wir immer auf den Bildschirm bekommen, was unsere Aufmerksamkeit ebendort hält. Seit Web 2.0 – also dem Internet, das jeder mitgestalten kann, dienen soziale Medien auch der profilbasierten Vernetzung seiner Nutzer. Kurz gesagt: Gleichgesinnte werden zusammengebracht. Und so entstehen die absurdesten Gruppierungen. Bis vor wenigen Jahren war es noch eine bewiesene und allgemein gültige Aussage, dass die Erde die Form einer Kugel hat. Heute beherbergt das Internet ganze Strömungen an Menschen, die, aus welchen Gründen immer, meinen, dass das nicht so sei - gemäß dem Prinzip der selektiven Wahrnehmung, das uns immer nach Bestätigung für das von uns Geglaubte suchen lässt, bestärken wir uns dann gegenseitig in unserem Glauben.

Glück ist genauso subjektiv geworden und bedeutet längst für jeden etwas anderes. Laut Statista wird die Wellnessindustrie bis 2025 rund sieben Billionen US-Dollar, also 7.000 Milliarden US-Dollar, umfassen. Glück, und unser Streben danach, wird damit zu einem immer größeren Geschäft.

Ein Tag in einem Wellnesstempel muss aber nicht bei jedem von uns Glücksgefühle auslösen. Trotzdem ist das rasante Wachsen dieser Industrie ein klares Indiz dafür, dass wir zunehmend in unser Wohl und unsere Zufriedenheit, und damit einen Zustand innerer Ausgeglichenheit, investieren. Wenn wir uns zufrieden fühlen, sind wir mit den äußerlichen Gegebenheiten einverstanden, fühlen uns wohl und leben ein Leben, das uns erfüllt. Es ist ein unterschwelliges und wärmendes Gefühl, das sich dann durch unseren Alltag zieht. Und je weniger Energie wir zur Bewältigung unseres Alltags aufwenden müssen, umso mehr bleibt uns für unsere Entwicklung, unsere Ziele und unser Vorankommen.

Zahlreiche Glücksforscher wie Psychologen meinen, dass soziale Beziehungen, egal ob familiär, freundschaftlich oder zwischenmenschlich, einer der wichtigsten Faktoren für unser Glücksempfinden sind. Gute Beziehungen erfordern jedoch Pflege – und nein, sie haben de facto nichts mit sozialen Medien zu tun. Zudem wissen wir oft nicht, was uns eigentlich glücklich macht und welchen Stellenwert soziale Beziehungen haben. Als Konsequenz machen wir Dinge, die uns langfristig unglücklich machen, um uns kurzfristig zu schützen, beispielsweise nach vielen „Freundschaften" auf sozialen Medien zu trachten.

Glück ist ohnehin etwas Kurzfristiges, das nur ein paar Momente andauert. Wichtiger ist das Wohlbefinden, ein kontinuierlicher Zustand, der unsere Lebenszufriedenheit entscheidend prägt. Und der ist bei mir durch meine Transformation nachhaltig gestiegen.

Die Glücksforschung sagt uns auch, dass man Glück kaufen kann, Geld damit zu einem wichtigen Faktor wird. Das belegt jedenfalls einmal mehr eine Studie[3] der Forscher Daniel Kahnemann und Matthew Killingsworth. Zentral in dieser Studie steht ein Betrag, ein Jahreseinkommen über 75.000 US-Dollar. Es heißt darin weiter, dass ab diesem Einkommen die negativen Effekte von

---

[3] https://www.pnas.org/doi/10.1073/pnas.2208661120

„zu wenig Geld“ wegfallen und wir damit ein auskömmliches Leben führen können - ohne Angst haben zu müssen, Not zu leiden oder Rechnungen des Alltags nicht zahlen zu können. Alles, was über dieses Jahreseinkommen hinausgeht, ermöglicht uns Luxus. Das zusätzliche Einkommen können wir dann für eine größere Wohnung, zusätzliches Reisen und teure Hobbys nutzen. Noch vor ein paar Jahren war die vorherrschende Meinung, dass uns dieses zusätzliche Geld eben nicht glücklicher machen würde. Aktuelle Daten deuten jedoch darauf hin, dass ein zusätzliches Ferienhaus, ein Sportwagen oder zwei, und eine dicke Brieftasche unser Glücksempfinden sehr wohl steigern können.

Für mich spielte Geld immer eine große Rolle. Schon in meinen Zwanzigern wusste ich, was ich alles brauchte – und es war immer viel. Nein, ich hatte keinen Sportwagen. Ich hatte die meiste Zeit kein Auto. Darum dachte ich, dass es mich so glücklich machen würde, wenn ich es nur hätte. Es heißt, wer nichts weiß, muss alles glauben. Wie zutreffend. Ich lag jedenfalls völlig falsch mit meiner Annahme, dass Geld mich übermäßig glücklich machen würde.

Das kann ich deshalb sagen, weil meine Lebenssituation, genau wie meine Sicht auf materielle Dinge, heute eine andere ist. Heute kann ich erhobenen Hauptes und mit fester Stimme sagen, dass nicht die glücklichen Menschen dankbar sind, sondern die dankbaren Menschen glücklich. Materielles wird damit zur Nebensache. Für mich, wie ich zugeben muss, auch, weil ich zu jener Gruppe gehöre, die laut der obengenannten Studie ein „auskömmliches Leben“ führen kann.

Der Weg zu mir selbst war und ist eine lange Reise mit vielen Stationen. Schritt für Schritt, Erfahrung für Erfahrung und Erkenntnis für Erkenntnis wich auf dieser Reise meine von mir sauber zurechtgestrickte Pseudorealität den Fakten des knallharten Seins. Für mich war und ist das ein langwieriger Prozess, dessen Ziel es ist, dass ich mit mir selbst vollends im Reinen bin und damit mein bestes Selbst werden kann. Das bedeutet auch, dass ich meine Schwächen erkenne und sie akzeptiere, ohne Wert darauf zu legen, was andere über mich denken. Das erst macht Authentizität möglich.

Es sind also nicht Einflüsse von außen, die das Handeln eines authentischen Menschen bestimmen. Die Motivation muss aus ihm selbst kommen. In meinen jungen Jahren orientierte ich mich stark am Außen, legte größten Wert darauf, was andere von mir halten und wie andere mich sehen. Das spiegelten auch meine Ängste. Heute ist das anders. Heute bin ich so nahe bei mir selbst, wie ich es vorher noch nie war. Sollte es überhaupt möglich sein, bei sich selbst vollends ankommen zu können, dann fühle ich mich auf dem richtigen Weg. Und dieser Weg gleicht einer Achterbahn: Manchmal bin ich traurig, aber ich gebe nicht auf. Manchmal bin ich verunsichert, aber ich gebe nicht auf. Manchmal bin ich wütend, aber ich gebe nicht auf. Manchmal bin ich verletzt, aber ich gebe nicht auf. Und ich bin stolz darauf.

Soweit eine grobe Skizze der Reiseroute meiner Selbstfindung. Dieser Zusammenfassung, der Tatsache, dass ich diese Worte so zu Papier bringen kann, ging ein langer und holpriger Weg voraus. Und nein, ich bin kein Esoteriker. Auch wenn man das vielleicht glauben könnte.

Meine Umwelt

Meine Lebensbühne ist Wien, eine Stadt, die gleichermaßen für ihre Morbidität und den außergewöhnlichen Humor ihrer Bewohner bekannt ist. Hier gehört der Tod zum Leben, wie manche sarkastisch meinen. Die für hier typische Kulinarik wird dominiert von Kaiserschmarren und Wiener Schnitzel, die Architektur von einem Riesenrad, an dem alte Eisenbahnwagons hängen, dem Stephansdom – und natürlich Schönbrunn, der früheren Heimat von Sissi und

Franz, die den Geist der hier lebenden Menschen bis heute entscheidend prägen. Edmund Sackbauer, aus der hierzulande berühmten Sozialstudie „Ein echter Wiener geht nicht unter“, ist ebenso ein, sicherlich für viele Wiener zutreffendes, Belegexemplar der hier vorherrschenden Lebensart, zu der Granteln jedenfalls dazugehört. Mehr noch: Mundi, oder Mundl, wie er in Wien genannt wird, ist zu Sissi und Franz in wohl jeder erdenklichen Hinsicht diametral. Und dennoch: Beide Seiten stehen für das, was Wien ausmacht. Ein echter Wiener, so sagt man, hat zudem tschechische Vorfahren.

Ein wenig Nasales von Kaiser Franz, gepaart mit einem durchaus vorhandenen Verständnis für das Weltbild von Mundl Sackbauer - und meine tschechischen Vorfahren machen mich wohl zu einem, mehr oder weniger, echten Wiener. Das aber viel Wichtigere: Ich hatte das Glück, in einer der lebenswertesten und wohlhabendsten Städte der Welt aufzuwachsen. Es fehlte mir an nichts – dachte ich jedenfalls.

Bevor nun ein falscher Eindruck entsteht: Meine lange, turbulente und nicht unwesentliche Beziehung zu Materiellem begleitet mich seit jeher auf meinem Weg. Mit dem goldenen Löffel aufgewachsen bin ich aber nicht, wobei das, wie so viele Dinge, immer eine Frage der Perspektive ist.

Meine Mutter war – nein, sie ist es noch, das, was man schlechthin unter einer aufopfernden und fürsorglichen Mutter versteht, die niemals etwas zwischen sich und ihr Kind kommen lassen würde. Was für Dummheiten ich auch immer zum Besten gab, sie steht immer hinter mir – und dass, obwohl ich sie regelmäßig in dieser Disziplin herausforderte. Mein Vater war früher in einer exponierten Managerposition, beruflich viel unterwegs und Berührungspunkte entsprechend selten. Beide Seiten waren gesellschaftlich bestens vernetzt und in dieser gerne gesehen. Das Haus war groß, der Kühlschrank voll und mein Kindermädchen ein Männertraum, mit dem ich viel Zeit verbracht habe, wohl den gesellschaftlichen Verpflichtungen meiner Eltern geschuldet.

Kindergarten, Volksschule, und schließlich eine strenge Privatschule. Die Zeit dort war prägend. Erste Ideale und Freunde fürs Leben. Dabei blieb es dann auch, denn ich musste das elitäre Etablissement noch in der Unterstufe verlassen - aufgrund „unüberbrückbarer Differenzen“, wie mir Mama später zu erklären versuchte. Über Umwege kam ich schließlich zu meiner Reifeprüfung. Während meiner Studienzeit durfte ich einige Monate im Ausland verbringen. Zunehmend erkannte ich, was mich nicht interessiert. Zahlen waren ohnehin nie meines und so startete ich eine Karriere in der Kommunikation – als Kommunikationsberater und PR-Manager. Ein Beruf, der in vielen Beliebtheitsrankings, sogar noch vor Politiker oder Journalist, unter den unbeliebtesten beziehungsweise unglaubwürdigsten, manchmal sogar unnötigsten, angeführt wird. Mir wars egal.

Damals und heute: Mitten im Leben

Hier stehe ich nun, angekommen in der sogenannten Lebensmitte. Anlass genug, meine bisherige Reise, meine dadurch entstandenen Werte und meine Identität kritisch zu hinterfragen. Midlife-Crisis? Vielleicht. Jedenfalls ein Lebensabschnitt, in dem ich mit meiner veränderten Wahrnehmung mit vielen Dingen konfrontiert werde und mich mit der Sterblichkeit auseinandersetze.

Als ich jünger war, hatten Ältere, Männer im Besonderen, Menschen in meinem jetzigen Alter, die augenscheinlich mitten im Leben standen, eine magische Anziehungskraft auf mich. Jedenfalls die Männer, die ich sehen wollte. Sie waren immer interessant. Ihre Berufe und Familien, ihr Werdegang und ihre Geschichte. Für mich waren sie alt genug, um Kraft ihres Erfahrungsschatzes scheinbar unendlich viel über das Leben erzählen zu können, gleichzeitig jung genug, um das Interesse der begehrtesten Damen meines damaligen Alters auf sich zu ziehen. Vielleicht, weil sie scheinbar so viel über das Leben erzählen konnten – vielleicht auch aus anderen Gründen. Ich habe zu ihnen aufgeschaut und darüber nachgedacht, wie schön es wohl sein müsste, ein geordnetes Leben zu haben, in dem es an nichts zu fehlen und in dem alles glatt zu laufen scheint. Nicht dass mein Leben damals so schlecht gewesen wäre. Ich habe nur meinen Weg erst finden müssen und bin davon ausgegangen, dass alle anderen den ihren bereits gefunden hätten. Nicht sehen konnte ich damals die Verantwortung, die damit einhergeht, „Mitten im Leben" zu stehen - und sich an dieser Stelle zu behaupten.

Als Kind der späten Siebzigerjahre habe ich, statistisch gesehen, die erste Lebenshälfte hinter mir. Und in der habe ich viel gesehen. Fünfundvierzig Jahre sind schließlich keine Kleinigkeit. Für niemanden. Es sind fünfundvierzig Jahre, gefüllt mit individuellen Erfahrungen, persönlichen Eindrücken und subjektiven Empfindungen.

Es heißt, mit dem Alter wird man weise. In den letzten Jahren komme ich mir zunehmend vor wie ein Psychoanalytiker in seinem letzten Lebensabschnitt, der es, mit seinem langen weißen Bart, bestens versteht, über die großen Themen der Menschheit zu dozieren. So einer, dem alle gerne zuhören. Nur: So einer bin ich nicht. Zumindest nicht immer. Die Konsequenz: Manchmal benehme ich mich fürchterlich. Ich tendiere dann dazu, die Rolle des über alles erhabenen Klugscheißers einzunehmen, der zu allem und jedem eine Meinung hat und diese, als wäre sie für die Welt von irgendeiner Bedeutung, auch gerne hinausposaunt.

Meine Standpunkte sind bevorzugt verbindender Natur, ähnlich, wie es bei Nathan dem Weisen der Fall war. Neben diesem großartigen Charakter aus Lessings gleichnamigem Ideendrama mag ich als Hans Wurst in seiner

Lebensmittekrise dumm aussehen, doch ich habe meine Gründe für diesen Vergleich:

Zunächst, weil Aufklärung in den letzten Jahren eine wichtige Rolle in meinem Leben spielte. Es waren für mich die Jahre der großen Erkenntnisse – und ich hoffe, dass diese gerade erst begonnen haben. Zudem bin ich der tiefsten Überzeugung, dass gegenseitige Toleranz und Akzeptanz in unserem Leben einen entsprechend hohen Stellenwert verdienen und de facto brauchen. Ob ich auch großzügig bin wie Nathan der Weise? Geiz ist mir jedenfalls fremd. Ich verabscheue ihn.

Dass das Miteinander generell viel stärker ist als das Gegeneinander, das wusste ich schon immer. Dass Geben aber seliger ist als Nehmen war für mich bloß ein Spruch, dessen Hintergrund ich nicht verstand und den mir auch niemand ausreichend zu erklären vermochte. Außer vielleicht Adam Grant, ein Professor für Organisationspsychologie an der Wharton Business School (USA), der in seinem Buch „Geben und Nehmen“[4] für mich glaubhaft darlegt, warum Egoisten eben nicht immer die Gewinner sind und man mit Großzügigkeit durchaus weiterkommen kann. Und das, obwohl Nicholas van Orton, der von Michael Douglas verkörperte Konzernchef im Drama „The Game“, ein Charakter ist, dem ich lange Zeit nachzueifern versuchte – zumindest in dem, was er verkörperte: Einen egozentrischen, trockenen und über Leichen gehenden Mann, der im Überfluss lebt und den ich dafür bewunderte.

An solchen fragwürdigen Werten über Lebensabschnitte hinweg festzuhalten, verstand ich gut. Glücklich war ich dabei nicht. Schlimmer noch: Ich machte mich selbst unglücklich, weil ich dazu tendierte, mich leid und als Opfer zu sehen.

---

[4] Adam Grant, Geben und Nehmen, Droemer 2013

Lange Zeit habe ich es nicht gewagt, die Dinge ernsthaft zu hinterfragen. Ob nun aufgrund meines frühen Entwicklungsstandes, mangelnder Selbstreflexion oder schlichter Ignoranz: Für tiefgreifende Fragen nach meinem persönlichen Glück – und auch meinem Warum bei so vielen Dingen - war in meinem Leben über lange Abschnitte einfach kein Platz. Glück sah ich, vereinfacht gesagt, in allem, was ich nicht hatte.

Gelenkt wie von höherer Macht, hat in den letzten Jahren ein Umdenkprozess in mir stattgefunden, und so haben sich mir völlig neue Seiten des Lebens offenbart. Als Konsequenz bin ich heute ein völlig anderer Mensch, als ich es (gefühlt) vor fünf Jahren noch war.

Mein Wesen hat sich grundlegend verändert. Ich ging von einem Extrem zum anderen - obwohl ich Extreme grundsätzlich ablehne. Lebenslange Konzentration auf ein und dasselbe war nie meine Stärke und auch nicht meine Vorstellung, was vielleicht auch meinem eher oberflächlichen Beruf geschuldet ist. Man könnte sagen, ich sei ein sogenannter Lebens-Allrounder. Ein Generalist. Jedenfalls habe ich mich mit den vielen Vor- und Nachteilen, die damit einhergehen, arrangiert. Ich bin in nichts außergewöhnlich gut und mir fällt auf die Schnelle auch nichts ein, was ich bestechend gut kann. Kochen vielleicht, und Schreiben, meinen manche. Und ja, ich bin ein Ästhet. Mit Selbstwert und Selbstbewusstsein habe ich zweifelsfrei meine Themen, an Geringschätzung mir selbst gegenüber liegt das aber nicht. Ich verzichte nur auf die Millionen, die ich vielleicht als wirtschaftlicher Top-Performer hätte verdienen können, und auch, als es um die Verteilung von Ruhm für außergewöhnliche Leistungen in Sport oder Wissenschaft ging, stand ich gerade in einer anderen Schlange an.

Dafür mache ich mir aber Gedanken darüber, in welcher Schlange ich da wohl gestanden haben mag. Auch das ist gut, wichtig und für unsere gesellschaftliche Entwicklung in Summe nicht weniger bedeutend, als es Leistungen von Spitzensportlern oder Experten diverser Spezialdisziplinen sein mögen. Die Beiträge anderer sind nur vielleicht klarer erkennbar. Generalist in einer immer spezialisierteren Welt zu sein, hat aber durchaus Annehmlichkeiten. Wir Generalisten legen etwa später los, dafür aber umso kreativer. Nein, diese These stammt nicht von mir. Sie stammt von David Eppstein, einem amerikanischen Journalisten und Autor, der in „Es lebe der Generalist" eindrucksvoll darlegt, warum wir in der heutigen Zeit besonders gefragt sind.

Als überzeugter Humanist vertrete ich zudem die Ansicht, dass unsere Welt jeden Tag ein wenig besser wird. Genauso wie wir selbst, entwickelt sie sich – quasi durch die kollektive Entwicklung von uns allen. Die Geschichte seit der Aufklärung verlief jedenfalls für uns, wenn auch nicht in allen Phasen rühmlich, zum Positiven[5]. Weniger Kriege, weniger Tote, ein laufend abnehmendes Maß an Armut gegenüber zunehmendem Wohlstand, mehr Bildung, Sicherheit, Frieden, und so vieles mehr. Natürlich, über die Jahrhunderte, mit einer gewissen Schwankungsbreite. Aktuell liefern etwa die erst kürzlich überwundene COVID-Pandemie und die damit verbundenen politischen Maßnahmen, sowie der am 6. Jänner 2021 erfolgte Sturm auf das US-Kapitol von Anhängern eines früheren US-Präsidenten, oder der gerade in Europa wütende Angriffskrieg Russlands auf die Ukraine, Beispiele, mit denen unverbesserliche Pessimisten gerne darzulegen versuchen, unsere Welt ginge den Bach hinunter. Ich bin überzeugt, das tut sie nicht.

Soweit mein Blick auf die Welt und der Versuch, einige jener Fehler zu beleuchten, die ich vielleicht gemacht habe. Fehler, die man in einer perfekten Welt nicht machen darf. Doch unsere Welt ist nicht perfekt und so machen wir sie doch. Und das ist gut so. Es ist menschlich. Diese Fehler allerdings für

---

[5] Steven Pinker, "Aufklärung Jetzt"

sich zu erkennen und zu akzeptieren, gleicht – jedenfalls für mich - einem Frühlingsputz im eigenen Dachkästchen. Das bietet eine gute Gelegenheit, um manches aufzuarbeiten, anderes umzuarbeiten und das ein oder andere auszumisten.

Würden wir alle irgendeine Kunst ausüben, wäre unsere Welt eine andere, eine bessere. Egal ob Malen, Tanzen, Bildhauerei, Dramaturgie, Poesie oder sonst etwas. Unabhängig, ob wir gut darin sind oder schlecht, nicht des Geldes wegen oder für Ruhm, sondern einfach nur um des Werdens Willen – um zu sehen, wie wir daran wachsen. Ich habe mich für das Schreiben entschieden.

Nun, da klar sein sollte, wer ich bin, wie ich die Welt begreife und warum ich diese Zeilen schreibe, wünsche ich allen, die jetzt noch weiterlesen, dass das Folgende ihnen dabei helfen möge, das Leben wieder intensiver wahrnehmen zu können. Es soll Gedanken zu Entscheidungen und Erlebnissen wecken, die sonst vielleicht ausblieben. Es soll Reflexion fördern und den erst-semestrigen Philosophie-Studenten, befragt nach dem Warum für sein Studium, dazu befähigen, in seiner Antwort einen Deut mehr von jener seines dreißig Jahre älteren Alter Egos geben zu können. Es soll den Koch und das Restaurant fördern, wo die Überzeugung vorherrscht, den Gästen ein kulinarisches Erlebnis bieten zu wollen. Den anderen soll es zum Umdenken anregen. Denn jede neue Erfahrung hilft dabei, zu erkennen, wer man ist, und wer man nicht ist.

Vielleicht kann dieses Buch sogar selbst für jemanden zur Erfahrung werden. Zur Erfahrung aufgrund der Anregung zur Reflexion, als die ich es verstehe. Erst einmal entfacht, kann sie für uns regelrecht zum Entwicklungsturbo werden.

Wenn wir auf einer Reise plötzlich erkennen, dass wir nicht mehr dieselbe Person sind, als die wir die Reise begonnen haben, dann ist das ein magischer Moment. Es ist kein Verlust dessen, was wir einmal waren. Vielmehr ist es ein Gewinn, der sich mit jedem Schritt, hin zu der Person, die wir werden sollen, exponentiell vermehrt. Gute Reise!

1. Almrausch

Tiroler Alpen. Ein lauer Spätsommerabend vor einer Gaststube, die den Eindruck erwecken möchte, eine Almhütte zu sein – wohl der Romantik wegen. Daneben ein Stallgebäude. Überwiegend riecht es nach Heu. Manchmal auch nach Gras. Am überdimensionierten Parkplatz davor tummelt sich eine illustre Menschenmenge. Dazwischen gerade Anreisende, die meist entweder aus protzigen Autos grölen oder, sich etwas bedeckter verhaltend, noch im gerade ankommenden und sardinenbüchsenartig gefüllten Shuttlebus sitzen. Der Verkehr scheint ob des bunten Treibens aus handelnden Akteuren zu stocken. Rundherum nichts als Finsternis, in der das noch so laut gegrölte „Servas" des ein oder anderen sauber herausgeputzten Individuums zur Begrüßung eines anderen nur scheinbar ungehört zu verhallen droht. Ja, im danebengelegenen Stall sind Kühe beherbergt, was aber gerade niemanden zu interessieren scheint. Je näher man der Gaststube kommt, desto mehr könnte der Eindruck entstehen, man befände sich in einer Art Warteschlange, die sich langsam, aber stetig in Richtung Eingang bewegt - im Gänsemarsch. Aus dem Inneren ist eine hörbar aufgeheizte Stimmung zu vernehmen.

Zunächst gilt es, die eifrig beschäftigten und unübersehbar muskelbepackten „Alpen-Securities", so die graue Aufschrift auf ihren schwarzen Poloshirts, am Eingang zu passieren, was nicht jedem gelingt. Nur scheinbar herzlich begrüßen sie, mit einstudiertem Tiroler-Schmäh, an diesem Abend die Gäste. Egal ob zu jung, zu alt, zu blond, zu brünett, oder sonst irgendeine Begründung: Die Bandbreite an Argumenten für eine Abweisung ist ebenso willkürlich wie unverhandelbar. Was auch immer der Grund für ein Scheitern an der Türe sein mag, wird von den Leidtragenden gerne zum Anlass für heftige Diskussionen und dramatische Szenen genommen.

Diese Hürde erst überwunden, erblickt man im Inneren eine bunte Menschenmenge, die sich in weitläufigen Räumen, Gängen und Stuben angeregt unterhält. Karierte Tischdecken, mit Rüschen besetzte Lampenschirme – teils auf verkabelte Hirschgeweihe gesetzt – der Beleuchtung wegen, und schwarzweiße Fotografien aus romantisch anmutenden Bergwelten vergangener Tage zieren die Räumlichkeiten. Dazwischen wird gegessen – meist im Stehen. Zünftig. Schinkenfleckerl, Kässpätzle oder Wiener Schnitzel. Die Luft ist dick, feucht und träge. Geraucht wird auch - von Ultra Slim bis Robusto ist alles dabei. Die Musik, ein Gemisch aus kommerzieller Popkultur und rhythmischem Elektro, ist laut, einige schwingen ihre Gliedmaßen, mehr oder weniger exzessiv, zum Beat - während des Essens und trotz des Gedränges. Wohin man blickt, wird Champagner getrunken – mancherorts, trotz dem noch jungen Abend, schon Hochprozentiges. Meist Schnaps aus Österreich oder Vodka von weiter östlich.

Die Szenerie strotzt vor Sexappeal. Enge Dirndl betonen die Vorteile so manch anschmiegsam wirkender Dame. Pralle Brüste, gepresst in karierte Rüschenblusen, wohin das Auge reicht. Unten trägt Frau bevorzugt kurze, über-Knielange oder bodenlange Dirndlröcke - je nach Aufgeschlossenheit ihrer Trägerin. In wenigen Ausnahmen glänzen zarte Mädchenbeine durch nur optisch zu eng geratene schwarze Gummihosen. Der Anblick der glänzenden Latexbeine belebt die Fantasie so manch anwesender Herren. Bei vielen allerdings erlischt die kurz aufgekommene Wollust beim Erblicken dessen, was sich zwischen zierlichen Latexbeinen und prall gefüllten Rüschenblusen sonst noch so herumtummelt: Darunter augenscheinlich übereifrig revitalisierte und zu Katzengesichtern mutierte Damenvisagen, die durch Schlauchbootlippen und verzogene Gesichtszüge, auf teils runzelige Dekolletees gesetzt, eher modernen Kunstwerken gleichkommen als dem, was wohl ursprünglich bei deren Modellierung beabsichtigt war.

Das auffallende Gehabe der Damen, egal welchen Alters, lässt jedenfalls da und dort Rückschlüsse auf die scheinbar unendliche Potenz der anwesenden Herren zu. Mit zielstrebigem Gesichtsausdruck und durchtrainiertem Torso geben sich diese, meist in kariertem Hemd und Lederhose, locker und entspannt – mit einem optisch nicht zu leugnenden Maß an Selbstbewusstsein. Wer Porsche fährt, trägt den Schlüssel um den Hals. Gut ersichtlich jedenfalls. Mittendrin immer wieder Lokalprominente der Kategorien C oder D, meist E, ganz selten aber auch B.

Man unterhält sich, zeigt sich nach außen von seiner besten Seite, rausgeputzt und aufpoliert, während man im Innen darum bemüht ist, den Eindruck zu erwecken, als wäre dieser Zustand der ganz normale Alltag. Am Gegenüber wie dem Rundherum gibt man sich mäßig interessiert, möchte niemandem mehr Aufmerksamkeit zukommen lassen als unbedingt nötig. Wie viel es tatsächlich ist, scheint mit dem Druck der Damenbrüste in den zu engen Rüschenblusen oder dem bereits erworbenen Promillespiegel zu korrelieren. Womöglich eine Kombination aus beidem – vielleicht spielen auch weitere bewusstseinsverändernde Faktoren mit ein. Irgendwo musste der da und dort wahrzunehmende Grasgeruch ja herkommen. Zwischen kurzen Momenten der offenkundigen Euphorie verhalten sich alle, als wäre diese Szenerie nur ein zu absolvierender Pflichttermin. Was ist da los?

Es ist Kirtag. Nicht irgendeiner. Der in Kitzbühel, dem österreichischen Mekka der High Society und jener, die es noch werden möchten. Wieder einmal trifft die Schickeria aus Alpen- und Voralpenland an zahlreichen Orten der Gamsstadt zusammen, um sich gemeinsam selbst zu feiern. Und das versteht sie in bester Manier. Jedenfalls an diesem Abend in dieser Gaststube. Es ist Almrausch.

Passend zu Attitüde und Mimik der meisten Gäste grölt aus den überlauten und bass-lastigen Musikboxen, die hier und da extra für diesen Abend aufgebaut wurden, die Stimme aus David Guettas gleichnamigem Hit „The World is mine“. Gerade herausgekommen, augenscheinlich bereits Kult. Manch einer der anwesenden Teenager hat beide Hände in der Höhe und grölt zum Text, nur um gleich nach den vier Worten wieder von seinem Glas zu saufen, als hätte man drei Tage nichts Flüssiges gesehen. Auf einem T-Shirt, das unter einem blau-weiß karierten Hemd zu sehen ist und von dessen Träger wohl absichtlich zur Schau gestellt wird, steht:

> Superman war Single.
> Batman war Single.
> Spiderman war Single.
> Ich muss ein Superheld sein.

Die älteren Herren geben sich etwas dezenter, widmen sich bevorzugt den Katzengesichtern, die um manche von ihnen herumschleichen, als wäre es ihre nächste Mahlzeit. Wo die Geräuschkulisse noch nicht alles übertönt, hört man die skurrilsten Ausprägungen der deutschen Sprache. Wer sich nicht durch seinen preußischen Akzent als ebensolcher zu erkennen gibt, inszeniert sein Sprachmuster auffallend mit Eigenheiten, die, neben Tirol, vorrangig den nahegelegenen Regionen Salzburg und Oberösterreich zuzuordnen sind. Man ist stolz auf seine Herkunft und betont seine Mundart. Meist mit Begrüßungsfloskeln, welche die gute Laune zum Ausdruck bringen, wie „Grias di“, „Alles roger“, oder – wenn man sich dezenter geben möchte, weil man vielleicht gerade eine Dame begrüßt, „Ciao Bella“. Bei einem Mann wäre es wohl „Ciao Bello“.

Dazwischen finden sich auch ein paar wenige, die extra für dieses Wochenende aus Wien, der Bundeshauptstadt der Alpenrepublik, angereist sind.

Manche von ihnen haben hier einen Zweitwohnsitz, andere wohnen in einem der zahlreichen Luxushotels. Manche auch in einer Frühstückspension. Dabeisein ist alles – und eines haben alle gemein: Mit ihrem eigenwilligen Sprachmuster, in dessen Zentrum unweigerlich das Wort „Oida“ steht, stechen sie besonders hervor.

Oida. Dieses genuin österreichische Wort ist schon seit Jahrzehnten fest in der für die Bundeshauptstadt typischen Dialektik verankert. Der Umfang seiner Bedeutungen hat jedoch über die Jahre rasant zugenommen und reicht längst vom erstaunten Ausruf mit verschiedenen Bedeutungen bis hin zu einer wenig verhüllten Drohung. Es kann sowohl als Frage wie auch als Antwort eingesetzt werden. Diese semantische Vielseitigkeit und universelle Einsetzbarkeit in vielen kommunikativen Situationen macht es zu einem der wahrscheinlich wichtigsten Ausdrücke überhaupt, um in Wien und mit den Wienern ein gutes Auskommen finden zu können.

Der klassische Wiener, ohnehin ein schwer zu fassendes Phänomen und jedenfalls ein Kapitel für sich, ist an diesem Abend der zahlenmäßigen Übermacht der Bayern unterlegen. Einer von ihnen ist Johannes. Seine Freunde nennen ihn Johnnie, sein Spitzname ist aber Jetset Johnnie. Nicht immer. Nur, wenn die Stimmung es zulässt – und das tut sie an diesem Abend.

Johnnie hat hart für seinen Spitznamen gearbeitet. Viele Jahre hat er keine Gelegenheit ausgelassen, das Leben zu feiern und sich als Partytiger zu inszenieren. Überall musste er dabei sein, keinen sprichwörtlichen wie tatsächlichen Kirtag auslassen. Es scheint, als hätte er Angst, etwas zu verpassen, würde er einmal ein Wochenende zu Hause verbringen. Immer ist er auf der Suche nach Gesellschaft, hat scheinbar Schauder davor, allein zu sein – getrieben von dem Druck nach Anerkennung, den er sich selbst auferlegt. In der Gesellschaft steht er gerne im Mittelpunkt. Er lebt im Außen. Mit jedem gut

zu können, ist eines seiner prominenten Talente. Zumindest so lange, solange es um nichts geht. Ob Politik, Wetter oder Weltgeschehen: Hauptsache es bleibt an der Oberfläche. Zu persönlich darf es nicht werden, denn aufmerksam zuzuhören und auf persönliche Befindlichkeiten seines Gegenübers einzugehen zählt nicht zu seinen Stärken.
An diesem Abend ist Johnnies blau-kariertes Hemd maßgeschneidert – wie sonst auch. Neben ihm hat auch seine mittelbraune Hirschlederhose, ein Muss in der Garderobe jedes heimatverbundenen Wieners, an diesem Abend Grund zum Feiern. Nebst dem Kirtag in Neustift, einem berühmten Weinort am Fuße des Wiener Kahlenbergs, ist jener in Kitzbühel der einzige Anlass im Jahr, an dem der Wiener sie stolz zu präsentieren versteht. Sie geht knapp unter Johnnies Knie und mündet, mit einer feinsäuberlich geformten Masche, gebunden aus hellbraunem Raulederband, in einen altrosafarbenen Stickstrumpf, der seine Beine vollständig bedeckt. Dazu schwarze Schnürschuhe. Theresianer. Das rotbraune mittellange Haar mit reichlich Pomade geglättet, die letzte Rasur exakt achtzehn Stunden her, schließlich will man seine Männlichkeit betonen, und das sonst eher blasse Gesicht Solarium-gebräunt. Einen ähnlichen Anblick würde wohl George Clooney abgeben, hätte er sich einmal nach zwei Wochen Karibikurlaub bei Stanglwirts Weißwurst-Party in Going, einem Vorort von Kitzbühel, in dem sich gerne echte Promis die Klinke in die Hand geben, blicken lassen. Hat er aber nicht. So viel zu Johnnies Selbsteinschätzung.

Der gepflegte Achtzehnstunden-Bart ist ein Indiz dafür, dass unser Protagonist stets darum bemüht ist, nach Außen rau zu wirken – auch wenn sein Kern butterweich ist, was jene, die ihn kennen, längst durchschaut haben. Johnnie ist sensibel.

In seiner Kindheit, er war gerade zwölf, ließen sich seine Eltern scheiden. Durch diesen Verlust eines bis dahin stabilen Familienlebens geriet sein

Rhythmus ein wenig ins Trudeln. Ein Zustand, der ihn über seine gesamte Teenagerzeit, und darüber hinaus, begleiten sollte. Trotzdem versteht er es, damals wie heute, das Beste aus fordernden Situationen wie diesen zu machen. Nur wenige Wochen nach ihrer Scheidung hatten seine Eltern wieder geheiratet – neue Partner. Johnnie nahm es sportlich. Das gab ihm schließlich Zugang zum Haus des neuen Stiefvaters und der Wohnung der neuen Stiefmutter, wo er den nächsten Abend mit Freunden unverzüglich plante. Wie man feiert, dass wusste er damals und das weiß er heute.

Jetzt ist er Anfang zwanzig und kommt in seinem Wesen einer harmonischen Kreuzung aus Steve Stifler, dem permanent manischen Frauenschwarm aus der Kult-Komödie American Pie, und Disco Stu, der immer tanzenden Kultfigur aus den Simpsons, die der Geschichte nach in den 1970ern bei einem Boogie-Unfall ins Koma fiel und in den 1990ern wiedererwachte, gefährlich nahe.

Wer so um seinen Auftritt bemüht ist, versteht es, sich bei einem Anlass wie dem Almrausch entsprechend zu inszenieren. Das gesellschaftliche Parkett allein zu betreten ist völlig ausgeschlossen. Flankiert von Doris, einer äußerst adretten Blondine, die er gerade als seine aktuelle Lebensabschnittspartnerin bezeichnet, folgt ihm außerdem ein großwüchsiger Kasache namens Juri, der einen nicht zu überhörenden Akzent hat und von der ebenseinen Dulcinea, der zierlichen und wunderhübschen Claudia, begleitet wird. Ihn lernte Johnnie in Wien bei einer Party kennen - wo sonst.

Das Quartett ist gestylt, bestens gelaunt und gibt sich zuversichtlich, eine lange und feuchtfröhliche Nacht vor sich zu haben, bevor es sich souverän in das gesellschaftliche Treiben vor Ort zu integrieren versteht. Es folgen ein paar oberflächliche Gespräche und reichlich Alkoholkonsum. So nimmt der Abend unweigerlich seinen Lauf. Gerade findet sich die Viererrunde um einen Stehtisch in der Mitte einer großen Terrasse, gepflastert mit sonnenverbranntem Holz, von der aus man auf den davor gelegenen Parkplatz blickt, ein. Es entfacht eine Diskussion über absolut Essenzielles – jetzt gerade, ob die vergangenen Sommermonate auf Ibiza oder in Saint Tropez schöner waren.

Johnnie ist dabei, einen Monolog über einen neuen Club auf der Baleareninsel zu starten, den er besucht hatte. Er holt, nach seiner Ankündigung, eine sensationelle Geschichte erzählen zu wollen, kurz und tief Luft. Juri und die Mädels warten scheinbar gespannt auf das, was nun folgen sollte. Doch es kommt anders.

Lautes Motorenheulen überschallt die gesamte Bergsohle – inklusive jenes Tisches auf jener Terrasse, an dem Johnnie gerade dabei ist, seine Geschichte zu starten. Am Parkplatz rollt, geradezu majestätisch, langsam ein himmelblauer Porsche GT3 an. Etwas für Kenner. Der Motor übertönt alles - als wäre der Fahrer des Sportwagens einer Alkoholvergiftung erlegen und hätte vor seiner Bewusstlosigkeit keine Zeit mehr gefunden, sein Bein vom Gaspedal zu nehmen – zum Glück der Anwesenden ohne Gang im Getriebe. Als der Motor schließlich verstummt, scheint die gesamte Hundertschaft an gerade auf der Terrasse stehenden Gästen jenen kurzen Moment Stille zu brauchen, der sich einstellt. Alles blickt auf den Parkplatz. „Den gleichen hab´ ich auch“, grölt Juri jetzt zu Johnnie quer über den Tisch, wohlweislich die Gelegenheit nutzend, den Damen der Runde jenseits der eigenen unterschwellig seine Potenz in Form des Vermögens seiner Eltern zu unterbreiten. „Fährst du echt noch selbst, dann machst du was falsch“, folgt prompt ein Kommentar einer bislang unbekannten Stimme – quasi aus dem Off. Und sie fährt fort: „Ich fliege jede Woche mit dem Jet von Graz nach Zürich. Wenn ich ein Auto brauche, fährt mich Toni, mein Chauffeur“.

Johnnies anstehender Monolog zu einem neuen Club auf einer Baleareninsel scheint vergessen. Verwunderte Blicke. Auftritt Alexander. Daneben, genau, Toni. Ein zierlicher Typ, der von dem Maß an vor Ort vertretener Männlichkeit ein wenig eingeschüchtert wirkt und still in Alexanders Schatten verweilt. Erstgenanntem ist die Aufmerksamkeit der Damen, seinem weniger attraktiven Erscheinungsbild zum Trotz, erst einmal gewiss. Ein kleinwüchsiger und untersetzter Typ, der seine spärlich vorhandenen Haare an der Kopfhaut zu einem Scheitel frisiert hat und dessen Trachten-Outfit eher den Eindruck vermittelt, als hätte er es auf einer Raststation einer durch die Alpen führenden Autobahn erstanden – quasi Last Minute - als wegen seines Modebewusstseins, drängt sich dazu. Seine Stirn wirkt kurz und sein Kopf schmal. Kurzum: Ein Adonis, wie ihn Botticelli hätte malen können, ist er nicht. Dafür gleicht das, was aus seinem kleinen Mund kommt, auf den er ganz offensichtlich nicht gefallen war, einer großkalibrigen Schnellfeuerwaffe. Was durch ebendiesen schießt, prasselt über die Anwesenden, die noch immer um den, mit einem rotkarierten Tischtuch bedeckten, Tisch stehen, in knallhartem Steirer-Dialekt nieder. Alexander besticht durch seine Sprachfertigkeit. Wohl zum Missfallen von Juri, der sich durch dessen Auftritt sichtlich in seiner Ehre gekränkt fühlt und mürrisch innehält.

Die Szenerie ist angespannt. Für die beiden Herren, Juri und Alexander, geht es jetzt um alles: Stolz, Image, Reputation - und schließlich die Zuwendung der anwesenden Damen, auf die Letzterer ganz offensichtlich abzielt.

In den nun folgenden Minuten wird Johnnie Zaungast eines Hollywood-reifen Schwanzlängenvergleichs zweier Alphamännchen - und zwar erste Reihe fußfrei. Nein, die tatsächliche Länge eines primären männlichen Geschlechtsteils – weder von Juri noch von Alexander – ist dabei kein Thema. Vielmehr geht es bei dem verbalen Duell darum, die anwesenden und gespannt wartenden Zuhörer davon zu überzeugen, dass man selbst cooler – weil finanziell potenter – sei als sein Gegenüber. Gekonnt nutzen beide die ihnen zuteil gewordene Aufmerksamkeit, um den jeweils anderen zu schmälern, meistens durch das mit Superlativen geschmückte Zurschaustellen der eigenen Möglichkeiten dank entsprechender Mittel, wobei das so manche Elternteile der Anwesenden wahrscheinlich anders sehen würden. Betont werden Dinge wie die Sonderausstattungen der eigenen Autos oder präferierte Lokale in exklusiven Urlaubszielen. Klotzen statt kleckern, lautet die Devise - Großkotz gegen Großkotz.

Selbst der so umtriebige Johnnie hatte das in einer so direkten, gleichsam harten wie bizarren, Form noch nicht erlebt. Die Situation gleicht einem Rap-Battle, bei der das Diffamieren des Gegenübers und die übertriebene positive Darstellung der eigenen Person im Mittelpunkt stehen. Doch wer ist der Neue auf der Bühne?

Alexander gibt sich als erfolgreicher Unternehmer, der mit jedenfalls über Vierzig deutlich älter als Johnnie ist und auch so aussieht. Im wortgewandten und kurzweiligen Dialog mit Juri, in dem eine Wuchtel der anderen folgt (Anm.: Wuchtel sagt man in Wien zu einer amüsant gemeinten Meldung, die alle zum Lachen bringt, seinen Gesprächspartner aber zeitgleich unterschwellig denunziert), stellt sich bald heraus, dass Alexander eine Firma hat, die mit Diamanten handelt - rund um den Globus. Selfmade. Nach der Aussage, er würde jede Woche mit dem Jet von Graz nach Zürich in sein Büro fliegen, wagte das auch niemand zu hinterfragen. Natürlich hat er damit die Aufmerksamkeit auf sich gezogen, seine sprichwörtlich aus Eischale und mit vergoldeten Kanten von Hand gefertigte Visitenkarte hat aber letztlich überzeugt.

Nach diesem Einstieg Alexanders rudert Juri, ob dessen verbaler Überlegenheit, zerknautscht zurück. Kleinlaut, ohne etwas zu sagen, zeigt er sich schweren Herzens respektvoll gegenüber dem neu in die Runde gekommenen.

Während Juri gedanklich eifert, wie er hätte besser mit der Situation umgehen können, ist die Aufmerksamkeit einiger Damen außerhalb des Quartetts, die dem Dialog ebenfalls beiwohnten, weil sie zufällig danebenstanden, ganz bei Alexander, der Juri längst den Platz im Mittelpunkt der Runde abtrünnig gemacht hat. Rotzfrech. „Und, hast Du eine Freundin“, gibt sich eine unbekannte Dame interessiert, mit der Alexander geschickt zu kokettieren beginnt. Ein Frauenversteher ist er auch.

Johnnie, ein begnadeter Netzwerker, möchte diesen neuen und interessanten Kontakt keinesfalls aus den Augen verlieren. Der Typ muss schließlich etwas am Kasten haben. Doch, nur einen kurzen Moment unachtsam, ist er plötzlich verschwunden. Ebenso rasch und unerwartet, wie er die Bühne betreten hatte, hat er sie auch wieder verlassen. Alexander – samt Toni, der bis zuletzt wortlos in dessen Aura schwirrte, ist spurlos verschwunden, als wäre es Teil der Dramaturgie seines Auftritts, über den nach dessen Abgang intensiv gemutmaßt wird.

Irgendwann, in den frühen Morgenstunden, schnappt Johnnie seine Doris und überzeugt sie, dass es jetzt an der Zeit wäre, den Heimweg anzutreten. Ohne Porsche und ohne Chauffeur. Dafür mit dem nächsten Shuttlebus, der halbstündig vom Parkplatz abfährt und auf den bereits eine lange Schlange volltrunkener Teenager wartet.

Verkatert öffnet Johnnie am nächsten Morgen die Augen. Die euphorisierende Wirkung der, durch den dezenten Alkoholkonsum der vergangenen Nacht ausgeschütteten, Glückshormone Dopamin und Endorphin lässt nach. Noch macht er sich keine Gedanken darüber, wie er den Speicher positiver Botenstoffe in seinem Hirn wieder aufladen kann. Der Alkoholgehalt der im Raum stehenden Luft ersetzt, jedenfalls kurzfristig, das berühmte Reparaturachterl, so nennt man in Wien jenes Glas Wein, das man nach einem Rausch am nächsten Morgen konsumiert, um den Alkoholgehalt im Blut nicht so schnell sinken zu lassen und damit die Entzugserscheinungen zu lindern. Doris, die neben ihm im King-Size-Bett der gebuchten „Alpensuite" eines prominenten Hotels liegt, wie Gott sie schuf, erledigt den Rest. Wie genau sie das tut? Auslegungssache.

Plötzlich, aus scheinbar heiterem Himmel, droht die Stimmung zu kippen. Doris äußert ihren Missmut über Johnnies Blicke zu einer anderen Dame üppiger Natur, die irgendwann in der letzten Nacht stattgefunden haben sollen. Nun ist klar, wohin die Reise an diesem Morgen geht. Johnnie kann sich nicht an die von Doris erwähnte Dirndlträgerin, sie soll brünett und auch in sonstiger Hinsicht das genaue Gegenteil von Doris gewesen sein, erinnern und negiert sämtliche Blicke, die ihm Doris in deren Richtung unterstellt. Zu viel für diese Uhrzeit und diesen Zustand. Die Situation endet damit, dass Doris eilig ins Badezimmer flüchtet, nur um sich wenige Minuten später, gehüllt in Bademantel samt goldbesticktem Hirschgeweih und Hotelpatschen, in den Wellnessbereich zu verabschieden.

Johnnie ist eine äußerst harmoniebedürftige Natur, sensibel und feinfühlig - ein Pflänzchen, das umsichtige Pflege braucht und auch bereit ist, diese zu geben. Es ist ihm keineswegs egal, dass Doris gerade so erzürnt ist. Doch im Moment beschäftigen ihn andere Themen, die all seine Aufmerksamkeit zu beanspruchen scheinen und ihn jedenfalls dazu bewegen, diesen Morgen lieber allein im abgedunkelten Zimmer zu verbringen, als sich auf eine ausgedehnte Diskussion mit Doris einzulassen. So macht er es immer nach durchzechten Nächten: Er nimmt sich Zeit für sich und seine Gedanken, nutzt sie, um sein persönliches Resümee über das jüngst Erlebte und die neu kennengelernten Personen zu ziehen und ergibt sich seiner Katermelancholie, die ihn regelmäßig auf eine emotionale Achterbahnfahrt mitnimmt.

Um die komplexe emotionale Situation, in der Johnnie gerade steckt, besser zu verstehen, lohnt sich ein Blick auf seine aktuelle Lebenslage. Um diese scheinen ihn zwar viele aus seinem Bekanntenkreis zu beneiden, er selbst kann aber nur wenig Beneidenswertes daran finden. Ja, Johnnie lebt auf großem Fuß in einer zentral gelegenen und überproportionierten Wohnung, um die ihn wohl einige beneiden. Praktisch für ihn. So hat er es nicht weit zu den neuesten Marken-Stores und den meisten angesagten Lokalen. Kommt er einmal spät nach Hause, dann meist zu Fuß. Ausgedehnte Ausnüchterungsspaziergänge sind genau seins. Wenn er einmal keine Lust auf Öffentlichkeit hat, kocht er einfach selbst und lädt sich ein paar Leute ein.

Ausgeklügelte Menüs stellt er mindestens ebenso leidenschaftlich zusammen wie exotische Drinks – von der Tischdekoration bis zum Sound muss bei seinen Einladungen immer alles genau nach seinem Geschmack sein - und für den erntet er von allen Seiten Lob. Im Herzen ist er Gastronom. Seine Gäste beglückt er nicht nur mit seinen Kochkünsten, sondern auch mit seinen Qualitäten als DJ. Vorglühen bedeutet für ihn, ein paar Happen gutes Essen, rhythmische Tech-House-Klänge aus seinen beiden Plattentellern vom Typ Technics 1210er und richtig lässige Wohnzimmeratmosphäre mit interessanten Leuten. Würde er doch einmal Gastronom werden, dann wäre sein Lokal eine Lounge mit der Devise „Bring your friends" – und weil Johnnie leidenschaftlicher Hetero ist, bevorzugt er sie weiblich. So ist er nicht darauf angewiesen, in der Öffentlichkeit Fremde anzusprechen. Auch Doris hatte er zwei Jahre zuvor bei sich zu Hause kennengelernt, als ein Freund sie eines Abends mitbrachte. Seither sind sie ein Paar.

Die ständige Anwesenheit von sogenannten Freunden in seinem Zuhause und die vielen neuen Menschen, die hier regelmäßig ein- und ausgehen, braucht Johnnie dringend. Sie lenken ihn von seinem Studium ab, das er mit weitaus weniger Leidenschaft verfolgt als seine Kochkünste oder seine Plattensammlung. Regelmäßiges Lernen und auch das Absolvieren der ein oder anderen Prüfung sind zwar Pflichten, denen er durchaus nachkommt, allerdings nicht in jener Intensität, die notwendig wäre, um ein Studium in vier Jahren abzuschließen. Johnnie leidet unter massiver Prüfungsangst – also eigentlich weniger an Angst vor der Prüfung selbst als an Angst davor, bei ebendieser zu versagen. Vielleicht, weil er bei der Matura durchgefallen war. Zweimal. Seither wacht er nachts regelmäßig schweißgebadet auf, weil er von absurden Situationen wie jener träumt, dass er der einzige Teenager in einer Schulklasse voller Kinder wäre.

Doch was genau beschäftigt ihn an diesem Morgen in der Alpensuite so sehr, dass er freiwillig auf das üppige Frühstück, den nach Rosenwasser duftenden Wellness-Tempel und das charmante Ambiente der Kitzbüheler Innenstadt verzichtet? Was stimmt ihn so emotional, dass bei der kleinsten Kleinigkeit ein Kontrollverlust seiner Gefühle droht? Für ihn keine einfache Evaluierung, die er jedenfalls immer wieder anstrebt, um die Hintergründe seiner fragwürdigen Gefühlslage, die ihn ob der Regelmäßigkeit durchaus belastet, besser zu verstehen. Ist es nur die Kombination aus Alkohol und Schlafmangel? Wohl kaum.

Johnnie ist traurig. Es ist keine oberflächliche Traurigkeit, keine, die mit einem ausgedehnten Frühstück, einem Saunabesuch oder einem Spaziergang zu verdrängen wäre. Sie sitzt tief, zu tief - und sie zieht ihn immer und immer wieder in ihren Bann. Zwar ist er es gewohnt, acht Stunden am Tag zu schlafen und diese Nacht waren es bestenfalls drei, doch er ist ja noch jung und gefühlt in seinen besten Jahren, gesund, lebt in materiellem Überfluss und hat so gut wie keine Verpflichtungen – vom Studium einmal abgesehen. Und trotzdem: Woher diese Stimmungsschwankungen kommen, kann er nicht genau ergründen, nur darüber mutmaßen.

Ehe er glaubt, endgültig einer Panikattacke zum Opfer zu fallen, kommt ihm folgender Gedanke: Psychische Probleme, so hatte er schon mehrfach gehört, haben ihre Ursache immer in der Kindheit. Naheliegend also, dass die Schuld für seine gedrückte Stimmungslage bei den Eltern liegen müsse. Schwups: Da ist die für ihn stimmige Erklärung - und weil sie so einfach und so naheliegend ist, musste sie stimmen. Jedenfalls liefert sie ihm in diesem Moment das Ende der Auseinandersetzung mit sich selbst und ein wirksames Gegenmittel zu der nahenden Panikattacke. Eine gewisse Unzufriedenheit, die sich über die Jahre in ihm manifestiert hatte, bleibt aber auch diesmal bestehen.

Dabei verbindet ihn mit seiner Mutter ein äußerst inniges Verhältnis, das durch nichts auf der Welt ins Wanken gebracht werden kann. Sie telefonieren täglich, manchmal sogar mehrfach, und Johnnie erzählt ihr alles, was er erlebt – ungefiltert und in allen Details. Je ordinärer, skurriler oder schlicht außergewöhnlicher diese Berichte ausfallen, desto mehr scheinen sie seine Mutter zu amüsieren. Regelmäßig schmunzelt sie über seine Erzählungen – und das freut Johnnie. Es vermittelt ihm das Gefühl, dass sie stolz auf ihn ist. Sie heißt Eva und ginge optisch problemlos als Kreuzung zwischen Megan Fox und Sophia Loren durch. Ihr Haar ist kastanienbraun, die Figur wie jene der jungen Brigitte Bardot und ihre Gesichtszüge, im Gegensatz zu jenen von Alexander, so erlesen, dass Botticelli sich wohl gerne von ihr als Muse inspirieren hätte lassen. Bei Männern kommt sie zwar gut an, landet aber nicht immer bei den richtigen.

Vor Kurzem hat sie ihren fünfzigsten Geburtstag gefeiert. Anlass genug, um ein großes Fest im Haus von Peter, ihrem dritten Ehemann, Johnnies Stiefvater, zu geben. Er ist es, den sie nur wenige Monate nach der Scheidung von Leo, Johnnies leiblichem Vater, heiratete. Peter ist deshalb Evas dritter Mann, weil sie schon einmal vor Johnnies Vater verheiratet war, mit ihrem damaligen Ehemann aber keine Kinder bekommen konnte, was für sie Priorität hatte und weshalb diese, Evas erste, Ehe scheiterte.

Eva sieht nicht nur gut aus, sie ist auch ein liebevoller Mensch mit handfesten Werten und leidenschaftlichem Temperament. Für Johnnie ist sie seit seiner Geburt Mitte der Siebzigerjahre beste Freundin und wichtigste Bezugsperson zugleich, die stets versucht, den fehlenden Teil des Vaters zu kompensieren, wo immer Peter als Stiefvater nicht dazu im Stande ist. Nahezu alles, was Johnnie ist, hat er von ihr - allem voran das Verständnis für die schönen Dinge im Leben. Eva ist frankophil, liebt gutes Essen, schöne Reisen und, ja, die Männer. Würde man Johnnie als Lebemann sehen, so wäre Eva seine Lehrmeisterin.

Auch Peter schätzt Eva, wenngleich er mit knapp achtzig gute drei Jahrzehnte älter als Eva ist. Er wirkt schrullig und hat den sprichwörtlichen Schalk im Nacken. Seine Haare sind längst friedhofsblond (Anm.: altersbedingtes Grau), sein Bauch voluminös und sein Humor trocken. Aufgrund seiner nicht mehr voll intakten Knie ist er an einen Gehstock gebunden, was ihn auf den ersten Blick wirken lässt, als wäre er ein Bankier der Rothschild-Dynastie, zusätzlich unterstrichen durch seinen konservativ eleganten Kleidungsstil.

Für Johnnie avancierte er rasch zu einer wichtigen Bezugsperson. Nicht nur, aber auch, weil er ihn in vielen Dingen zu verstehen scheint. Für Eva und ihren Sohn vermag er jedenfalls die von beiden so dringend benötigte Beständigkeit zu bieten, die Leo nicht zu bieten im Stande war. Peter ist für die beiden der Fels in der Brandung. Selbst die Wohnung, die Johnnie sein Zuhause nennt, gehört Peter, der Johnnie diese unentgeltlich zur Verfügung stellt. „Studenten muss man unterstützen“, meint er gerne liebevoll und großzügig. Trotz des großen Altersunterschieds sind die beiden häufig einer Meinung und teilen ähnliche Interessen. Peter unterstützt ihn bei all seinen Vorhaben und spricht ihm Mut zu. Etwas, das Johnnie von seinem leiblichen Vater nicht kennt. Mit ihm konnte er sich über so fundamentale Dinge wie Beruf, Geschäft, Werte und Moral, Frauen oder das Leben austauschen. Er kommt dem Mann, der Vaterfigur, die ihm fehlte, am nächsten.

Jede Familie hat ihre Probleme. Sie sind das logische Resultat, wenn unterschiedliche Persönlichkeiten aufeinandertreffen. Doch herrscht in unserer Gesellschaft weitestgehend Einigkeit darüber, dass die Familie den mitunter wertvollsten Bereich unseres Lebens darstellt. Trotzdem behandeln wir sie oft nicht so. Unabhängig davon, ob innerhalb oder außerhalb der eigenen Familie, gibt es Menschen, die sich bewusst dagegen entscheiden, ihre Konflikte konstruktiv zu lösen. Sie wollen ihre Meinung immer durchsetzen. Die Ansichten anderer interessieren sie nicht. Die Verletzungen, die sie durch dieses Verhalten anderen zufügen, nehmen sie nicht wahr. Für diese Menschen ist die Lösung eines Konflikts immer, dass das Gegenüber die eigene Meinung zu akzeptieren hat.

Leo ist so ein Mensch. Johnnie sieht ihn kaum. Ist das doch einmal der Fall, kann Johnnie an Leo nichts sehen, was ernsthaftes Interesse an dieser Verbindung unterstreichen würde. Leo empfindet er als Egoist, dessen Verhalten stets auf sich selbst fokussiert ist. Für ihn zählt scheinbar nur seine Meinung. Wer es wagt, diese zu hinterfragen, wird entweder sofort denunziert oder im Nachgang schlicht als „Trottel“ (Anm.: In Wien gängige Bezeichnung für eine Person, die als einfältig oder dümmlich angesehen wird) herabgewürdigt.

So kam das Fass für Eva eines Tages zum Überlaufen. Sie schnappte ihren damals zwölfjährigen Johnnie in einer lauen Spätsommernacht, um Leo in ebendieser zu verlassen. Das temperamentvolle, leidenschaftliche und lebensfrohe Wesen von Eva war mit Leos egozentrischem Weltbild unvereinbar.

Gut, dass Peter so erfrischend anders als Leo ist. Wie sehr, veranschaulicht eine Erzählung von einem Vater, der seinem Sohn eine Taschenuhr schenkte: Er überreichte sie mit den Worten: „Diese Uhr ist fast zweihundert Jahre alt und ich habe sie vor vielen Jahren von deinem Großvater erhalten. Bevor ich sie dir übergebe: Geh zum Juwelier und sage, dass du sie verkaufen möchtest. Schauen wir, was du dafür bekommst“. Der Sohn ging zum Juwelier, kam zurück und sagte, der Juwelier würde 100 Euro bieten - die Uhr sei zu alt für einen höheren Betrag. Der Vater schickte ihn ins Pfandhaus. Dort hätte er nur 50 Euro bekommen – weil die Uhr zu abgenutzt sei. Schließlich riet der Vater dem Sohn, die Uhr ins Museum zu bringen. Das tat er und als er zurückkam, berichtete er, dass sie ihm 5.000 Euro für die alte Taschenuhr bieten würden – weil es ein seltenes Stück sei, dass perfekt in ihre Antiquitätensammlung passte. Der Vater schaute ihn an und sagte: „Mein Sohn, ich wollte dir zeigen, dass man dich am richtigen Ort entsprechend schätzt. Wenn du also am falschen Ort bist, keine Wertschätzung erfährst, dann zieh weiter. Denn diejenigen, die deinen Wert kennen, wissen dich zu schätzen. Dein Wert nimmt niemals ab, nur weil jemand nicht in der Lage ist, ihn wahrzunehmen.“

Peter könnte der Vater in dieser Geschichte sein. In Johnnies Leben ist er jener Vaterersatz, der ihm wichtige Weisheiten wie diese über Wertschätzung zu vermitteln versucht. Leo hingegen hätte für Uhren nichts übrig – egal wofür sie stünden. Weisheit und Wertschätzung sind auch nichts, worüber man gut mit ihm sprechen könnte.

Während Leo sich stets viel auf die Bedeutung seiner beruflichen Position einbildet und mit dieser jede Form von Lebensart zu entschuldigen versteht, lebt Peter, ein passionierter Steuerberater, das genaue Gegenteil: Savoir Vivre – und zwar in einem mondänen Haus und mit viel Zeit für Eva und Johnnie: Familienleben in einem definierten Rahmen, der einer Burg mit dicken Mauern gleicht, die durch nichts zu erschüttern wären – das Gegenteil von Leo.

Peter scheint seit hundert Jahren in dieser Burg zu wohnen, Leo hingegen hatte für „Schöner wohnen" ebenso wenig übrig wie für alles, was über das Notwendigste hinausgeht – die Bedürfnisse einer intakten Familie inklusive. „Geld ist Scheiße", hat er einmal zu Johnnie gesagt, als dieser dringend einen Wochenend-Überbrückungskredit für eine Party brauchte und keine andere Möglichkeit sah, als Leo um Hilfe zu bitten. Selbst die politischen Weltbilder der beiden liegen weit auseinander: Peter verkörpert die politische Konservative, Leo macht aus seinen marxistischen Zügen, die durch wiederholt abfallende Aussagen über Geld untermauert werden, keinen Hehl.

Wie auch immer man zu Geld stehen mag, für die solide Basis eines Familienlebens in der westlichen Gesellschaft spielt es unweigerlich eine Rolle. Und diese solide Basis, die Beständigkeit, die unerschütterlichen Mauern einer Burg, der sichere Hafen, den Kinder, wie es heißt, brauchen, hatte Johnnie in seiner Jugend vermisst.

Aufgrund dieser starken Identifikation mit seiner Mutter und dem Mann an ihrer Seite sieht Johnnie die beiden als seine Eltern an. „Der wohl größte Luxus ist, frei von der Meinung anderer zu sein." Weisheiten wie diese versucht Peter ihm immer wieder mitzugeben – auch wenn Johnnie damit (noch) nichts anzufangen versteht. Schlimmer noch: Die Meinung von anderen dominiert sogar in vielen Situationen sein Handeln. Er will stets von allen gemocht werden und jedem durch seine Coolness imponieren. Den unglaublichen Druck, den er sich damit selbst auferlegt, sieht er nicht.

Dass er es Doris an diesem Morgen in dem Hotel nicht recht machen kann, belastet ihn – allerdings nicht so sehr, wie seine Familiensituation. Er beginnt, wie meist nach Erlebnissen wie dem Almrausch, bei denen er sich und seine Situation direkt mit anderen vergleichen kann, nachzudenken, anstatt sich einfach auszuschlafen. Schlafen tut er ohnehin nur schlecht - besonders in Nächten wie dieser.

Dabei sind die Probleme, die ihn an diesem Morgen beschäftigen, nur Erinnerungen seines Gehirns, die mit bestimmten Menschen oder Ereignissen an unterschiedliche Erlebnisse in der Vergangenheit geknüpft sind. Wenn sein Gehirn an diesem Morgen also eine gespeicherte Aufzeichnung aus vergangenen Tagen abspielt, verlässt er den gegenwärtigen Moment für eine Reise in die Vergangenheit. Statt sich einfach in der Gegenwart auszuschlafen, erliegt er jenen Gefühlen, die durch diesen gedanklichen Ausflug geweckt werden. Es sind Erinnerungen wie jene an einen bestimmten Tag, an dem er einen Vater, seinen Vater, so dringend gebraucht hätte. Der Tag liegt ein paar Jahre zurück. Es war jener, an dem er sein erstes Auto, das er nur wenige Wochen zuvor von Eva, mit einer roten Masche auf dem Dach und in der Garage geparkt, zum achtzehnten Geburtstag bekam, zu Schrott fuhr. Blitzblau war er, der Toyota, der bei einem Auffahrunfall zum Totalschaden wurde. Johnnie hatte damals wenig Übung. Woher auch?

Ein Auto, die damit verbundene Unabhängigkeit, die Freiheit, die Möglichkeit, ein nettes Mädchen in ein romantisches Lokal am Stadtrand auszuführen, bedeutete ihm damals alles. Es waren die späten 1990er. Natürlich war es für ihn, als heranwachsender Halbstarker, auch ein gewisser Spiegel seiner Potenz.

Tatsächlich beschäftigt sich eine Studie damit, ob die Penisgröße eines Mannes und die PS-Zahl des gefahrenen Autos einen Bezug zueinander haben. Ein in unserer Gesellschaft scheinbar omnipräsentes Spannungsfeld, wie etwa Greta Thunberg, die schwedische Klimaaktivistin, und der stets laute Internetprolet Andrew Tate beweisen. Letzterer hatte Greta Thunberg ungefragt via Sozialer Medien von seinem Hobby, nämlich dem Sammeln von PS-Boliden, berichtet. Via Twitter veröffentlichte er ein Bild, auf dem er mit angestrengtem Blick einen Tankrüssel in seinen Bugatti steckt – dazu eine kurze Ausführung über seine dutzenden Benzinfresser und die Meldung, dass er ihr gerne eine komplette Liste seiner Autos schicken würde. Die Antwort der Klimaaktivistin folgte prompt. Sie war gleichermaßen kurz wie klar formuliert: Er möge ihr die Liste doch bitte mailen - und zwar an "smalldickenergy@getalife.com". Small dick, also kleiner Penis, war wohl sarkastisch gemeint. Aber von einer so prominenten Person wie Greta Thunberg und vor dem Hintergrund des Kampfes gegen den Klimawandel vorgetragen, lieferte die Aktion eine veritable Arbeitsgrundlage für die akademische Welt. Ob nun tatsächlich etwas dran sei an der Penis-Auto-Korrelation, rief nämlich David Richardson und sein Team am Department für Experimentelle Psychologie des University College London auf den Plan. Das größte Problem, das die Experten zu lösen hatten, war die immer falsche Selbsteinschätzung der Größe des eigenen Geschlechtsteils. Sie begegneten diesem Phänomen, indem sie den rund 200 Probanden entweder zu hohe oder zu niedrige Durchschnittsmaße vorgaukelten. „13 Zentimeter wäre in England Durchschnitt". Um das Erkenntnisinteresse zu verschleiern, wurde die Frage, ob man sich einen Sportwagen wünscht, zwischen anderen Fragen zum Einkaufsverhalten versteckt.

Das Ergebnis: Jene, denen vorgegaukelt worden war, das englische Durchschnittsglied sei zehn Zentimeter lang, hielten den Kauf eines schnellen Wagens für eher entbehrlich. Hingegen wünschten sich tendenziell mehr einen Sportwagen in der Gruppe, denen etwas von achtzehn Zentimetern erzählt worden war, die also eher das Gefühl haben dürften, zu kurz gekommen zu sein - vorwiegend jene, die älter als dreißig Jahre alt waren.

Natürlich entsprach es Johnnies Wunschdenken, einen protzigen und überteuerten Sportwagen zu fahren. Damit würde er sich vieles ersparen, dachte er. Man müsste nicht so viel Wert auf seine Kleidung legen, nicht so viel Mühe in einen Dialog mit einer Frau stecken und auch ganz generell weniger für seine Coolness tun, denn das kompensiere ja der fahrbare Untersatz, der einen nicht nur interessant, sondern auch individuell machen würde. Ob die dadurch angesprochenen Frauen tatsächlich ebenso interessant wären wie jene, die er auf herkömmliche Weise und ohne Sportauto kennenlernen würde, vermochte er noch nicht zu hinterfragen. So träumte er von einem Audi. Doch Eva wusste es besser. Dank ihr hielt sich der Schaden mit einem gebrauchten Toyota in Grenzen.

Automarke und Peniskorrelation beiseite: Bei Johnnie wurde damals alles, wofür ein Auto stand, von einem Moment auf den anderen zu Schall und Rauch. Ohne Vorwarnung. Wenngleich niemand verletzt wurde, blutete Johnnies Herz. Tagelang weinte er bitterlich. So sehr Eva es wahrscheinlich wollte, sie konnte nichts für ihn tun. Wohl auch aus Scham – vor allem aber wegen der ständigen Erwartungshaltung gegenüber seinem Vater, wendete er sich an Leo, nur um von diesem eine Abfuhr zu bekommen. Ein Weg, den er sich hätte sparen können.

Damals hätte es ihm schon geholfen, wenn Leo ihm nur zugehört hätte, wenn doch zumindest der Versuch erkennbar gewesen wäre, Johnnie und seine Lebenssituation ein wenig verstehen zu wollen. Sackgasse. Eine dauerhafte Lücke in Johnnies Leben, die selbst Peter trotz aller Mühe nicht zu füllen vermag.

Auch an diesem Morgen im Hotel muss Leo als Sündenbock herhalten. Johnnie kann nicht verstehen, warum sein Vater sich derart aus der Verantwortung nimmt. Auslöser ist sein Freund Juri, der den Tag nach dem Almrausch mit Claudia und seinen Eltern bei einem Spaziergang um den Schwarzsee verbringt. „Wo ist mein Vater“, denkt sich Johnnie - nicht zum ersten und nicht zum letzten Mal. Johnnie sieht sich gezwungen, diese energetischen Zwistigkeiten mit sich selbst auszumachen. So hilft er sich mit dem Versuch, aus dieser für ihn belastenden Familiensituation etwas Positives zu erkennen - völlig unbewusst - wohl, um nicht langsam, aber sicher an Verbitterung und Groll zugrunde zu gehen. Dass sein Vater so völlig anders ist als scheinbar alle anderen, belastet ihn.

Rettung erscheint ihm in Form der Idee, dass Leo ja nur deshalb nie für ihn da sei, weil er ein erfolgreicher Manager ist. Kein Zufall, rechtfertigte Leo doch seine Abwesenheit so gerne mit seinem so fordernden Beruf und seiner gefragten Position. Daraus leitet Johnnie eine für sich positive Schlussfolgerung ab: Der väterliche Erfolg müsse monetäre Auswirkungen für ihn haben, von denen er schon irgendwann profitieren werde. „Bekomme ich zumindest irgendwann etwas Geld", redet er sich ein. Irgendwann deshalb, weil es aktuell nichts von Leo zu erwarten gibt. Was auch immer Johnnie braucht oder sich wünscht, Leo hat nichts dafür übrig. Immerhin: Ein Taschengeld bekommt er doch. Johnnie, dem postpubertären Teenager, der gerade dabei ist, die Welt für sich zu entdecken, ist dieses Verhalten unverständlich. Vor allem, weil seine Freunde meist aus gut funktionierenden Familien kommen.

Belastende Erinnerungen, wie jene an die Geschichte seines blauen Toyotas, und vermeintlich hilfreiche Gedankenkonstrukte, wie jenes des finanziellen Vorteils durch den väterlichen Erfolg, gibt es in Johnnies Leben viele. Wann immer diese in ihm hochkommen, so wie an diesem Morgen, sind Unzufriedenheit, Trauer und Schmerz die unweigerlichen Folgen. Der Moment der eigentlichen Entspannung, in einem schönen Hotel mit einer liebevollen Frau, wird damit von diesen Gefühlen übertüncht und geht unwiederbringlich verloren.

An diesem Morgen bekommt Doris die Folgen seiner Gemütslage eiskalt zu spüren. Johnnie ist nicht besonders feinfühlig. Es fehlt ihm schlicht die Fähigkeit, seine Gefühle entsprechend zu kommunizieren. Nie hatte ihm jemand vorgelebt, wie man das macht, weshalb er sie zu diesem Zeitpunkt, in diesem Alter und in dieser Lebensphase noch gar nicht einordnen kann, was Voraussetzung dafür wäre, um sie besser analysieren und schließlich ausdrücken zu können. Seine Gedankenwelt ist zu komplex, als dass er sie Doris erklären und um ihr Verständnis werben könnte.

Aus der Ferne betrachtet scheint die Situation klarer: Jetset-Johnnie definiert sich und seine Persönlichkeit stark über alles, was man mit Geld kaufen kann. Das spiegelt in voller Härte die Gesellschaft in der Almhütte. Dieses Verhalten kommt nicht von irgendwo.

Johnnies älteres Alter-Ego wäre, könnten die beiden nur miteinander Kontakt aufnehmen, in der Lage, ihm so viele wichtige Hinweise zu liefern. Wäre diese Begegnung möglich, so hätte er aus einer glaubwürdigen Quelle, nämlich von sich selbst mit entsprechender Lebenserfahrung, erfahren können, dass er einfach nur unzufrieden war. Unzufrieden deshalb, weil er sich stets an anderen orientierte und von anderen abhängig machte. Während Johnnies älteres Alter-Ego seine Fehler kennt, diese beim Namen nennen kann und an ihnen arbeitet oder auch zu ihnen steht, sieht der junge Johnnie nur die Fehler anderer, niemals aber eigene.

Vor diesem Hintergrund mag Materielles und dessen Stellenwert in Johnnies Leben vielleicht ein Stück weit verständlicher erscheinen. Es dient ihm bei der Formung seiner Persönlichkeit und dem Ausdruck seiner Individualität. Er hat Luxus für sich zu einer Art Zufluchtsort gemacht, an dem er Trost sucht. Trost über seine Familiengeschichte und das zerrüttete Verhältnis zu seinem Vater. Denn wenn dieser schon nichts von ihm wissen will, dann steht ihm doch wenigstens eine gewisse Entschädigung zu. Andere hätten schließlich auch Väter, die zuhören und verstehen können. Der Gedanke, dass ihm eine finanzielle Entschädigung für das Versagen der Eltern zustehen würde, hat sich längst in ihm manifestiert. Dabei gibt es keinerlei Begründung für einen solchen Anspruch.

Schritt für Schritt und völlig unterbewusst wurde Materielles für ihn zum dominierenden Aspekt. So ist es längst egal, wie ein Kleidungsstück aussieht. Die Marke muss stimmen. Es ist uninteressant, ob eine Uhr gut oder schön ist. Sie muss teuer sein. Und die Kultur ferner Länder steht im Schatten internationaler Society-Hotspots. Sehen und gesehen werden - das zählt. Oft ist noch nicht einmal ausschlaggebend, was Johnnie will. Was die anderen wollen, zählt oft mehr. Denn dadurch, dass er Dinge hätte, von denen andere träumten, fühlt er sich besser. Die Gedankenmuster, die er entwickelt und derer er sich unterbewusst bedient, um seinen Alltag bequemer zu machen, bleiben nicht ohne Folgen.

Wir alle sind großartig darin, schöne Pläne für uns zu entwerfen. Egal ob wir unsere Figur optimieren, ein Haus bauen oder eine Karriere planen. Nicht selten bleibt es bei den Plänen. Wir träumen eine Weile von unseren Wünschen, lassen diese aber nach und nach verblassen, bis sie letztlich zum Luftschloss werden, das irgendwann verpufft. Dabei ist es keinesfalls so, dass unsere Wünsche und Träume nicht realisierbar wären. Der Grund des Scheiterns ist viel banaler. Er liegt häufig darin, dass wir gar nicht wirklich vorhaben, ein Ziel ernsthaft zu erreichen. Sicher, wenn es uns geschenkt würde, würden wir uns freuen und es genießen. Aber darüber hinaus herrscht in uns viel zu selten die nötige Entschlossenheit vor, ausreichend Zeit und Ressourcen in etwas zu investieren, um es auch zu verwirklichen. Das wäre schließlich Aufwand.

Die Gültigkeit dieser These belegt Johnnie, der meint, einen Anspruch darauf zu haben, dass ihm alles geschenkt werden müsse – eben als Entschädigung für das Fehlen des Vaters, legitimiert durch dessen Erfolg.

Ein paar Luftschlösser, Dinge, von denen wir ein Leben lang träumen, dürfen natürlich sein. Aber wenn es um wirklich weitreichende, weil lebensbestimmende, Träume geht, müssen wir verstehen, dass wir selbst der Gatekeeper sind, der darüber entscheidet, ob ein Traum wahrwerden kann.

Johnnies Verknüpfung seiner Identität mit Materiellem ist eine fatale Fehlentwicklung. Ehe er sie lösen kann, muss er sie zunächst erkennen. Ohnehin ist es keine gute Idee, wenn wir die eigene Identität an etwas klammern, das uns weggenommen werden kann, egal ob ein Auto, ein Mensch, ein Job oder ein Haus. Es bedeutet nämlich, dass uns weggenommen werden kann, was wir sind. Und genau das trifft auf Johnnie zu, der bisher nie hinterfragt hatte, worauf er seine Werte und seine Aufmerksamkeit legt oder wie er seine eigene Identität anlegen sollte. Zu hinterfragen, wer er ist oder wofür er steht, liegt ihm fern. Es besteht keinerlei Anregung dazu.

Seine von ihm sauber zurechtgelegten Gedankenmuster gleichen der Wirkung eines Schmerzmittels: Sie betäuben kurzfristig, die Ursache bleibt aber bestehen. Flucht scheint die für ihn einzige Möglichkeit, die Ablehnung und Enttäuschung, mit der er nicht anders umzugehen vermag, irgendwie ertragen zu können. Sie entwickelt sich zunehmend zum Lösungsansatz seiner Wahl. So dominieren Partyexzesse, übertriebener Sport und extreme Essgewohnheiten immer stärker seinen Alltag.

Manchmal ist es auch ein Flug – auf und davon. Von irgendwo auf dem Erdball würden ihm das Zuhause und die hier beherbergten Probleme bald einmal weit weg erscheinen. Dort, im Irgendwo, würde er jeden Tag auf neue aufregende und interessante Menschen und Orte stoßen und alles, womit er zu Hause nicht umgehen kann, vergessen.
Vielleicht würde die Ernüchterung dabei zunächst ausbleiben - aber doch nur bis zur Rückkehr. Und dann wäre das Loch, in das er fallen könnte, wohl noch

tiefer als zuvor. Und dann würde die Reise, die ihm zuletzt so gutgetan, und die sich so richtig angefühlt hat, wie eine große Lüge wirken - und das mühsam aufgebaute Kartenhaus erneut zusammenbrechen.

Nein, die letzten Jahre waren keinesfalls so einfach für Johnnie, wie sein Anblick bei Ereignissen wie dem Almrausch nahelegen würde. Jetzt beginnt zudem die Ehe zwischen Eva und Peter zu bröckeln. Auch das Studium stockt und gesundheitlich mehren sich Probleme. Johnnies Magen wird die permanente Kombination aus Stress, Alkohol und unverdautem Groll zu viel. Diagnose: Zwerchfellbruch. Eine Erkrankung, bei der die Funktion des Magenschließmuskels, des Zwerchfells, gestört ist, wodurch Magensäure mangels Barriere vom Magen in die Speiseröhre gelangt und dort die Schleimhäute angreift. Sie entsteht, wenn der Druck im oder auf den Magen auf Dauer zu hoch ist, wofür es viele Ursachen gibt.

Ein blockiertes Zwerchfell, das auch der Hauptatemmuskel unseres Körpers ist, bedeutet aber auch eine Kontraktion durch Angst. Denn genau hier, im Zwerchfell, ist unser Angstzentrum. Verspüren wir sie, wird unser Körper in der Mitte zusammengeschnürt. Dabei wird der Energiefluss zwischen Brustkorb und Bauchraum unterbrochen und die sich dort befindenden „tiefen" Gefühle werden ebendort festgehalten. Johnnie ist zwar betroffen, hat von all dem aber keine Ahnung.
Durch die Symptome, die er beginnt mit Medikamenten zu behandeln, wird er zunehmend ungeduldig und leicht reizbar. Scheinbar harmlose Situationen eskalierten auffällig schnell. Sprechen kann er darüber mit kaum jemandem außer Eva. Was für diesen Zustand verantwortlich ist, weiß er nicht. Doch es liegt auf der Hand, dass sich etwas ändern muss – und zwar rasch. Doch was sollte das sein? Wenn Johnnie es wüsste, würde er umgehend alles in seiner Macht Stehende in Bewegung setzen, um diese Veränderung herbeizuführen.

Doch es scheint gerade, als bliebe ihm nichts weiter, als sich seinem Schicksal zu beugen und zu fliehen. Auf zu neuen Ufern, sich völlig neuen Zielen zuwenden und etwas gänzlich anderes tun.

2. Paris und ein magischer Moment

Denken wir an einen Ort, an dem sich alle Menschen verstehen, friedlich miteinander leben und sich gegenseitig inspirieren – ungeachtet ihrer Herkunft und ihres Hintergrundes. Nur einen Moment lang. Stellen wir uns zudem vor, dass dort ein enormes Potenzial für junge Menschen wie Johnnie besteht, weshalb längst die Mehrheit der dort Lebenden zu ihnen zählt. Einen Ort, an dem nicht nur jeder einen Beruf hat, sondern an dem jeder das machen kann, wozu er sich berufen fühlt, weil es für scheinbar alles eine Nachfrage gibt. Kurzum, einen Ort, an dem zu leben jeder junge Mensch anstrebt, weshalb das Leben ebendort nur wenigen Auserwählten vorbehalten ist.

Mag sein, dass ein solcher Ort Fiktion ist. Doch es gibt einen, der dieser Fiktion zumindest deutlich näherkommt, als die meisten Orte auf unserer Welt. Johnnie kennt ihn. Schon als Kind verbindet er Sehnsüchte und Träume damit. Oft denkt er, wie sehr ihn alle beneiden müssten, wenn er nur an diesen Ort ginge - und wie unglaublich aufregend es wäre, dort jeden Morgen aufzustehen, ohne zu wissen, was der Tag bringen würde. Schließlich hätte er das Potenzial, dass ihm jeden Tag die verrücktesten Dinge passieren könnten. Dinge, die in Wien höchst unwahrscheinlich wären.

Dorthin zu gehen wäre eine grandiose Entschuldigung für alles, wozu es Johnnie zu Hause nicht gebracht hat. Denn er wäre ja fort. Weit weg, berufen zu etwas Anderem, etwas Größerem. Dass der Weg zu diesem Ort und das Leben dort einer Art Flucht gleichkäme, müsse er ja niemandem sagen. Wenn also Flucht, dann an diesen einen ganz besonderen Ort.

Der Almrausch liegt ein gutes Jahr zurück. Irgendwo in dessen Mitte blieb die Beziehung zu Doris auf der Strecke. Johnnies Fokus hat sich seither zunehmend von der schicken und oberflächlichen Gesellschaft aus Kitzbühel abgewendet. Dort schien jeder nur nach Individualismus zu streben, zu glauben, sich diesen mit Geld erkaufen zu können. Was für eine Utopie. Das immer Gleiche in diesen Kreisen wurde ihm zu einseitig, zu oberflächlich und letztlich zu belanglos.

Der Wunsch nach etwas Neuem gärte schon länger in ihm. Über die Jahre hatte sich dieses Verlangen so stark manifestiert, dass es zur bestimmenden Kraft in ihm wurde. Jetzt gerade scheint die Zeit günstig und das Schicksal auf seiner Seite zu stehen, denn plötzlich geht alles wie von selbst.

Es ist ein Sonntag Anfang Jänner. Das Wetter ist bedeckt, die Luft eiskalt und die Straßen wirken dank einer hauchdünnen Schneeschicht angezuckert wie der Apfelstrudel, den Johnnie von seiner Oma kannte. Eva und Johnnie sitzen im Auto. Sie sind am Weg zum Flughafen. Die Stimmung wirkt unaufgeregt, doch das täuscht. Johnnie hat eine große Reise vor sich. Kein Urlaub. Ein Weg, der ihn, zumindest ein Stück weit, aus seiner Komfortzone bringen wird. Ein Weg ins Ungewisse. Ohne konkretes Ziel und ohne Rückflug. Angelegt auf unbestimmte Zeit und mindestens ein halbes Jahr. Nein, es geht nicht in ein Dritte-Welt-Land, eine Region abseits der Zivilisation oder einen der zahlreichen Krisenherde, die Anfang der 2000er Jahre bestehen. Trotzdem an einen Ort, der um so viel aufgeregter ist als der Durchschnitt aller Orte.

Johnnie ist bemüht, sich seine Nervosität nicht anmerken zu lassen. Eva geht es gleich, wenn sie auch weniger nervös als traurig ist. Ein Abschied steht bevor. Noch wenige Minuten bis zum Flughafen Schwechat. Hastig richtet sich Johnnie seine Dokumente, die er in seiner kleinen Reisetasche hütet, zurecht: Reisepass, Ticket und ein wenig Geld. Dazu eine Kreditkarte, gespeist aus seinem permanent überzogenen Studentenkonto und den unregelmäßigen Alimentationszahlungen seines Vaters. Außerdem sein Handy, in dem alle für ihn wichtigen Kontakte gespeichert sind. Ehrfürchtig blickt Johnnie aus dem leicht angelaufenen Beifahrerfenster von Evas dunkelblauem Jeep Wrangler – hinaus auf die Felder von Fischamend, hinaus auf seine Heimat.

So sehr Johnnie gerade auf der Welle seines Fluchtgedankens zu reiten scheint und so aufregend die Zieldestination auch sein mag: Plötzlich verspürt er eine tiefe Verbundenheit zu seinem Zuhause, seiner Basis, und ja, seiner Mutter. Erinnerungen an seine Kindheit kommen hoch und sein ganzer bisheriger Lebensweg scheint in diesen Minuten irgendwie unaufhaltsam in ihm Revue zu passieren. Die Gewissheit, dass jetzt ein neuer Lebensabschnitt beginnt, der alles verändern wird, macht Johnnie ungewöhnlich still und nachdenklich.

Das Parkhaus ist erreicht, das Auto abgestellt und die erste Sicherheitskontrolle steht bevor. Sie kann man nur passieren, wenn man ein gültiges Ticket hat. Der Moment des Abschieds ist gekommen.
Johnnies Gedanken sind zerstreut. Er blickt gleichsam euphorisch nach vorne wie sehnsüchtig zurück – und bemüht sich, Eva zu zeigen, wie intensiv er ihr für alles dankt. Alles, was sie für ihn tut - seit mehr als zwanzig Jahren. Heute ist es die Begleitung auf diesem für ihn so wichtigen Weg. Mehr noch: Es ist die Tatsache, dass sie ihn dabei unterstützt und vollends hinter ihm steht – letztlich, dass sie ihm das überhaupt ermöglicht. Er ringt um die richtigen Worte, doch er kann sie nicht finden, kann es ihr nicht sagen - jedenfalls nicht so, wie man sich das wahrscheinlich erwarten würde. Doch die beiden haben ihre eigene Sprache, und in der bleibt nichts ungesagt – wenn vielleicht auch nicht über Worte, so doch jedenfalls über Gesten – vielleicht auch nur ganz kleine, solche, die kein Außenstehender wahrnehmen würde.

Wehmütig umarmt ihn Eva, gibt ihm einen Abschiedskuss, begleitet von einem sichtlich ergriffenen „Gib Acht auf Dich und vergiss nicht, dass ich immer für Dich da bin“. Sie greift in ihre Handtasche, aus der sie eine kleine Puppe mit überdimensional langen Gliedmaßen holt. Deren Arme und Beine ähneln optisch den mit Filz bezogenen Drahtstäben, die man üblicherweise zum Reinigen einer Pfeife verwendet. Eva verbiegt sie, sichtlich etwas sagen wollend, sieht Johnnie an und fügt in einer leisen und ernsten Stimmlage hinzu: „Egal, was kommt: Bleib immer flexibel, so flexibel, wie es die Situation erfordert". Johnnie greift nach der Puppe, bedankt sich, gibt ihr einen Kuss und geht rasch Richtung Sicherheitskontrolle. Er will den Abschied hinter sich bringen. Emotionen zu zeigen war noch nie seine Stärke. Ein letzter Blick zurück durch die stark frequentierte Kontrollschleuse. Ein letzter Blick zu Eva im Antlitz der großen Ungewissheit – und fort ist sie.

Jetzt ist er allein, gänzlich auf sich gestellt. Angst und Euphorie bestimmen abwechselnd seine Stimmungslage. Erhobenen Hauptes und mit festem Schritt, sichtlich stolz auf diese neue Lebenssituation, macht er sich auf zu Gate 17.

Stunden später, der Flug war lang und Johnnie aufgewühlt, leitet der Pilot des, bis auf den letzten Platz gefüllten, Airbus den Landeanflug auf die Zieldestination ein. Nicht irgendeine. Eine Stadt. Die Mutter aller Städte. Man sagt, sie würde niemals schlafen. Künstler wie John Kander and Fred Ebb, die Schöpfer des Frank Sinatra Hits „New York, New York", meinen, dass man, wenn man es hier schafft, es überall schaffen würde. Etwa acht Millionen Einwohner, mindestens ebenso viele Geschichten. Hinzu kommen jene der unzähligen Menschen, die Tag für Tag aus aller Welt hierherkommen, es hier – in der großen Stadt – versuchen. Und dann noch die vielen Menschen, die hier leben, ohne behördlich erfasst zu sein. Manhattan, einer der fünf Bezirke der Stadt und eine eigene Insel, eingegrenzt durch den Hudson und den East River, entstanden auf Granit, was gerne als Begründung dafür herangezogen wird, dass das Leben genau hier so sehr pulsiert wie kaum an einem anderen Ort, ist sein Ziel.

Deren Skyline, dominiert von so berühmten Gebäuden wie dem United Nations Plaza, dem Chrysler- oder dem Empire State Building, ist die wohl berühmteste Filmkulisse überhaupt. Der Broadway mit seinem bunten Treiben sozusagen die Hauptschlagader der Stadt, die, dem rasterartigen Straßenmuster zum Trotz, quer durch ebendieses geht. In seiner Mitte der von Touristen geliebte und New Yorkern verhasste Times Square mit seinen vielen animierten und in allen Farben leuchtenden Werbetafeln. So etwas wie das Herz dieser Stadt. Schmelztiegel der Kulturen, Enzyklopädie der außergewöhnlichsten Geschichten, Jahrmarkt der Eitelkeiten, Synonym für die große Freiheit und vieles mehr: Jedenfalls ein Ort, der beweist, dass Vielfalt und Inklusion eine unglaubliche Bereicherung für eine Gesellschaft sein können. Ach ja: Und hier, so sagt man, kann es jeder Tellerwäscher zum Millionär bringen.

Schon als Teenager, damals war das Grün hinter seinen Ohren noch dunkler als heute, kam Johnnie das erste Mal hierher. Es war mit einem Schulfreund – für nur wenige Tage. Seither dominieren Neugier und Interesse an dieser Stadt Johnnies Gedanken so sehr, dass sie eine schier magische Anziehung auf ihn entfachten, die nicht mehr abklingen wollte. So kam er wenige Monate später noch einmal mit seiner Großmutter, die gekommen war, um ein letztes Mal Verwandte zu besuchen, die im Zweiten Weltkrieg emigrieren mussten, ehe sie verstarb. Auch dieser und einige weitere Besuche prägten seine Vorstellung vom Inbegriff der großen Welt. Nun ist er hier. Ohne Rückflug. Gekommen mit dem Ziel, sich hier durchzusetzen, sich zu behaupten.

Zielstrebig und mit selbstsicherer Miene verlässt er das Flughafengebäude des John F. Kennedy Airports in Richtung Taxi. „Corner 70th and Westend“, ruft er dem Taxifahrer, wie ein echter New Yorker, durch das der Kälte wegen nur spärlich geöffnete Beifahrerfenster, bevor er auf der Rückbank des gelben Lincoln Town Car Platz nimmt.

Dort, auf der Upper West Side, wird er bereits erwartet. George, ein schrulliger Typ, den er noch nie gesehen hatte, vermietet hier ein Appartement. Stephanie, eine bis dahin flüchtige Bekannte von Johnnie, hatte ihn wenige Wochen zuvor ins Spiel gebracht, als sich die beiden bei einem gemeinsamen Freund getroffen hatten. Dabei erzählte Johnnie voller Stolz von seinen Plänen, nach der großen Stadt zu greifen. Stephanie, sofort beeindruckt von diesen, fragte damals unverzüglich, wo er denn wohnen wolle. Er war planlos.

Als hätte es das Schicksal so gewollt, erzählte sie ihm von George, einem New Yorker Künstler in seinen Fünfzigern, den sie zwei Jahre zuvor auf einer Griechenlandreise kennenlernte, und mit dem sie seither in Kontakt steht. Dieser versuchte immer wieder, Stephanie, die selbst noch nie in Amerika war, zu überreden, doch einmal auf Besuch zu kommen. Das eine ergab das andere und so ist Johnnie jetzt im Taxi und wird in Kürze George in dessen Appartement treffen.

Stephanie, wenn anfangs vielleicht unbewusst, handelte mit dieser Vermittlung nicht ganz uneigennützig. Nach dem Treffen mit Johnnie entschied sie nämlich innerhalb kürzester Zeit, es ihm gleichzutun und ebenfalls nach der großen Stadt zu greifen. „Spontanität ist schließlich das halbe Leben", meinte sie, als sie Johnnie zwei Wochen vor dessen Abreise über ihre Pläne informierte.

So viel Freiheit ist keine Selbstverständlichkeit. Nicht für Johnnie – und nicht für Stephanie. Niemand geht einfach so, plötzlich und spontan, ohne konkretes Ziel, so weit weg von Zuhause. Niemand lässt, einfach so, mal alles hinter sich, um an einem anderen Ort bei null zu beginnen. Möglich wurde dieser Schritt durch mehrere Faktoren: Beide befinden sich, mehr oder weniger, in Ausbildung. Bei Johnnie naht das Studienende und für die bevorstehende

Jobsuche möchte er seinen Lebenslauf mit etwas Auslandserfahrung aufwerten, bei der um einige Jahre jüngeren Stephanie ist es die kurze Zeitspanne zwischen Schulabschluss und Studium. So haben sie das Glück, gerade etwas flexibler zu sein. Begünstigend hinzu kommt für beide, dass sie von ihren Familien entsprechende Unterstützung bei ihrem Vorhaben erfahren.

Georges Appartement teilen sie sich. Ein Zimmer für Stephanie, die hier eine Ausbildung in Modedesign beginnen wird, eines für Johnnie, der hier ein mehrmonatiges Traineeship in Unternehmensfinanzierung in einer Bank absolvieren wird. Auch diese Möglichkeit kam nur einige Wochen vor seinem Abflug auf. Damals, bei einem Abendessen einer Freundin, traf Johnnie auf eine Bekannte, die ihm von ihrer Schwester Anna erzählte, die wiederum kurz zuvor nach New York gezogen war, um dort für eine große Bank zu arbeiten. Zwar hatte Johnnie sie eine Zeit lang nicht mehr gesehen, doch er kannte sie und witterte sofort eine Chance auf Hilfestellung beim Erlangen eines Aufenthaltstitels. Ein Visum. Und er hatte Glück – schon wieder. Anna zögerte nicht, unterstützte Johnnie bei seinem Vorhaben und erklärte sich bereit, ihm eine sprichwörtliche Rutsche zu legen. Zeit zu überlegen blieb kaum und so ging alles rasch. Dass Stephanie ihn nun auf diesem Weg begleiten möchte, ist für Johnnie gleichermaßen Bereicherung wie Beruhigung. Doch noch ist sie weit weg.

Das Taxi fährt jetzt über die Queensboro Bridge von Queens nach Manhattan. Johnnie eröffnet sich auf beiden Seiten der Brücke der atemberaubende Blick über den East River, an dessen Ufer sich die berühmte Gebäude-Silhouette von Manhattan reiht. Kaum das Ende der Brücke erreicht, stockt der Verkehr. Mühselig kämpft sich das Taxi durch die überfüllten Straßen Richtung Upper West Side. Trotz des langsamen Vorankommens vergeht die Fahrt für Johnnie rasch. Zu groß ist seine Nervosität, als dass er sich über den Verkehr echauffieren könnte. Wenige Momente später steht er vor einem der für die Upper

West Side typischen Backsteingebäude. Es hat acht Stockwerke, an der Außenmauer eine schmiedeeiserne Feuertreppe und einen Doorman, der bei Johnnies Ankunft gerade vor der Türe steht. Nach einer kurzen Begrüßung informiert er George über das hausinterne Telefon über Johnnies Ankunft. Vierter Stock, Apartment C.

Dort erwartet ihn George bereits, empfängt ihn herzlich und teilt, nach einer kurzen Tour durch die knapp sechzig Quadratmeter, die wichtigsten Punkte der Hausordnung mit ihm: Schlüssel, Müllentsorgung, die Bedienung der Waschmaschine und ein paar weitere Einzelheiten, die er systematisch abhandelt, ehe er wieder das Weite sucht.

Kurz nach Mittag. Johnnie sitzt in seinen – zumindest auf Zeit – neugewonnenen vier Wänden, packt seinen Laptop aus, verbindet sich mit dem W-Lan und beginnt über die Umgebung zu recherchieren. Eine erste Orientierungsphase, um sich in der Nachbarschaft zurechtzufinden. Hunger. Ein schneller Salat aus dem Deli vor der Türe. Gerade noch den nächsten Supermarkt auf Google und die schnellste U-Bahn-Verbindung zu seinem neuen Arbeitsplatz, den er in wenigen Tagen antreten wird, ausfindig gemacht, schon ist es später Abend. Erstmals, seitdem er zuletzt im Bett seiner vertrauten Heimat eingeschlafen war, kehrt Ruhe ein. Jetzt wird Johnnie langsam bewusst, wie weit er von zu Hause weg, wo er nun angekommen ist. Seine, von ihm sauber zurechtgepflegte, Komfortzone hat er verlassen. Erstmals und vorsätzlich. Zwar muss er sich, dank Eva, auf deren Hilfe er im Ernstfall zählen kann, keine existenziellen Sorgen machen – doch, dass es so weit kommen würde, das wollte er unter allen Umständen vermeiden, ihr und sich selbst beweisen, dass er es allein schaffen würde.

Nun blickt er, von der langen Reise abgeschlagen, aus dem Fenster in eine klirrend kalte Nacht. Die Temperatur steht schon seit Tagen bei zwanzig Grad unter dem Gefrierpunkt. Schnee liegt keiner, dafür geht der für New York so typische Wind, der die ohnehin schon frostigen Temperaturen drastisch verstärkt. Zu seinen Füßen liegt die Westend Avenue. Sie ist eine große Straße am westlichen Rand von Manhattan, daher nicht ganz so belebt wie die benachbarten Avenues. Eine Wohngegend mit vielen Backsteingebäuden, hinter deren meist angelaufenen Fenstern in den Wohnungen allmählich die Lichter ausgehen. Johnnie atmet tief durch: „Endlich weg, endlich angekommen. Jetzt beginnt etwas Neues“, sagt er sich laut zu. Seine Augen werden schwer, ehe er es sich auf dem staubigen Ausziehsofa im Wohnzimmer gemütlich macht und bei laufendem Fernseher, der den Wetterbericht zeigt, einschläft.

Das anonyme Leben in großen Städten wird zu gerne verteufelt. Es soll schuld daran sein, dass Städte dreckig und gefährlich sind. Mangelndes Interesse an seinen Mitmenschen, soziale Isolation, Depression, Gewalt und Elend wären die Folgen. Erquickend klingt das zwar nicht, doch genau diese Anonymität ist, was Johnnie jetzt dringend braucht. Wie sehr, zeigt der nächste Morgen.

Die erste Nacht war durchwachsen. Wirklich schlafen konnte er nicht. Zu viele Gedanken durchkreuzten seine Sehnsucht nach Erholung von der Aufregung, zu groß war und ist die Nervosität vor dem, was kommt. Trotz allem: Niemals zuvor hatte er sich so frei gefühlt als beim Verlassen des Hauses an diesem Morgen. Nach einem kurzen „Hi“ zum Doorman geht er zielsicher in die Eiseskälte, schnellen Schrittes in Richtung des nahegelegenen Columbus Circle, von wo aus er den Central Park ansteuert. In absoluter Gewissheit, dass er niemanden kennt und dass ihn niemand kennt, dass es niemanden schert, ob er da nun geht und wohin er da nun geht – oder eben nicht, schwimmt er mit dem Fluss der Stadt und genießt, dass scheinbar niemand über ihn urteilt - und wenn doch, dann zumindest so, dass er es nicht merkt.

Zu oft fühlte sich Johnnie in seiner Heimat beobachtet und unter Zwang, irgendjemandes Erwartungen erfüllen zu müssen. So viele Zwänge: Er durfte nicht zu dick werden, nicht bei der Prüfung durchfallen, nicht zu lange studieren, musste sich immer angepasst benehmen und vieles mehr. Immer irgendwas. All das liegt jetzt in weiter Ferne.

Der Spotlight-Effekt besagt, dass Menschen dazu neigen, die Aufmerksamkeit, die andere ihnen schenken, deutlich höher zu bewerten, als sie in Wirklichkeit ist. Johnnie fiel diesem Effekt zuletzt immer öfter zum Opfer. Längst neigte er dazu, zu denken, dass ständig ein Scheinwerfer auf ihn gerichtet ist, der all seine Fehler und Schwächen hervorhebt und für die ganze Welt zur Schau stellt. Aufgrund seines Irrglaubens, es seien ständig alle Augen auf ihn gerichtet, tendierte er sogar schon dazu, sich anders zu verhalten, als er es eigentlich wollte. Vielleicht aus Scham oder Blöße, vielleicht auch einfach nur aus Unsicherheit. Jedenfalls begrenzte ihn die dadurch selbst auferlegte Einschränkung in seinem Handeln zuletzt stark, was negative Auswirkungen auf sein Selbstbewusstsein und folglich sein Verhalten hat. Er weiß nicht, dass er, außerhalb seiner Familie, jedenfalls besonders Nahestehenden und bestenfalls wenigen sehr guten Freunden, den meisten Menschen de facto egal ist.

Klar, dass er die hier für ihn neugewonnene Freiheit genießt.
Hier muss er niemandem etwas recht machen – bestenfalls sich selbst. Doch er beschließt, sich erst einmal von der Stadt und allem, was auf ihn zukommen wird, treiben zu lassen.

Dieser Tag gehört ihm. Er hat ihn sich bewusst für sich reserviert – und New York, um hier anzukommen und mit der Stadt einen Pakt zu schließen. In der Mitte des Central Parks auf einer Grünfläche stehend, startet er einen Dialog mit ihr – der großen und anonymen Stadt. Es ist acht Uhr morgens. Er blickt kurz um sich. Niemand zu sehen. Nur ein paar dick angezogene Jogger, die auf der nächsten Straße langsam vor sich hinjoggen, während ihre Atemluft in der Kälte kondensiert. In selbstbewusster Stimmlage startet er seine direkte Ansprache an die Stadt: „Hier bin ich, New York. Ich schätze und respektiere Dich. Ich wünsche mir, dass Du mich ebenso respektierst, dann wird es zwischen uns so harmonisch bleiben, wie es seit unserem Kennenlernen vor vielen Jahren läuft “, spricht er ins Antlitz der Skyline entlang der Fifth Avenue.

Selbstgespräche sind für Johnnie nichts Außergewöhnliches – eigentlich sogar ganz normal. Ebenso wie die direkte Ansprache von Dingen wie einer Stadt. Schon in den 1970er-Jahren beschrieb der amerikanische Pädagoge und Autor Timothy Gallwey in „Tennis und Psyche – das innere Spiel“, dass der Geist eben jenes Spielfeld ist, auf dem das tatsächliche Spiel stattfindet. Zum inneren Dialog meint er: „Offensichtlich sind ‚Ich’ und ‚Selbst’ zwei getrennte Einheiten in unserem Kopf, sonst könnte es keine Unterhaltung zwischen beiden geben. Man könnte also sagen, dass in jedem Menschen zwei voneinander getrennte Persönlichkeiten wohnen.“ Gallwey kommt zum Schluss, dass der Weg zu einer mental starken Persönlichkeit in einer Verbesserung der Beziehung dieser beiden „Ichs“ liegt. Das bedeutet, dass, wenn wir den inneren Dialog entsprechend positiv und zielführend gestalten, unsere Chancen darauf steigen, Bestleistungen zu vollbringen – und dieser bedarf es allemal, um sich in dieser Stadt langfristig zu behaupten.

Johnnie hat nie von Timothy Gallwey gehört. Dessen Ansicht, dass ‚Ich’ und ‚Selbst’ zwei getrennte Einheiten in unserem Kopf sind, und, dass deren Dialog unsere mentale Stärke beeinflussen kann, teilt er aber. Seine Dialogeröffnung mit der anonymen Stadt ist für ihn Teil des Ankommens. Ihm ist bewusst, dass er Besonderes leisten muss, wenn er sich hier behaupten möchte. Zurück nach Österreich zu gehen, etwa nach Ablauf seines in wenigen Tagen startenden Traineeships, entspricht so gar nicht seinem Plan. Nein, es ist tatsächlich gerade keine Option für ihn. Vielleicht, weil ihn unterbewusst die

Furcht plagt, jemanden – vielleicht sich selbst - damit zu enttäuschen oder vor Bekannten als Verlierer dazustehen.

Jetzt, nach dem kurzen Dialog mit der Stadt, fühlt sich Johnnie so energiegeladen wie niemals zuvor. Vielleicht wegen der Antwort, mit der New York ihn auf sein Eröffnungsplädoyer nicht warten ließ:

Gleich nach seiner Begrüßung platzierte sich nämlich eine überdurchschnittlich große und pechschwarze Krähe vor ihm auf der tiefgefrorenen Wiese. Sie plusterte sich genau vor ihm auf, als wolle sie etwas zu ihm sagen, ihn herausfordern. Doch sie starrte ihn nur regungslos an. Und weil er sich in dem Moment nicht beobachtet fühlte, starrte er zurück. Ein merkwürdiger Moment, denn der Vogel schien nur gekommen zu sein, um Johnnie in die Augen zu schauen. Geradezu, als wolle er ihn prüfen. Nach einer Weile, Johnnie empfand sie als unangenehm lang, hob die Krähe ebenso grund- wie lautlos wieder ab, nur um in einer dichten Wolke, wenige Meter über den Baumwipfeln, zu verschwinden.

Ohne abergläubisch zu sein, wertet er dieses Ereignis als eine Antwort: „Mach Dein Ding – ich werde Dich dabei im Auge behalten“, so seine Interpretation, ehe er sich weiter auf seinen Erkundungsweg macht. Mit diesem für ihn wichtigen Formalakt ist seine Ankunft besiegelt.

New York hat seine eigene Zeitrechnung – und die ist, jedenfalls gefühlt, unendlich viel schneller als jene in Wien. Aus dem ersten Tag wird die erste Woche und aus der ersten Woche wird der erste Monat. Aus tiefem Winter wird später Frühling und aus anfänglichen Begegnungen entwickeln sich Freundschaften. Auch Stephanie ist zwischenzeitig angekommen und für Johnnie zu so etwas wie seiner Schwester geworden, die er zwar nie hatte, sich aber immer wünschte.

Wochentags treffen sich die beiden in Georges Appartement, sobald Johnnie aus der Bank und Stephanie von ihren Seminaren nach Hause kommen: Zeit, um sich über das Erlebte, neue Bekanntschaften und die Pläne für das nächste Wochenende auszutauschen.

Es ist Ende Juni. Freitagnachmittag. Der Himmel über Manhattan strahlt in kräftigem Blau. Weil Johnnie an diesem Tag etwas früher in der Bank Schluss machen konnte, ist er bereits zu Hause. Stephanie ist noch nicht da und so kann er die sonst nicht üppig ausfallende Zeit für sich selbst genießen und eine ausgiebige Dusche nehmen. Plötzlich klingelt sein Handy. „Chris is calling", blinkt das Display. Ihn hatte Johnnie vor einigen Monaten über ein Soziales Netzwerk kennengelernt, dessen sich Johnnie bei seiner Ankunft in New York bediente, um erste Kontakte zu knüpfen. Damit hatte er großes Glück. Dieses Netzwerk, in das man nur durch persönliche Einladung eines Freundes aufgenommen werden konnte, strotzt geradezu vor Prominenten, die hier, es zählte anfangs nur wenige Tausend Mitglieder, auf Tuchfühlung mit ausgesuchten Mitgliedern der besseren Gesellschaft gingen. Weltweit. So etwas wie Jetset. Und so machte es die große Welt für Johnnie ein ganz entscheidendes Stück weit kleiner – und zwar durch ausgezeichnete Kontakte in die New Yorker Gesellschaft.

Chris ist Teil davon. Seit fünfzehn Jahren lebt er hier. Ebenso viele Jahre ist er älter als Johnnie. Er arbeitet in einer gut bezahlen Führungsposition in einer Investmentbank.
Man könnte meinen, er sei ein für New York City typischer Expat. Ursprünglich aus Frankfurt, spricht er fünf Sprachen fließend, versteht sich, bestens vernetzt, in der New Yorker Society zu bewegen und wurde auf Anhieb ein guter Mentor für Johnnie, der ihm im Laufe der Zeit viel zu verdanken hatte. Nur klar, dass Johnnie, ohne zu überlegen, aus der Dusche springt und sich hastig mit dem gerade zurecht gelegten Handtuch abtrocknet, ehe er abhebt:

„Made in Italy, ein Event von so ein paar verrückten Italienern, ist heute im Battery Park. Da musst Du mit", lautet die unmissverständliche Botschaft des Anrufers, die darauf wartet, positiv erwidert zu werden.

Der Battery Park liegt am Südzipfel von Manhattan – direkt am Wasser. Zwar nicht ganz ums Eck von Johnnies Apartment, aber jedenfalls Gelegenheit, etwas Neues zu sehen. Zudem hatte Chris bewiesen, immer für Überraschungen gut zu sein. Egal, was er in den letzten Monaten ins Spiel brachte, es erwies sich stets als absoluter Gewinn für Johnnie. Oft nahmen die Begegnungen mit Chris völlig unerwartete Wendungen. So kam es schon einmal vor, dass aus einem scheinbar routinemäßigen After-Work-Treffen in einer x-beliebigen Bar ums Eck ein Besuch auf der Dachterrasse eines Medienmoguls wurde, der gerade eine Party für mehrere Hundert Gäste in seinem Penthouse auf der Fifth Avenue schmiss. Chris machte das und so viel mehr möglich für Johnnie – und so gilt für diesen Abend: fixe Zusage. Treffpunkt um 07.00 Uhr am Eingang des Parks.

Kurz nach 06.00 Uhr geht Johnnie los. Am Weg schlendert er durch den Hochhausdschungel von Midtown West Richtung Columbus Circle. Von da aus soll sie ihn, die 9er Linie, in knapp fünfzehn Minuten von Midtown zur Rector Street bringen, von wo es nur noch ein paar Minuten zu Fuß bis ans Ziel sind. Und die nimmt er gerne in Kauf, um in den Genuss der einzigartigen Stimmung des Financial District zu kommen. Ob Stock Exchange, Rathaus oder Ground Zero: Diesen Teil Manhattans kennt Johnnie bislang kaum. In diese Gegend verschlägt es ihn nur, wenn er am Samstag auf den Farmers Market, einen Bauernmarkt am Union Square, geht, wo er gelegentlich einen Freund trifft und sich bei einem der dort mit ihren Ständen stehenden Bauern frisches Obst holt. Anschließend setzt er sich gerne auf eine der spärlichen Parkbänke in der Mitte des kleinen Areals, um von dieser aus die ebenso eigenwilligen wie frechen Eichhörnchen zu beobachten. Ein für ihn typischer New-York-

Moment. Danach, wenn die Stimmung passt, macht er sich manchmal zu Fuß auf den Weg noch weiter südlich bis nach Chinatown, wo er gerne durch das lebendige Treiben des chinesischen Viertels spaziert. Die Gegend südlich davon hatte er bisher vernachlässigt, der Besuch im Battery Park absolutes Neuland.

Schon beim Betreten des Parks, unweit des Castle Clinton National Monuments, kann er erkennen, dass dieser ab der Mitte durch Gitterzäune abgegrenzt ist. Dort ist das Event. Ein paar Leute tummeln sich um einen Zugang. Den steuert er an. Überall sind Bäume. Es ist relativ ruhig – jedenfalls im Vergleich zu den Straßen, die er seit der Station Rector Street gerade noch durchquerte. Die Sirenen diverser Einsatzfahrzeuge, die der plötzlich aufgefrischte Wind in die Ferne zu tragen scheint, sind einige Blocks entfernt und kaum mehr wahrzunehmen. Vogelzwitschern sowie hie und da ein bellender Hund von einem der Spaziergänger im Park, sonst nichts. Je näher er dem Eingang kommt, desto deutlicher offenbart sich ihm eine Stimmung, die er so nicht kannte. Hinter dem Eingang nimmt er jetzt eine gute Hundertschaft junger Menschen, zudem Musik, wahr. Es ist nicht laut und die Stimmung im umliegenden Park keinesfalls gestört. Alles wirkt entspannt. Trotzdem fällt Johnnie nur ein Abend ein, an dem er eine ähnliche Stimmung vernommen hatte: Es war der Jahreswechsel 2000. Die Szenerie erinnert ein wenig an Stonehenge, dem südenglischen Bauwerk aus der Jungsteinzeit. In der Mitte des Areals ist eine altarartige kleine Bühne, die aussieht, als wäre sie aus Holzkisten zusammengesetzt, rundherum sind kreisförmig kleine Tische angeordnet, auf denen nicht nur schöne, sondern vor allem unglaublich gut gelaunte Menschen zusammengekommen sind, um gemeinsam zu feiern. Es sind Menschen aus allen Nationen und Ländern und mit dem gemeinsamen Nenner, dass sie alle an diesem Abend an diesem Ort das Leben zelebrieren.

Das Durchschnittsalter ist etwa dreißig. Während Johnnie zu den Jüngeren zählt, hebt Chris, der ihn gerade am Eingang in Empfang genommen hat, zweifelsfrei das Durchschnittsalter – und dabei macht er eine gute Figur. Gemeinsam betreten sie die Veranstaltung unter freiem Himmel. Die Stimmung wirkt aufgeschaukelt und die Menge noch klein. Der Vibe könnte besser nicht sein. Die vielen offensichtlichen Expats, die für gut bezahlte Jobs in die Stadt gekommen waren, zeigen sich stolz darauf, diesen Schritt, von dem rund um den Globus so viele träumen, geschafft zu haben.

Jetzt hat Chris mit einer der vielen Hostessen Kontakt aufgenommen. Er ist niemand, der sich an eine Bar stellt. Wie Johnnie ist er immer um einen Auftritt bemüht. Es dauert nicht lange, ehe sich Johnnie auf einem dieser Tische um die kleine Bühne und inmitten einer Runde aus bunten, fröhlichen und offenherzigen Menschen findet. Asha, eine New Yorker Freundin von Chris, deren Eltern vor vielen Jahren aus Indien einwanderten, grüßt Johnnie so euphorisch, dass er in dem Moment ernsthaft glaubt, sie hätten sich schon ewig gekannt und einander nur lange nicht gesehen. Sie trägt knallfarbige Ohrringe. Diese werden teils durch ihr schwarzes, seidenglattes Haar verdeckt, das in den lauen, gerade vorbeiziehenden Windzügen zu schweben scheint, als wäre es Teil eines Zeitlupenauftritts einer Hollywoodikone.

Über ihren Schultern, in greifbarer Nähe, erblickt Johnnie das Meer. Besser noch: Hinter ihr, in der Mitte des bewegten Wassers der Upper Bay Area, zwischen einigen Booten, erblickt er die Freiheitsstatue, die er zuvor nur flüchtig aus dem Flugzeug gesehen hatte. Plötzlich zum Greifen nahe. Er hat nicht damit gerechnet, heute so weit von zu Hause Teil eines so wunderbaren Moments sein zu dürfen. Die Sonne neigt sich gerade dem Untergang, was die wunderschöne, sommerabendliche Stimmung deutlich befeuert. Mehr und mehr durchwegs sympathische Juppies sammeln sich um die Gruppe, in der sich Johnnie richtig wohl fühlt und wofür er in diesem Moment innige Dankbarkeit empfindet. Viele Akzente sind von den Menschen um ihn herum wahrzunehmen. Die Mehrheit davon europäisch.

Chris schnappt die gerade servierte Flasche Wein, schenkt Johnnie und den anderen großzügig ein und stellt sicher, dass jeder ein volles Glas hat. In diesem Augenblick weiß Johnnie bereits, dass der Abend etwas ganz Besonderes werden würde, lässt es sich aber nicht anmerken. Um den Tisch, an dem sich Asha, Chris, Johnnie und ein paar andere gerade angeregt unterhalten, tummeln sich plötzlich einige Fotografen, Securities und was sonst noch so mit der New Yorker Society assoziiert wird. Bei Veranstaltungen wie dieser eigentlich nichts Ungewöhnliches, weshalb es zunächst auch niemandem weiter auffällt. Doch spätestens als die Menschentraube hinter Johnnie unruhiger wird und das Gedränge an Intensität gewinnt, wird klar, dass irgendetwas vor sich gehen muss. Schützend die Hände über sein Glas und sein Handy haltend, beides liegt vor ihm auf dem kleinen weißen Tisch, nimmt Johnnie instinktiv eine schonende Körperhaltung ein - schließlich scheinen die Gesichtsausdrücke der Menschen zu belegen, dass ihr Gedränge keinesfalls beabsichtigt ist, sie jedoch gerade nichts dagegen tun können.

Eine scheinbar unendlich große, attraktive Frau geht direkt an Johnnie vorbei - eng umzingelt von muskulösen Männern a la Dwayne Johnson und flankiert von einer nicht minderattraktiven Assistentin. Ein kurzer Moment lang Lärm und viel Aufregung. Nur wenige Sekunden. Johnnie weiß nicht, wer die Frau ist, nur, dass er sie von irgendwo her kennt. Sie nimmt genau am Tisch neben der Runde, mit der Johnnie gerade bekanntgemacht wurde, Platz. Die Situation beruhigt sich wieder. Direkt hinter Johnnie haben sich jetzt ein paar Bodyguards in Position gebracht, die damit beschäftigt sind, eine Dutzendschaft an Fotografen und Schaulustigen von dem Tisch mit der Frau fernzuhalten. Dieser steht so nahe neben dem von Chris, dass auch seine Runde dank der durch die Bodyguards errichteten Absperrung von deutlich mehr Bewegungsfreiheit profitiert.

Johnnie winkt Chris, gibt ihm zu verstehen, dass er von ihm wissen will, wer die Frau am Nebentisch sei, doch dazu kommt es nicht, weil ebendiese sich genau in dem Moment zu Chris beugt, ihm um den Hals fällt und ihn begrüßt, als wären die beiden seit jeher die besten Freunde. Sie wechseln ein paar kurze Worte und dann zögert Chris nicht, Johnnie und die anderen an seinem Tisch mit ihr bekannt zu machen. „This is my friend Johnnie from Austria, this is Asha. Dears, meet my friend Paris“. So kam Johnnie zu seinen fünfzehn Sekunden Ruhm: einem Bussi von Paris Hilton.

Doch der magische Moment, der diesen Abend und diese Geschichte für Johnnie ewig konservieren und damit unvergesslich machen wird, folgt erst in den Minuten nach dieser unerwarteten Begegnung. Es ist einer jener wenigen Momente in einem Leben, die wohl so außergewöhnlich und prägend sind, dass sie, unmittelbar, bevor man seinen letzten Atemzug inhaliert, um zu sterben, noch einmal blitzartig vor einem erscheinen – nur für den Bruchteil einer Sekunde. Ähnlich wie es bei Harry Stamper der Fall war, als er im Film Armageddon den Knopf jenes Sprengkörpers drückte, der ihn aus dem Leben reißen würde, wodurch ebendas im Bruchteil einer Sekunde und in wenigen Bildern an ihm vorbeirauschte, bevor sein Körper von der Sprengkraft der von ihm gezündeten Bombe zerfetzt wurde. Die vielleicht beste Rolle, die Bruce Willis je hatte.

Zurück im Battery Park bei „Made in Italy“: Hier besticht der für die musikalische Untermalung zuständige DJ gerade mit einem Unterfangen, das erheblichen Einfluss auf die Stimmung der Anwesenden hat. Er gibt den Gästen, zumindest jenen, die zuhören und damit der überwiegenden Mehrheit, zu verstehen, dass der gerade laufende Track bald durch einen neuen abgelöst werden wird. Next Episode, eine in New York gerade allgegenwärtige HipHop-Nummer der beiden Musikgrößen Snoop Dog und Dr. Dre, ist im Begriff abzuklingen. Noch einmal „Da Da Da Da Da – it´s the motherfucking D.O.G.G.“, danach nur mehr die für den Track typische Melodie – geloopt, also in eine Endlosschleife gebracht, und über den Rhythmus gelegt. Dazu gesellen sich allmählich untypische Töne in Form von monotonem Schlagzeugrhythmus. Dieser nimmt mehr und mehr den Charakter an, den man eher von einem physischen Instrument kennt denn von einem – für die Musik des Abends typischen - Synthesizer. Ein Schlagzeug kann Johnnie nirgendwo sehen – doch der Rhythmus wird lauter und immer authentischer. Gerade hat er die dominierende Rolle in der Geräuschkulisse übernommen.

Johnnie kennt diesen Rhythmus. Er weiß, was als nächstes kommen würde, kann es nur noch nicht zuordnen. Zu weit ist es her, als dass er es mit diesem Abend in dieser Stadt – so fern der Heimat - verbinden würde. Auch andere Gäste scheinen den kommenden Song zu kennen. Jene, die noch nicht stehen, erheben sich und beginnen, mit den Händen in der Luft und zum Rhythmus schwingend, scheinbar ungehemmt, ihrer guten Stimmung nachzugeben. Auch das Schlagzeug hat der DJ geloopt, weshalb es länger läuft als im Original. Das hebt nicht nur die Spannung für Johnnie, sondern auch die Stimmung für alle, die gerade Teil des Moments sind. Plötzlich - der sogenannte Drop: Die Gitarre setzt ein, dahinter knapp hundert Bässe pro Minute. Überfallsartig überkommt Johnnie Gänsehaut. „Unmöglich, dass dieser Song hier und jetzt läuft, mit dem offenen Meer und der Freiheitsstatue als Kulisse und Paris Hilton am Nebentisch“, sagt Johnnie zu Chris, der dies, ob des Lärms wohl kaum verstehend, mit einem Lächeln quittiert.

Die Meute tanzt, als wäre es das beste Lied aller Zeiten, geschrieben nur für diesen einen Moment – und für genau diesen war es das auch. „Life is Life“ von Opus, einer Popgruppe aus Österreich, die damit in den 1980er Jahren einen Welthit landete, klingt an. Die Menge kocht, der Boden bebt, alle singen mit, als wäre es das einzige Lied, das jemals geschrieben wurde. Als wäre es ihre Hymne und als hätten sie alle einen innigen Bezug zu einem fernen und kleinen Land mit einer Stadt namens Graz. Johnnie saugt diesen Moment auf, als wäre er ein Geschenk des Universums, allein für ihn – war es vielleicht auch. Wer weiß. Großartige und für immer unvergessene Eindrücke.

Frühling in New York. Per se schon eine besondere Zeit. Johnnie ist frei. Keine ernsthaften Grenzen, kaum Pflichten, ein finanzielles Auslangen, dazu laufend unerwartete und außergewöhnliche Ereignisse wie ebenjene im Battery Park.

Dieser Abend, dieses Ereignis, die Begegnung mit Paris Hilton: Beispielgebend dafür, wie rasch unterbewusste Sehnsüchte unerwartete Realität werden können. Nicht, dass Johnnie von einer Begegnung mit Paris geträumt hätte. Das nun wirklich nicht. Und wenn, dann hätte diese anders aussehen müssen. Es ist nur so, dass sie, wie kaum sonst jemand zu dieser Zeit, für internationalen Jetset steht – und der bezeichnet eine internationale Gesellschaftsschicht, zu der vor allem Junge und Reiche (sogenannte Yuppies) zählen, die durch ihr Geld mittels Private Jet häufig zu internationalen Orten reisen.

Johnnie hatte hart für seinen Spitznamen gearbeitet - weniger für das „Johnnie“ als für das „Jetset“. Da und dort nennt man ihn immer noch so. Trotzdem fliegt er Linie. Diesen seinen Spitznamen kennt in New York ohnehin niemand. Und wäre das doch der Fall, würde das bestenfalls für Gelächter sorgen. Und trotzdem: Zum ersten Mal in seinem Leben hat er das Gefühl, diesem Spitznamen richtig gerecht zu werden. Dort hinzukommen, wo er jetzt steht, war für ihn, einen Jungen aus Wien, der so sehr an seiner eigentlich längst vergangenen Pubertät festhält, bislang utopisch.

So stolz er auf all die Besonderheiten seiner aktuellen Lebenslage, und insgeheim die Begegnung mit Paris, auch sein mag, so sehr macht sich zunehmend eine gewisse Enttäuschung in ihm breit. Er stellt nämlich fest, dass hier in New

York in dieser Gesellschaft alles ganz anders ist, als er sich das aus der Ferne, aus dem Fernsehen in seiner Jugend im fernen Wien, vorgestellt hatte.

Egal, ob Erwartungen an sich selbst, an andere oder an das Leben: Wer sie, so wie Johnnie, immer wieder zu hoch ansetzt, wird mit dem Gefühl von Enttäuschung vertraut sein. Dabei spielt es keine Rolle, ob im Job, in dem immer alles glatt laufen muss, in der Partnerschaft, in der es nur eitle Wonne geben soll, in der Karriere, in der es nur nach oben gehen darf, oder dem eigenen Körper, für den ewige Jugend unsere höchste Tugend ist: Wunsch und Wirklichkeit liegen oft weit auseinander.

Die Psychologie spricht von Kognitionen. Diese kommen in unseren Person-Umwelt-Interaktionen häufig vor und haben Auswirkungen auf weitere psychische Prozesse. Sie drücken die Vorwegnahme von - oder auch die Vorausschau auf - künftige Ereignisse aus und implizieren oft eine Wahrscheinlichkeitseinschätzung ihres Eintretens. Demnach sind Erwartungen also unsere Vorstellungen, Annahmen oder Wünsche, wie etwas oder jemand zu sein hat – beziehungsweise ein in Stein gemeißeltes Bild der Zukunft auf Basis unserer Auffassungen von richtig und falsch. Ihnen zugrunde liegen innere, oft unbewusste Überzeugungen und Annahmen über uns, andere und die Welt. Ein gesunder Umgang mit eigenen Erwartungen hat Auswirkungen auf die eigene Zufriedenheit.
Für Johnnie alles Firlefanz. Das Leben, das er aktuell führt, hätte er sich aber anders vorgestellt. Nicht so leer und irgendwie erfüllter. So kommt er zum Schluss, dass die Welt doch mehr zu bieten haben muss als jene oberflächliche Gesellschaft, die er von zu Hause kannte und über die er in der Heimat hinwegzukommen erstrebte. Er realisiert, dass Paris Hilton das gleiche Muster bedient wie so viele Dinge, von denen er zu Hause längst die Nase voll hatte. Trotzdem empfindet er seine neu gewonnene Lebensqualität hier um so viel besser als dort, von wo er kommt. Noch.

Was macht unsere Lebensqualität aus? Ist Geld ein Faktor? Wir können viel Geld haben und trotzdem ein furchtbares Leben. Sind Beziehungen ein Faktor? Wir können jemanden haben, der uns über alles liebt, und trotzdem unglücklich sein. Immer vorausgesetzt, jedoch keinesfalls selbstverständlich, ist, dass wir körperlich gesund sind.

Der amerikanische Bestsellerautor Tony Robbins definiert zwei Faktoren, die jedenfalls erheblichen Einfluss auf die Qualität unseres Lebens haben: Werte und Emotionen. Die Werte, die man Dingen gibt, steuern die Gefühle, die man empfindet. Menschen haben unterschiedliche Werte, diese wecken unterschiedliche Emotionen, die wiederum dazu führen, dass wir unterschiedliche Entscheidungen treffen. Wenn wir wütend sind, entscheiden wir anders, als wenn wir dankbar sind. Demnach liegt das Geheimnis des Lebens in der Kontrolle von Werten und Emotionen.

Johnnies Werte sind bis dato von Oberflächlichkeit geprägt. Darum auch die Entscheidung für New York, wo diese stärker bedient werden als irgendwo sonst. Daher, und aufgrund der Absicherung durch Eva, empfindet er eine höhere Lebensqualität. Ein Trugschluss – denn seine Werte waren weder nachhaltig noch sinnvoll. Jetzt kommt er drauf.

Leben und arbeiten in einer Stadt wie New York ist eine Riesenherausforderung. Hier versuchen Menschen auf jede erdenkliche Art die soziale Leiter hinaufzukommen, an die richtigen Kontakte zu geraten, das perfekte Aussehen zu haben und so weiter. Johnnie genießt hier großen Respekt. Nicht, weil er viel Besitz hat oder sonstige Errungenschaften für sich verzeichnen kann. Er wird respektiert, weil er stets gut gekleidet, mit Eloquenz und besten Manieren ausgestattet, etwas verkörpert, dass bei vielen einen vielleicht falschen Eindruck und eine falsche Erwartungshaltung weckt. Davon profitiert er, als kleiner Praktikant, auf dem New Yorker Gesellschaftsparkett, auf dem ihn einige für einen guten Kontakt halten. Die meisten Menschen, denen er hier begegnet, kann er über seine eigenen, meist selbst auferlegten, Limitierungen hinwegtäuschen. Den Respekt, der ihm dadurch zuteilwird, genießt er anfänglich. Nicht nur der Beigeschmack, dass seine Zeit hier sich dem Ende nähert, sondern auch jener, dass der ihm entgegengebrachte Respekt auf einer Art Täuschung basiert, wird zunehmend bitter.

Ein paar Wochen sind nun seit dem Abend im Battery Park vergangen. Johnnie sitzt an diesem Montagvormittag an seinem Schreibtisch im Büro und blickt - nur einen Moment lang - andächtig durch das Fenster aus dem sechzehnten Stock, direkt ins Narrenkästchen, als ihm sein Computer zu verstehen gibt, dass er gerade eine Nachricht für ihn empfangen hat. „Schau Dir das an“, lautet die kurze Nachricht im Betreff des Mails von Philip, einem Studienkameraden aus Wien, der in den wenigen Jahren seit der Inskription zu einem engen Freund wurde. Darunter ein Link zu einem Video. Johnnie klickt es an. Ein alter Mitschnitt eines Liedes, gesungen von einem ergrauten Mann, der neben einem Flügel steht, an dem ein zweiter eine ebenso einfache wie melancholische Melodie anklingen lässt, startet:

Es ist alles nur gelieh'n auf dieser schönen Welt.
Es ist alles nur gelieh'n. Jeder Reichtum, alles Geld.
Es ist alles nur gelieh'n. Jede Stunde voller Glück.
Und musst Du eines Tages geh'n, lässt Du alles hier zurück.
Du siehst tausend schöne Dinge.
Du wünscht Dir dies, Du wünscht Dir das.
Es muss gut sein und sehr teuer – dann macht Dir´s erstmal Spaß.
Jeder will noch mehr besitzen. Zahlt er auch sehr viel dafür.
Keinem kann es etwas nützen. Es bleibt alles einmal hier.
Jeder hat nur das Bestreben, etwas Besseres zu sein, schafft und rafft das ganze Leben.

Doch was bringt es ihm schon ein. Alle Güter dieser Erde, die das Schicksal Euch verehrt, sind Euch nur auf Zeit gegeben – und auf Dauer gar nichts wert.

Darum lebt doch Euer Leben und freut Euch auf den nächsten Tag, denn wer weiß schon auf dem Globus, was das Morgen bringen mag. Erfreut Euch an den kleinen Dingen, nicht nur an Besitz und Geld.
Denn es ist alles nur gelieh'n, hier auf dieser schönen Welt.

Die Zeilen dieses Liedes, gesungen vom deutschen Schauspieler und Sänger Heinz Scheck, gehen Johnnie, der diesen zwar vollinhaltlich zustimmt, aber noch lange nicht danach leben kann, unter die Haut. „Das mag schon alles richtig sein“, sagt er sich – wieder ins Narrenkästchen schauend, irgendwo im Hochhausdschungel vor seinem Bürofenster. „Aber im Hier und Jetzt ist es besser, neben Paris Hilton zu sitzen als neben Jennifer Pospischill – und ein schnelles Auto eben besser als ein langsames“, so seine trockene Schlussfolgerung, ehe er sich wieder seiner Arbeit widmet.

Er ist noch nicht so weit, als dass er seine bequemen Zugänge und oberflächlichen Orientierungen ernsthaft hinterfragen könnte. Doch genau das wäre Voraussetzung dafür, dass sich etwas für ihn ändern könnte. New York ist kein Rahmen, der einen solchen Umdenkprozess begünstigen würde. Die Menschen hier haben ihre eigene, ganz spezielle, Art und das dazugehörige Wertekonstrukt. Dabei dreht sich längst nicht alles nur um den beruflichen Aufstieg – es geht um die nächste Stufe auf der gesellschaftlichen Leiter. Eine regelrechte Art Besessenheit herrscht vor, gesellschaftlich über den anderen stehen zu wollen.

In diesem Spannungsgefüge steht nun einerseits Johnnie, ein noch in der Pubertät steckender Jüngling aus Wien, ein naiver Träumer, ohne Studienabschluss und ohne berufliches Ziel, der nicht mehr als zweitausend Dollar pro Monat Aufwandsentschädigung von einer Bank erhält und sich eine kleine und spärlich ausgestattete Wohnung mit Stephanie teilt – andererseits die große freie Welt, in der er, wenn er es nur wirklich drauf anlegen würde, wahrscheinlich Dinge schaffen könnte, von denen er in seiner Heimat noch nicht einmal geträumt hätte. Statt jetzt anzupacken, wartet er auf ein Wunder. Eines, dass ihn vom Praktikanten zum Millionär befördern würde, sodass er der Welt, in der er gerade verkehrt, endlich gerecht werden würde. Widersprüche, die es nachhaltig zu überbrücken gilt. Am bequemsten wäre wohl ein Lottogewinn. Johnnie spielt kein Lotto. Damit wäre er ohnehin nur wieder in einer Abhängigkeit von etwas, das er nicht im Geringsten beeinflussen kann. Weniger bequem, dafür aber nachhaltig, wäre sein Verlangen, eine aktive Rolle einzunehmen. Wenn er dieses Verlangen nur hätte!

Es muss also noch etwas passieren, etwas, das ihn bis ins Knochenmark erschüttert und ihm so deutlich vor Augen führt, dass er auf einem falschen Weg ist, etwas, das ihn seinen Zugang zum Leben überdenken lässt, sodass er sich endlich selbst einen Gefallen tun würde, wenn er diesen ändert.

3. Totale Verblendung

Seine gläsernen Augen und seine brüchige Stimme verraten, dass er zutiefst gerührt sein muss – wenngleich sein Alter und seine Disziplin es ihm verbieten, seine Gefühle offen zu zeigen. Doch als er an seinem Esstisch in dem von ihm, seinerzeit mit eigenen Händen erbauten, Haus sitzt, scheint er die Kontrolle zu verlieren. Es ist eine Sommerfrische, gelegen am Ufer eines malerischen Sees im Salzburger Land. Die Lage ist ebenso prominent, wie das Haus bescheiden. Die hölzernen Bauernmöbel des kleinen und spärlich eingerichteten Wohnzimmers wirken, als wären sie willkürlich zusammengestellt. Neben der kleinen Sitzgarnitur gewährt ein großes Fenster panorama-artigen Blick auf den See, der im Licht der Vormittagssonne dunkelgrün reflektiert. Auf der anderen Seite des Fensters steht ein viereckiger Bauerntisch. Hier sitzt er zwischen ein paar durchgeblätterten Zeitungen und einer Tasse Tee. Eine Träne rollt ihm langsam über seine linke Wange, hinunter zu seinem Kinn, von wo aus sie anschließend auf ein daruntergelegenes Geldbündel, dessen Summe problemlos zum Kauf eines Kleinwagens reichen würde, tropft. Dieses Bündel aus violetten Geldscheinen hat er gerade in einem Buch über die österreichische Zeitgeschichte entdeckt, das ihm Johnnie zuvor aus gegebenem Anlass mitgebracht hatte: Heute ist sein fünfundachtzigster Geburtstag.

Mit zittriger Stimme und auf das Geld blickend fragt er, sichtlich ahnungslos, was das sei und was er damit soll. Johnnie erwidert, dass es ihm gehöre und er es ihm hiermit zurückgibt. Außerdem entschuldigt er sich dafür, dass er vor langer Zeit unabsichtlich dazu beigetragen hatte, dass er dieses Geld aufs Spiel gesetzt hatte. Er ist Johnnies zweiter Stiefvater – sein Name ist Paul.

An diesem Sommertag hat Johnnie etwas getan, das jemanden, den er außerordentlich schätzt, zu Tränen rührt. Sein damit verbundenes Handeln ist beispielgebend dafür, wie gut es ihm zwischenzeitig gelungen sein dürfte, sein fragwürdiges Wertekonstrukt neu auszurichten und damit sein Leben Schritt für Schritt umzukrempeln - in eine nachhaltigere und damit bessere Richtung. Was war passiert?

Auf den Tag genau nach acht Monaten kehrte Johnnie New York den Rücken. Ja, wenn er nur wirklich gewollt hätte, hätte er bleiben können - einen unterbezahlten Einsteigerjob als Junior-Berater in einer aufstrebenden Werbeagentur annehmen. Der Verdienst hätte nicht einmal für die Miete gereicht. Das lehnte er guten Gewissens ab. Nein, er war nicht zu bequem, nicht diesmal. Das Angebot war nur einfach nicht fair – und er hatte ohnehin einiges zu erledigen, das schon länger darauf wartete, erledigt zu werden. Dinge, die in ihm gärten und dadurch zunehmend seine Aufmerksamkeit abverlangten – in seiner Heimat.

Hier wurde er anfangs vielerorts für seine Zeit in New York, die er später als besonders prägend und wertvoll bezeichnen wird, beneidet. Zeitweise fühlte er sich gar wie ein Feldherr, der erfolgreich vom Schlachtfeld zurückkehrte und dafür allerorts gefeiert wird. Doch geleistet hatte er nichts. Das bedrückte ihn einerseits, motivierte ihn aber andererseits, endlich einen Weg einzuschlagen, dem er sich nachhaltig widmen und auf dem er aufbauen könne. Etwas Berufliches. Etwas, womit er sich identifizieren und aus Evas Abhängigkeit lösen konnte und womit ihm der Stolz seiner Familie sicher wäre. Endlich raus aus seiner Komfortzone, womit er sich eine Basis an Respekt und Vertrauen verschaffen würde. Schließlich war er weit davon entfernt, dass jemand, der ihm nahesteht, zu Tränen gerührt von seinem Handeln hätte sein können. Geld zum Zurückzahlen von Schulden hatte er keines. Gut, dass er auch keine Schulden hatte – jedenfalls keine formellen.

Es sind noch ein paar Jahre bis zu ebenjenem Moment an einem Salzburger See. Johnnie ist gerade über den großen Teich zurück nach Europa gekommen und sucht nach einer Perspektive. Nach außen mag sein Selbstbewusstsein gewachsen sein, tatsächlich ist es in seinem Inneren aber stark in Mitleidenschaft gezogen - weil er eben nicht, wie geplant, in New York geblieben ist und gleich nach Beendigung seines Traineeships in seine Heimat zurückkehrte. Bewiesen hatte er also niemandem etwas – außer vielleicht, dass er gut darin ist, Evas Geld auszugeben und in fernen Ländern Anschluss zu finden. Das war es aber auch schon. Andere in seinem Alter sind längst dabei, etwas aufzubauen, etwas zu schaffen – als angehende Rechtsanwälte, Ärzte oder Selbstständige. Er hingegen sieht sich selbst bisher nur als Profiteur günstiger Rahmenbedingungen. So bleibt sein anfänglicher Stolz über seine Zeit in New York rasch auf der Strecke. Mehr noch, wann immer jemand ihm gegenüber Bewunderung oder auch nur Neid dafür ausdrückt, ja ihn sogar nur fragt, wie es ihm denn gefallen hätte, verunsichert ihn das so sehr, dass er regelrecht aggressiv wird. Bewunderung für Taten, die er sich selbst verdient und zu denen er auch proaktiv etwas beigetragen hätte - das ist die Bewunderung, nach der er strebt. Doch da gibt es nicht viel. Noch nicht.

Ein effektiver Schlüssel zu dem von ihm so dringend benötigten Selbstbewusstsein liegt in der Eigenverantwortung. Würde er nur endlich mehr Eigenverantwortung zu tragen bereit sein, statt sich immer nur treiben zu lassen, so läge schließlich die Verantwortung für seinen Erfolg allein bei ihm. Immer noch tendiert er dazu, die Schuld für seine Miseren bei anderen zu suchen. Langsam kommt er drauf, dass er mit seinem Verhalten anderen mehr Macht über sich und sein Leben gibt, als er es eigentlich möchte – und, dass er sich damit zeitgleich selbst irgendwie entmachtet. Und damit sollte ein für alle Mal Schluss sein. Zeit für einen neuen Lebensabschnitt. Schon wieder.

Weniger Party, noch mehr Sport, ein erster richtiger Job in einer namhaften Werbeagentur und schließlich der Abschluss seines Studiums. Auch familiär steht alles auf Veränderung. Peter, sein früherer Stiefvater, war unerwartet verstorben. Es dauerte nicht lange, dann lernte Eva Paul kennen.

Im Gegensatz zu Peter besticht er durch Bescheidenheit, Ruhe und absoluter Bodenständigkeit, was ihn für Johnnie anfangs wie eine Art Kontrastprogramm zu Peter erscheinen lässt. Mit der Zeit kommen sich die beiden aber näher und besiegeln ihre Beziehung damit, dass Johnnie, der nach Peters Tod eine neue Bleibe brauchte, eine kleine Wohnung von Paul beziehen darf – gegen einen fairen Mietpreis, der Paul verschafft, was ihm zusteht und Johnnie nicht das Gefühl gibt, er wäre auf irgendjemandes Gunst angewiesen. Schließlich verdient er jetzt gutes Geld und kann sich die Miete leisten.

Ein sommerlicher Samstag. Die Woche in der Werbeagentur war lang, trotzdem macht sich Johnnie zeitig ans Werk. Die letzte Müdigkeit wird mit einem eiskalten Red Bull abgewürgt. Heute hat er einiges vor: Erst Einkaufen und abends Kochen für ein paar Freunde. Irgendwo dazwischen noch ins Gym. Die Einkaufliste ist lang und die Prozesse, die sein perfektes Menü erfordert, vielseitig. Als erstes deckt er den Tisch - Tischtuch und Serviettenringe inklusive. Nachdem er die Gläser poliert hat, geht es an den Einkauf. Schräg gegenüber von dem Haus, in dem er jetzt wohnt, ist ein Supermarkt, wo er die letzten Zutaten für sein Mise en Place besorgen will.

Er verlässt das Haus und steuert geradewegs den Supermarkt an. Dabei fällt ihm eine fein säuberlich polierte schwarze Limousine der Luxusklasse auf, die gleich gegenüber seiner Haustüre parkt, und an deren Steuer ein elegant gekleideter Mann um die vierzig, augenscheinlich ein Chauffeur, auf jemanden zu warten scheint. Unmittelbar dahinter, neben dem Supermarkt, ist ein 24-Stunden-Safe. Ein Ort, an dem man anonym rund um die Uhr Wertgegenstände verwahren kann. Dieser ist immer wieder Anziehungspunkt für fragwürdige Gestalten. Die auffällige Limousine samt Fahrer, den Johnnie schon

einmal irgendwo gesehen zu haben glaubt, ist damit kein ungewöhnlicher Anblick für ihn – und trotzdem hat er stets Faszination für die Menschen übrig, die Gebrauch von einer solchen Einrichtung machen.
Beim Überqueren der ruhigen Seitengasse unweit des Wiener Naschmarktes blickt er unauffällig in Richtung der Limousine. Dabei geht seine Fantasie, wie so oft in solchen Situationen, wieder mit ihm durch: Wen würde dieser Chauffeur nur chauffieren und was würde diese Person hier nur zu verwahren haben? Einen Lottogewinn? Eine Prämie? Gar Schwarzgeld oder Diebesgut? In Form von Goldmünzen, Bargeld oder vielleicht einem Gemälde?

Die Eingangstüre des Safes, ein Geschäftslokal wie andere auch, nur ohne Fenster und auffällige Werbetafeln, geht auf. Ein kleinwüchsiger Mann tritt ebenso eilig wie präsent durch den Türstock. Sein erster Blick fällt direkt auf Johnnie, der nur einen knappen Meter von ihm entfernt seinen flotten Schritt abrupt stoppt. Beide schauen sich tief in die Augen, nur einen kurzen Moment lang, dennoch lange genug. Gleich danach, im Bruchteil einer Sekunde, mustern sie sich gegenseitig von oben bis unten. Der Mann grüßt Johnnie mit einem überschwänglichen und in künstlichem Hochdeutsch gesprochenem „Guten Tag, gnädiger Herr“. Unklar darüber, ob das wertschätzend oder zynisch gemeint ist, empfindet dieser es jedenfalls als süffisant - und diese Süffisanz kennt er. Die untersetzte Figur, das protzige Auto, die fein frisierten Haare und obendrein der unterschwellige Steirer-Dialekt: Wiedersehen mit Alexander.

„Eh klar“, so sein erster Gedanke, „dass ein Diamantenhändler einen 24-Stunden-Safe braucht.“ Johnnie grüßt zurück. Auch der Chauffeur, noch immer derselbe Toni, der auch in Kitzbühel nicht aus Alexanders Schatten wich, widmet ihm ein ebenso kurzes wie förmliches Nicken mit seinem kleinen Kopf vom Fahrersitz zu, von dem er sich gerade erhebt, um Alexander die Autotür zu öffnen.

Smalltalk. Ein Austausch darüber, was denn seit der Begegnung in Kitzbühel, wo die beiden sich vor bald zwei Jahren zuletzt gut verstanden und Kontaktdaten austauschten, alles passiert sei. Seither herrschte Funkstille. Ohne bestimmten Grund - es hatte sich nur einfach niemand beim anderen gemeldet. Als wäre es ein Wink von ebendiesem, führt das Schicksal die beiden an diesem Tag erneut zusammen und nach anfänglicher Zurückhaltung beider Seiten knüpfen sie dort an, wo sie zuletzt aufgehört hatten. Alexander ist kurz angebunden. Ehe das Gespräch in die Tiefe gehen kann, spricht er eine Einladung zum gemeinsamen Abendessen aus, vielleicht, um schneller aus der Situation herauszukommen. Johnnie willigt ein, Alexander und Toni rauschen ab.

Wenige Tage später treffen sich die beiden bei einem ebenso prominenten wie noblem Wirten, Alexanders Stammlokal. Hier zeigt man, was man hat – und so besteht das Publikum zu einem Gutteil aus Akteuren, die man auch bei einem Almrausch antreffen könnte – altersbedingt wahrscheinlich eher bei der Katzendamen- und Schlauchbootlippenfraktion. Johnnie findet sich in einer abgedunkelten Ecke auf einem kleinen Ecktisch mit Kerzenlicht wieder. Es wirkt ein wenig, als wäre die Szene für ein frisch verliebtes Pärchen reserviert. Doch nicht an diesem Abend. Heute verbindet sie Johnnie, der gerade eifrig dabei ist, sein Leben neu zu ordnen und der Restaurants wie dieses wegen seines mangelnden Selbstbewusstseins daher zuletzt eher gemieden hatte, und Alexander, der hier und heute ein fixer Bestandteil der Szene zu sein scheint. Er kennt den Chef und flirtet schon bei seinem Eintreffen eifrig mit den, seine einfach gehaltenen Anmachsprüche nur widerwillig duldenden, aber nicht unattraktiven, Servierdamen. Bei Johnnie entsteht der Eindruck, Alexander wolle ihm etwas beweisen. Dass er erfolgreich sein dürfte, scheint ja bereits klar. Doch gerade geht es um mehr. Alexander zeigt mit seinem Verhalten krampfhaft, dass er nicht nur von der besseren Gesellschaft akzeptiert, sondern als Teil von ihr geschätzt wird. Einige der Gäste an den umliegenden

Tischen kennen ihn, werfen ihm immer wieder grüßende Gesten zu. Auch Johnnie kennt den ein oder anderen Gast. Viele sind Freunde seiner Eltern. So sprechen die beiden anfangs immer wieder darüber, wer denn nicht wen kennt und was der denn nicht sei.

Dazwischen geht es immer wieder, auf sehr direkte Art, um Persönliches. Bestimmt gibt Alexander den Ton an, zeigt sich nicht nur an Johnnies Familiengeschichte interessiert, sondern auch daran, womit er sein Geld verdient. Nein, Alexander ist nicht der Charaktertyp, von dem man annehmen könnte, er würde es gutheißen, wenn man nur von günstigen Rahmenbedingungen profitiert – wie Johnnie es lange tat. Er verkörpert den Inbegriff eines aktiven Machers, der sein Schicksal selbst in die Hand nimmt – und nach allem fragt, was er eben wissen will. Ganz direkt. Johnnie empfindet das anfangs als unangenehm, beginnt sich aber rasch damit zu arrangieren.

Nachdem die Zeit in New York abgehandelt ist, erzählt Johnnie von der Werbeagentur. „Du bist Angestellter", meint Alexander - sichtlich überrascht - auf Johnnies Erklärung seines Status quo, und fragt, geradezu verachtend, nach: „in einer Werbeagentur?". Wenig erquickt über Alexanders Reaktion legt Johnnie seinen Fokus zunehmend auf sein Gegenüber und dessen berufliche Aktivitäten. Für ihn ohnehin wesentlich interessanter als der eigene Alltag. Alexander erklärt, gut im Zuhören zu sein, etwas von Edelsteinen zu verstehen und die Bedürfnisse seiner Kunden entsprechend gut zu erkennen. Als Diamantenhändler sei er so erfolgreich, dass er seiner Mutter gerade ein neues Auto zum Geburtstag geschenkt hatte. Es sind Schilderungen wie diese, die für ebenjenen Lebenswandel stehen, nach dem sich Johnnie sehnt. Wie gerne würde er Eva mit einem neuen Auto überraschen? Ihr Respekt wäre ihm damit jedenfalls gesichert. Und wie würden erst sein Ansehen und Selbstbewusstsein von einer solchen Aktion profitieren?

Rasch kommt er daher zum Schluss, von Alexander lernen zu wollen. Zu verlieren hatte er nichts, jedenfalls nichts Wahrnehmbares. So bekundet er seine Bewunderung gegenüber Alexanders Erfolgsgeschichte – mit dem Ziel, ihm zu schmeicheln und mehr von ihm zu erfahren. Und seine Rechnung geht auf: Alexander macht einen direkten und großen Schritt auf ihn zu und meint: „Als Angestellter wirst Du niemals ordentlich verdienen“, leitet er ein und fährt fort, „und immer der Lakai eines Selbstständigen bleiben. Kündige und starte dein erstes Projekt“, so seine klare Ansage, die er damit unterstreicht, dass er ihm dabei helfen würde.

Für Johnnie klingt das wie das Einhundert-Millionen-Dollar- Angebot, das so gut ist, dass er sich, wie schon Alex Hormozi in seinem gleichnamigen Buch konstatiert, dumm fühlen würde, es nicht anzunehmen. Kerninhalt ist das, wofür Alexander steht und wie er sich selbst positioniert: Die Bedürfnisse potenzieller Geschäftspartner erkennen, entsprechende Angebote zu schaffen und damit Geld zu verdienen. Das Ganze hocheffizient – also mit wenig Aufwand. Das möchte Johnnie lernen - und Alexander erweckt, jedenfalls auf ihn, den unweigerlichen Eindruck, würdiger Meister dieser Disziplin zu sein.

Naheliegend, dass das Zweiergespann anfangs ein wenig an das Verhältnis von Lehrer und Schüler erinnert, wenngleich die beiden rasch einen sehr amikalen und schmähreichen Umgangston miteinander pflegen. Dennoch ist Johnnies Erwartungshaltung keine geringere, als dass er von Alexander lernen würde, wie er endlich zu dem werden konnte, was er schon immer sein wollte: ein erfolgreicher und potenter Mann mit obendrein ausreichend Zeit für postpubertäre Dummheiten.

Bei alledem meidet Johnnie einmal mehr die Konfrontation mit sich selbst - begibt sich widerstandslos in eine Abhängigkeit von jemandem, den er kaum kennt. „Wie großartig, jemanden wie Alexander zu haben, der alles für mich tut und dabei auch noch Verantwortung übernimmt", denkt er voller Überzeugung, dass einzig Richtige zu tun. Ein Hoch auf die Bequemlichkeit, die sich einmal mehr als dominierende Kraft in seinem Leben durchsetzt. Doch welche Verantwortung hätte Alexander wirklich übernehmen können?

Kurz darauf hängt Johnnie seinen Job in der Agentur an den Nagel und gründet seine eigene Beratungsfirma. Alexander und er scheinen unzertrennlich, die Freundschaft spätestens dann besiegelt, als das erste Projekt unterschrieben und Johnnies Existenz fürs Erste gesichert ist.

Gründe, Alexander gegenüber skeptisch zu sein, gibt es für Johnnie nicht. Natürlich, seine Wahrnehmung von Alexander ist derart selektiv, dass er nur bestimmte Aspekte, eben jene, die seine Meinung und die Richtigkeit seines Handelns unterstreichen, wahrnimmt. Alles, was ebendas auch nur ansatzweise konterkarieren könnte, blendet er unbewusst aus. Gelegentlich fragt er sich, woher wohl Alexanders scheinbar unendlicher Wohlstand kommen und was die Quelle seines unglaublichen Selbstbewusstseins sein mag. Seine Schlussfolgerung: Das kann man doch nur haben, wenn man es zu etwas gebracht hat.

Wie sehr er sich in eine Abhängigkeit begeben hat, zeigt das Beispiel eines Kurztrips nach Los Angeles. Eine sprichwörtliche Schnapsidee, entstanden spontan bei einem Aperol-Spritzer in der Nachmittagssonne einer Wiener Espressobar, als Johnnie sich bei einem Treffen darüber lustig machte, dass Alexander, der ja rund um den Globus mit Edelsteinen handelt, zugab, noch nie in Amerika gewesen zu sein. Mitunter, weil Johnnie ihm den Eindruck vermittelte, dort ein paar gute Kontakte zu haben, sitzen beide nur wenige Wochen später im Flugzeug. Business Class. Ein Trip, geplant von Alexanders Assistentin, die laut Alexander „beste Verbindungen" zu Hotels habe. Alexander ist ein Mann der Taten, bevor er lange über etwas spricht, macht er es einfach.

So jedenfalls der Eindruck, den er mit Schnellschüssen wie diesem L.A.-Trip vermittelt.
Kaum gelandet, checken die beiden in einer prominenten Designerbleibe in West Hollywood ein – ausgesucht von Alexander. Zwei Suiten. Für jeden eine. Männer brauchen Raum und Freiheit für ihre Bedürfnisse. Das hat Alexander wohl so geplant, damit die beiden, sollte sich Damenkontakt aufdrängen, sich nicht gegenseitig im Weg stünden. Jedes Zimmer mit Blick über die Stadt. Im Aufzug in den zwölften Stock ist die House-Musik derart laut, dass man das eigene Wort kaum versteht - dem hippen Hotelpublikum scheint es zu gefallen.

Oben angekommen, sind die beiden Zimmer am jeweils gegenüberliegenden Ende eines kurzen Ganges. Alexander reicht dem Gepäckträger eine Zehn-Dollar-Note und bedankt sich in englischer Sprache - mit steirischem Dialekt. Johnnie fühlte sich ein wenig, als wäre er in Begleitung von Arnold Schwarzenegger. Nach einer kurzen Erfrischungsphase treffen die beiden einander an der Rooftop Bar des Hotels auf einen Drink, bevor sie erschöpft ins Bett fallen.

Am Morgen danach kann Johnnie von seinem überdimensionierten Bett über die ihm zu Füßen liegende Stadt schauen. Was für ein Blick – und erst das Wetter: prachtvoll! Beim Weg zur Morgentoilette, eingewickelt im kaschmirweichen Schlafmantel des Hotels, der auch Hugh Hefner stehen würde, sticht ihm ein Kuvert unter der Zimmertüre ins Auge, dass zuvor jemand unter ebendieser durchgeschoben hatte. Die Tagesrechnung für seine Suite. Zweitausend Dollar hat sie für diese erste Nacht gekostet. Das entspricht etwa Johnnies Budget für die gesamte Reise, was Alexander wusste. Jedenfalls hatte Johnnie es ihm gesagt.
Auf die Rechnung angesprochen, begründet Alexander beim Frühstück den Zimmerpreis mit einer Überbuchung der gebuchten Kategorie, verschuldet

durch das Hotel, weshalb man in den Genuss eines Upgrades ohne Aufpreis komme. Er würde sich um alles kümmern und Johnnie solle sich keine Sorgen machen. Das tut er nicht und er sollte nicht enttäuscht werden. Die Kosten in, für Johnnie, unbekannter Höhe werden am Ende der fünf ereignisreichen Tage von Alexander beglichen. Johnnie jedenfalls ist aus dem sprichwörtlichen Schneider. Eine unerwartete Mehrbelastung in dieser Größenordnung wäre für ihn als frisch gebackenen Selbstständigen ohnehin kaum zu verkraften. Doch was wäre gewesen, wenn er auf diesen Kosten sitzenbleiben hätte müssen, etwa, weil Alexander unerwartet verschwunden wäre, genau wie seinerzeit in Kitzbühel? Gedanken, die sich Johnnie nicht machte.

Die Tage in L.A. sind gefüllt mit Spaß, Party und Shopping. Kurzum: fünf Tage auf der Überholspur.

Einige Monate später und zurück in Wien. Eva, Paul, Johnnie und Alexander treffen sich zum Mittagessen in einem gediegenen Innenstadtlokal. Alexander ist längst Teil von Johnnies Familie, die ihn wohlwollend aufgenommen hat und – nicht zuletzt aufgrund seines hohen Unterhaltungswertes - immer wieder gerne sieht. Es ist nur ein Treffen von vielen. Trotzdem verläuft es anders als sonst. Johnnie muss an diesem Samstag unerwartet kurz nach dem Essen weg. Ein potenzieller Kunde für seine Firma ist ganz in der Nähe und will sich unverbindlich treffen. Eine Chance, die er nicht ungenutzt lassen will – schließlich geht es um seine Existenz. Eva möchte noch etwas besorgen und verabschiedet sich ebenfalls.

Paul und Alexander bleiben sitzen. Diese Gelegenheit nutzt Paul für einen Austausch über Edelsteine. Er ist gerade auf der Suche nach einem passenden Geschenk für Evas nahenden Geburtstag. Wenige Tage darauf erwirbt er von Alexander einen Rubin. Eva und Johnnie wissen davon nichts. Der von Paul in diesen Rubin investierte Betrag ist ebenjener, den er einige Zeit später, zu seinem fünfundachtzigsten Geburtstag, in einem Buch über die österreichische Zeitgeschichte, das ihm Johnnie aus diesem Anlass mitbringt, wiederfinden wird. Doch wie kommt es dazu?

Wenige Wochen nach dem Essen, bei dem Johnnie sich vorzeitig entschuldigte, plante er eine Reise mit seiner neuen Freundin. Eine Luxusreise nach Bali – mit der schönen Nicola. Sie ist ein paar Jahre jünger als Johnnie, zierlich und aus bescheidenen Verhältnissen, jedoch zielstrebig, wenn es darum geht, in der Gesellschaft nach oben zu kommen. Ihr will sich Johnnie von seiner großzügigen, seiner spendablen Seite, zeigen – ganz, wie er es von einem erfolgreichen Unternehmer gegenüber einer jüngeren Dame erwarten würde.

Als Selbstständiger musste er sich noch an die unregelmäßigen Einkünfte gewöhnen. Eine mit Alexander abgeschlossene und gewonnene Wette kam ihm dabei zugute – insbesondere, weil der Wetteinsatz aus der Hotelkostenübernahme für einen einwöchigen Asienurlaub bestand. Johnnie wusste, dass er die Wette mit einem völlig banalen Inhalt gewinnen würde. Anderenfalls hätte er sich niemals auf einen so kostspieligen Wetteinsatz eingelassen. Er profitierte also von Alexanders Art zu glauben, er sei unbesiegbar – und den guten Hotelkontakten von dessen Assistentin, aufgrund derer der Wetteinsatz zustande kam.

Auf die Einforderung der Wettschuld angesprochen, reagierte Alexander ungewohnt und vertröstete die Kostenübernahme des von Johnnie bereits gebuchten Hotels auf einen späteren Wochentag. Stressbedingt. Johnnie fragte noch nach der Mailadresse seiner Assistentin, der er die Rechnung schicken wollte – schließlich hätte diese sie ja einfach überweisen können. Und dann war Alexander plötzlich ungreifbar, reagierte nicht auf Johnnies Anrufe und war auch sonst kaum erreichbar.

Durch dieses Verhalten verunsichert, berichtete er am Sonntag vor seiner Abreise Paul beim Mittagessen davon und machte seiner Enttäuschung über Alexanders Verhalten Luft. Paul, von diesen Neuigkeiten sichtlich ebenfalls verunsichert, berichtete daraufhin von dem Erwerb des Rubins, der in Pauls Kasten darauf wartete, an Evas Geburtstag überreicht zu werden. Plötzlicher Vertrauensverlust machte sich breit. Paul gab Johnnie das Mandat, die Sache aufzuklären. Insgeheim hatte er den Stein aber bereits als wertlos abgestempelt und den Kaufpreis abgeschrieben.

Johnnie entschied, das so nicht stehen zu lassen und suchte einen unabhängigen Edelsteinexperten auf, dessen Gutachten den Wert des Rubins weit unter dem bereits entrichteten Kaufpreis ansetzte.
Johnnie forderte Alexander zu einer Rückabwicklung des Rubinkaufes auf, der dieser auch prompt einwilligte und wenige Wochen später nachkam. Damit ging zwar die Freundschaft in die Brüche, doch Johnnie erhielt den vollen, zuvor von Paul an Alexander entrichteten, Kaufpreis für den Rubin. Praktisch, dass bald danach Pauls fünfundachtzigster Geburtstag folgte, bis zu dem er von alledem nichts mitbekam. Wohl, weil er das Geld längst abgeschrieben hatte und die Schuld dafür bei seiner eigenen Naivität verortete.

Zu keinem Zeitpunkt machte er Johnnie einen Vorwurf. Trotzdem hatte dieser ein schlechtes Gewissen. Immerhin hatte er einen außenstehenden ins Spiel gebracht und damit erst die Basis für diese Umstände geschaffen.

All das musste erst passieren, damit Johnnie Paul an diesem Sommertag mit einer Geste derart überwältigen konnte, dass dieser kurzerhand die Kontrolle über seine Gefühle verlor.

Niemand ist vor Ereignissen wie diesen geschützt. Tatsächlich kann uns alles Mögliche jeden Tag passieren und es gibt nichts, das wir dagegen tun können.

Was wir jedoch tun können, ist zu entscheiden, wie wir damit umgehen. So gibt es Menschen, die aus schlimmen Erfahrungen lernen und sich durch sie weiterentwickeln, und Menschen, die scheinbar ewig in einer Spirale hängenbleiben – sich immer in der Opferrolle verorten. Der Unterschied ist die Richtung der Aufmerksamkeit. Eine schwere Situation können wir als solche wahrnehmen und uns in die Opferrolle begeben - oder wir erkennen das Lern- und Entwicklungspotenzial dahinter an und entwickeln Fähigkeiten, damit umzugehen und uns daraus weiterzuentwickeln.

Johnnies Erkenntnis, fragwürdigen Idealen nachgeeifert zu haben, ist sicherlich harmlos, verglichen mit anderen, vielleicht weitaus schlimmeren Dingen, die hätten passieren können. Doch für ihn ist es wie ein Schlag des Schicksals in sein Gesicht. So erkennt er, wie sehr er sich von Alexander abhängig gemacht hatte. Doch enttäuscht ist er in erster Linie von sich selbst. Schon wieder ist er der Bequemlichkeit aufgelaufen. Eine bittere Wahrheit, die er lange zu verdrängen versuchte.

Alexander war wie ein Vorbild für Johnnie, der ihn für seine Lebensart geradezu verehrt hatte und ihm deshalb nacheiferte - ihn zum Modell für sein eigenes Leben heranzog. Damit wurde der Abschnitt mit Alexander zu mehr als nur einem kleinen Ausflug aus Johnnies vermeintlich tristem Alltag. Er hatte ihm Orientierungshilfe und Projektionsfläche geboten. Während andere Stars oder berühmte Sportler verehren, war es in Johnnies Fall ein Steirer namens Alexander. Wahrscheinlich, weil er so offensichtlich wie sonst niemand in seinem Bekanntenkreis Wertschätzung und Lebensart als Folge des eigenen Erfolgs verkörperte – und das zum Greifen nah.

Je mehr Wertschätzung man im Leben erlangt, je höher die erreichte Position oder auch das erworbene Dienstalter ist, desto besser wird man normalerweise behandelt. Türen werden einem aufgehalten und Kaffee wird serviert -

ohne dass man erst darum bitten muss. Johnnie hatte einerseits Wertschätzung von Alexander erfahren, jemandem, den er die längste Zeit auf der Erfolgsleiter über sich sah, andererseits von vielen anderen, denen er durch Alexander an seiner Seite überhaupt erst aufgefallen war – ganz besonders Frauen. Alexander meinte einmal: „Als Selbstständiger kannst du dreimal pleitegehen, es gibt Frauen, die sind selbst dann noch überzeugt, dass du Ferrari fährst". Johnnie hatte die Naivität so mancher Frau ausgenutzt, davon profitiert, unter der eigenen aber mehr gelitten denn je. Sein und Schein können mitunter weit voneinander entfernt sein. Wer sich auf das Sein fokussiert und den Schein in den Hintergrund stellt, wird über kurz oder lang profitieren.

Zumeist sind erfahrene Gesten der Wertschätzung, die sich im Alltag überwiegend in Kleinigkeiten wie einem angebotenen Kaffee oder einer aufgehaltenen Türe offenbaren, gar nicht an eine Person geknüpft, sondern an die Position, welche die Person gerade besetzt. Dennoch hatte sich Johnnie an die kleinen Wertschätzungen gewöhnt - weil sie wie Balsam für seine Seele waren.

So ist Alexander aus Johnnies Leben verschwunden, Johnnies Selbstwert neuerlich angekratzt und seine Selbstständigkeit mit zunehmenden Herausforderungen konfrontiert. Doch wie soll es nun weitergehen?

Sensibilisiert gegenüber menschlichen Enttäuschungen, wächst jetzt unaufhaltsam das Bewusstsein in ihm, ein guter Mensch sein zu wollen – und nicht nur jemand, der es zu etwas bringen würde. So gewinnen Ausgeglichenheit und innerer Frieden für ihn an Bedeutung – und zwar zulasten des Verlangens nach schicken Lokalen oder teuren Autos.

Doch was macht einen guten Menschen aus? Viel Geld oder ein hohes Maß an Wertschätzung? Wohl kaum. Vielmehr ist es der Blick für das Wesentliche.

Doch was soll das sein? Johnnie hilft sich bei der Antwort darauf mit Geschichten aus Weltgeschehen und Medien. Geschichten, die zum Ausdruck bringen, was in seinen Augen wirklich wichtig ist. Geschichten, wie es aktuell viele gibt, Geschichten wie diese:

Im Sommer zweitausenddreiundzwanzig werden Griechenland und Europa von einem schweren Bootsunglück erschüttert. Mehrere Hundert Menschen, es sind Flüchtlinge, viele davon Kinder, kommen dabei ums Leben. Die Suche nach Überlebenden gestaltet sich laut Medienberichten kurz und intensiv und wird bereits nach wenigen Tagen eingestellt, weil Überlebende rasch ausgeschlossen werden können. Wenige Tage später macht sich ein kleines U-Boot mit dem Namen Titan auf den Weg zum Rumpf der neunzehnhundertzwölf gesunkenen Titanic. Nur fünf Menschen sind an Board - allesamt Unternehmer und Superreiche. Jeder von ihnen bezahlte 250.000 US-Dollar für diese Fahrt in die Tiefe, während der plötzlich der Kontakt zur Kommandozentrale abreißt und das Boot spurlos verschwindet. Was folgt, ist eine vergleichslose Suchaktion, an der sich Dutzende Schiffe, U-Boote und Roboter aus mehreren Nationen sowie die US-Küstenwache beteiligen. Medien berichten rund um die Uhr. Leben und Karriere jedes Einzelnen der fünf Passagiere werden beleuchtet. Auch wird darüber berichtet, dass das U-Boot aus fragwürdigen Teilen zusammengebaut worden sei. Schon vor dem Verschwinden soll es heftige Kritik an dessen Qualität, etwa vom Hollywood Regisseur James Cameron, der seinerzeit den Film über den Untergang der Titanic drehte und mit dem Boot ebenfalls in die Tiefe tauchte, gegeben haben. Nach einer Woche werden die Überreste des Bootes, das dem großen Druck unter Wasser nicht standhalten konnte und schließlich implodierte, gefunden.

Johnnie führt sich vor Augen, dass wohl jeder einzelne Geschäftsmann in dem U-Boot jeden einzelnen Dollar seines Vermögens dafür gegeben hätte, um einer der ärmsten Menschen auf dem Planeten Erde im schlimmsten Dritte-

Welt-Land zu werden. Die Tatsache, dass sich die ganze Welt für jedes Detail des kleinen Unterwassergefährtes zu interessieren scheint, während die Hintergründe der Katastrophe mit dem Flüchtlingsboot und mehreren hundert Toten in den Medien vergleichbar kurz kommen, schockiert ihn, führt ihm in aller Härte die Oberflächlichkeit unserer Gesellschaft vor Augen. Hat denn das Leben eines Geschäftsmannes einen höheren Wert als das eines Flüchtlings? Man könnte jedenfalls den Eindruck gewinnen.

Gedankengänge wie diese muss man suchen beziehungsweise ist man selbst gefordert, Dinge zu hinterfragen und zwischen den Zeilen zu lesen. Johnnie beginnt jetzt, daraus für sich eine Art Sport zu entwickeln. Überall findet er Geschichten wie diese, die auf die Missstände in unserer Gesellschaft hinweisen. Zudem berühren ihn Geschichten, die ihm bei der Suche nach seiner Antwort darauf, was einen guten Menschen ausmachen würde, den Weg weisen. Immer und immer wieder kommt ihm das Sprichwort unter, das besagt, dass nicht die Glücklichen dankbar sind, sondern die Dankbaren glücklich. Dessen Wahrheitsgehalt beginnt er zunehmend wahrzunehmen.

Schrittweise richtet er seine Überzeugungen neu aus – orientiert sich dabei an seinen jüngsten Erkenntnissen. So gilt seine Aufmerksamkeit fortan weniger den Geschichten erfolgreicher Geschäftsleute als jenen, die ihm vor Augen führen, in welchem Überfluss er selbst tatsächlich lebt und wie undankbar er dafür die längste Zeit gewesen ist. Dankbarkeit war noch nie eine seiner Stärken.

In der Zeit, in der Johnnie gerade dabei war, seine Selbstständigkeit zu beenden, mit Alexander abzuschließen und wieder einen Job als Angestellter zu suchen - ein langwieriges Unterfangen –, suchte er oft Kontakt zu Eva, die – wie immer – vollends hinter ihm stand. Eines Nachmittages saßen die beiden in einem Gastgarten. Seine Stimmungslage war angeschlagen. Vielleicht fragte Eva ihn gerade deshalb intuitiv, wofür er jetzt in diesem Moment gerade dankbar wäre. Damit versuchte sie wohl, sein Augenmerk auf das Positive zu lenken. Damals war Johnnie überzeugt, dass alles schieflaufen würde und er wenig Gutes zu berichten hätte – und er damit noch nicht einmal übertreiben würde. Während seiner Ausführungen betraten plötzlich zwei ältere Herren den Gastgarten. Beide waren offensichtlich krank. Vielleicht war es Krebs. Ihre Haare gingen verloren, ihre Haut war grau, ihre Statur abgemagert und ihr Gang langsam und gebrechlich. Als die beiden am Tisch, an dem Eva und Johnnie gerade miteinander sprachen, vorbeigingen, schenkten sie den beiden das herzlichste Lächeln, dass Johnnie seit Jahren erhalten hatte. Einfach so. Ein Lächeln, das er früher wohl noch nicht einmal wahrgenommen hätte, hätte man es ihm geschenkt.

Eva sah ihn darauf an und fragte, wohl enttäuscht von seiner gedrückten Stimmungslage und negativen Wahrnehmung, wie traurig es nicht sei, wenn er in seinem Leben nichts finden würde, wofür er Dankbarkeit empfinden könnte. Und so kam es, dass Johnnie auf der Fahrt nach Hause damit begann, Dankbarkeit anzuhäufen. Er stapelte sie regelrecht. So viele Wege ist er bereits gegangen. Nun fing er an, seinen eigenen zu gehen – gepflastert mit Dankbarkeit.

4. Rendezvous mit neuen Idolen

Dankbarkeit, wie Johnnie sie fortan in sich trägt, ist eine Tugend, die man nur dann beherrschen kann, wenn man sie empfindet. Tatsächlich erkennen die meisten Menschen das Glück nämlich nicht, das ihnen Tag für Tag zuteil wird. Gründe dafür gibt es viele. Der Negativitätseffekt ist einer davon. Er beschreibt, warum negative Emotionen, Gedanken und Erlebnisse stärkeren Einfluss auf unseren psychischen Zustand haben als positive: Weil wir – gewissermaßen automatisch – dazu tendieren, ungewisse Situationen mit negativen Gedanken zu besetzen – aus Angst vor Enttäuschungen. Dabei sind gerade Enttäuschungen so wertvoll – denn sie befreien uns von einer Täuschung und geben uns Klarheit. Ein weiterer Grund, warum wir unser Glück oft nicht wahrnehmen, ist, weil wir zu sehr damit beschäftigt sind, uns mit anderen Menschen zu vergleichen. Unsere Konsumgesellschaft, die von der Unzufriedenheit der Konsumenten, die ständig neue Produkte kaufen wollen, um so vermeintlich glücklicher, schlanker oder schöner zu werden, profitiert davon und betreibt großen Aufwand, entsprechende Sehnsüchte künstlich zu erzeugen.

Viele wollen bald so viel, dass sie dazu neigen, zu übersehen, was sie bereits alles haben. Ihr oftmals inszeniertes Glück dann, etwa auf sozialen Medien, mit dem inszenierten Glück anderer zu vergleichen, führt dazu, sich „perfekt" fühlen zu wollen. Doch die Wahrheit als solche ist auf sozialen Medien längst kein wertvolles Gut mehr – sie muss dort lediglich für ein bestimmtes Zielpublikum glaubwürdig sein. Aus vielerlei Gründen eine gefährliche Entwicklung. Einer davon ist die Krux, dass man, sofern man nach Perfektion strebt, sich nie gut genug fühlen wird - auch deshalb, weil Perfektion etwas Relatives ist. Was perfekt ist, liegt damit im Auge des Betrachters und kann sich mit dem Lauf der Zeit auch ändern.

Der Hang zur Perfektion baut sich dabei in gewisser Weise automatisch auf. Mit der Gründung eines Unternehmens, einer Familie oder bei der Partner- oder Jobsuche wollen wir uns stets optimal präsentieren und alle Erwartungen erfüllen, die unser Gegenüber scheinbar an uns in all unseren Rollen hat. Zu leicht lassen wir uns von diesem Perfektionsgedanken verleiten und ihn die Oberhand in unserem Leben gewinnen. Das Resultat: Wir geben uns nicht mehr mit einfachen Dingen, dem Mittelmaß, zufrieden, sondern beanspruchen bei allem und jedem nur das Beste. Verbissenheit und der Verlust von Lockerheit, Authentizität und Humor sind die Folgen. Getrieben werden wir dabei von Ängsten – mitunter davor, nicht genug zu sein, zu scheitern, oder abgelehnt zu werden. Schwächen versuchen wir zu verbergen. Wir bevorzugen es, unehrlich zu uns und anderen zu sein, bevor wir zugeben, bei etwas nicht perfekt zu sein. Diese Denkweise zeigt die Intensität unseres gewachsenen Minderwertigkeitskomplexes. Letztlich steht aber hinter jedem noch so großen Aufschneider ein Mensch - mit Schwächen wie der Angst, nicht genug zu sein, und Bedürfnissen wie jenem, akzeptiert zu werden. Es sind Erkenntnisse wie diese, die Johnnie zuletzt gewonnen hatte.

Der Sommertag an einem Salzburger See ist gut drei Jahre her. Heute ist Hannes Anfang dreißig. Jetset-Johnnie nennt ihn niemand mehr. An diesen Spitznamen, den er manchmal hatte, wenn es die Situation erlaubte, erinnert er sich nur noch ungern zurück – hatte dieser ihn doch stets in ein Licht gerückt, in dem er heute nicht mehr stehen wollen würde. Er ist reifer geworden. Leiser. An seiner eigenen Naivität früherer Tage, mitunter dank Erfahrungen wie jener mit Alexander, ist er in großen Schritten gewachsen. Natürlich hatte dessen Verhalten ihm lange zu schaffen gemacht. Zwischenzeitig hat er die Lektion, die er daraus lernen sollte, aber erkannt und dankend angenommen. So konnte sein Selbstbewusstsein von dieser Begegnung profitieren, denn heute versteht er es, sich so zu akzeptieren, wie er ist – und nein, er ist nicht perfekt. Es ist ihm nur gelungen, den Wahn abzulegen, immer alles verkörpern zu müssen, wonach andere streben oder was anderen vielleicht imponiert. Seine Ausstrahlung und sein Charme haben davon profitiert und so nehmen die Menschen in seinem Umfeld tiefgreifende Veränderungen seiner Persönlichkeit wahr.

Machomäßige Möchtegern-Testosteronschleudern, wie er sie früher gelegentlich zum Vorbild hatte, sehen sich selbst gerne als perfekt und fehlerfrei. Da, wo er jetzt angekommen ist, geht es darum, seine Marotten anzunehmen und zu lernen, damit umzugehen. Den Spotlight-Effekt, der ihn so viele Jahre unnötig unter Druck gesetzt hatte, konnte er zwar noch nicht zur Gänze überwinden, aber zumindest versteht er es jetzt, ihn mit einem Trick im Zaum zu halten. Fühlt er sich erst einmal im Scheinwerferlicht, konzentriert er seine Energie darauf, seine Marotten für sich zu nutzen, statt sie zu verbergen.

Äußerlich hat er sich auch verändert. Weil es keine zweite Chance auf einen ersten Eindruck gibt, ist er zwar immer noch bemüht darin, ein gutes Bild abzugeben, längst bestimmen aber nicht mehr Marke oder Preis seine Kleidung, sondern Wohlfühlfaktor und Bequemlichkeit. Selbst die noch immer gutsitzende Bräune stammt nicht mehr aus dem lokalen Solarium, sondern der Tube einer französischen Hautpflegemarke. Das geht schneller, ist günstiger und obendrein gesünder für seine sensible Haut. Vernunft in Form des Preis-Leistungs-Gedankens hat auch dort Einzug gehalten, wo es um die Auswahl eines Restaurants oder die Planung einer Reise geht. Meistens jedenfalls.

Seit kurzem ist er Seniorberater in einer namhaften Werbeagentur – und stolz darauf. Auffällige Typen wie Alexander bringen ihn längst zum Schmunzeln, weil sie mit ihrem Verhalten weit mehr von sich preisgeben, als sie es selbst beabsichtigen. Groll gegenüber seinen einstigen Idealen empfindet er aber nicht mehr. Seine Lebenssituation und seine Gedankenwelt haben sich damit nachhaltig verändert.

Doch seine falschen Werte von einst sind längst falsche Werte einer ganzen Gesellschaft. Die gängige Praxis, dass Menschen, die weniger Geld zur Verfügung haben, als „sozial schwach“ bezeichnet werden, ist nur ein Beispiel dafür. Dabei hat „wenig Geld“ zu haben keinerlei Korrelation mit den eigenen sozialen Fähigkeiten. Die Erfahrung zeigt vielmehr, dass finanzieller Erfolg nicht glücklich macht und obendrein tendenziell negative Auswirkungen auf unser soziales Verhalten hat. Die Annahme, dass uns Reichtum zu besseren Menschen machen würde, ist damit falsch, was unzählige Studien und Experimente, wie etwa das Monopoly-Experiment, belegen.

Dabei haben Menschen unter unterschiedlichen Bedingungen Monopoly gespielt und es stellte sich heraus, dass „reiche“ Spieler dabei schneller eine gehässige und gierige Seite entwickelt haben als ärmere. Dennoch gelten reiche Menschen als unsere Vorbilder, die wir häufig zu unseren Helden stilisieren – völlig losgelöst von deren Charakter oder sozialen Fähigkeiten. Diesen Irrweg in unserer Kultur, in der Oberflächlichkeiten absurderweise größte Bedeutung zukommen, hat Hannes erkannt und überwunden. Um jeden Preis ein erfolgreicher Unternehmer nach außen sein zu wollen, hat er für sich dankend abgelehnt und der Weg zurück auf seinen Pfad ist geglückt.

Mit dem Alter nimmt die Bedeutung von geistiger Ausgeglichenheit zu – es gilt, Chaos und Unordnung zu vermeiden. Unfrieden wird mit dem Alter früher oder später unerträglich, womit Frieden oberste Priorität gewinnt. So beginnt Hannes gezielt, sich mit Menschen zu umgeben, die gut für seine geistige Gesundheit, sein Herz und sein Seelenwohl sind. Menschen, die ihre Kraft mehr aus ihrer Mitte schöpfen, denn aus ihrem Bankkonto oder Sportwagen. Menschen, bei denen er nicht ständig das Gefühl hat, ihnen nacheifern oder ihnen etwas beweisen zu müssen.

Als soziales Wesen braucht er die Zuneigung anderer wie die Luft zum Atmen. Geborgenheit, Austausch und vor allem Anerkennung sind grundlegende Bedürfnisse, für die auch er Befriedigung sucht. Ein guter Freund, dem man, ohne Zweifel, das größte Geheimnis anvertrauen kann, ist dabei unbezahlbar. Wir alle haben das Glück, Freunde, im Gegensatz zur eigenen Familie, selbst aussuchen zu können. Etwas, das wir mit größter Sorgfalt tun sollten. Hannes jedenfalls haben Begegnungen wie jene mit Alexander sensibilisiert. Dank ihnen hat er ein besseres Bewusstsein im Umgang mit jenen Menschen erlangt, mit denen er sich umgibt und denen er seine Zeit und Energie widmet – ein Bewusstsein, das Erkenntnis und Wahlfreiheit mit sich bringt.

Wertschätzung, emotionale Nähe, Regionalität, Charakter oder auch der Zeit- und Bedarfsfaktor sind wichtige Eckpfeiler jeder Freundschaft. Dabei benötigt jeder von uns eine gewisse menschliche Anerkennung – Hannes, der noch immer an Leos Versagen als Vater zu nagen hat, im Besonderen.

Begegnen wir also jemandem, der uns wertschätzend behandelt, so animiert uns das häufig dazu, diesen als Freund in unser Leben einzuladen. Verbundenheit empfinden wir dabei bevorzugt mit Menschen, die sich offen, verletzlich und ehrlich zeigen - weil es Vertrauen schafft und uns die eigene Gefühlswelt spiegelt. Uns ungleiche Menschen üben bei alledem eine gewisse Faszination auf uns aus. Sie sind es, die uns inspirieren – weil sie andere Perspektiven haben als wir selbst, was dazu beiträgt, den freundschaftlichen Dialog aufrecht und die Beziehung in Schwung zu halten. Gibt es jemanden, von dem wir glauben, dass er uns besonders gut kennt, empfinden wir diesen mitunter als wahren Freund.

Für Hannes ist Philip ein solcher Freund. Weit über zehn Jahre kennen sie sich jetzt. Begegnet sind sie sich seinerzeit in einer Vorlesung im ersten Studienjahr. Damals fiel Philip Hannes zunächst negativ auf, weil er in Vorlesungen stets alles besser zu wissen schien als manche Lektoren, die ihm jedoch nie etwas entgegensetzen konnten. Scheinbar hatte er mit seinen Ausführungen zumindest immer einen Punkt. Trotz seines Klugscheißer-Images, das er bei Hannes zunächst hatte, wurde er über die Jahre ein ebenso treuer wie bereichernder Wegbegleiter – vor allem aber eines: eine Konstante.

Er ist in so gut wie jeder erdenklichen Hinsicht konträr zu kurzfristig aufgetretenen Akteuren wie Alexander. Was die beiden unterscheidet, zeigt eine der seltenen Begegnungen zwischen den beiden - selten mitunter deshalb, weil Hannes unterbewusst schon frühzeitig erkannte, dass die zwei aufgrund unterschiedlicher Werte und Weltanschauungen nicht zueinander passten und er ein Zusammenkommen daher auch nie forcierte.

Damals, vor ein paar Jahren, war das Verhältnis zwischen Hannes, der zu dieser Zeit noch versuchte, seinem Image als Jetset-Johnnie Rechnung zu tragen, und Alexander gerade auf seinem Höhepunkt. Die beiden kannten einander schon einige Zeit, waren sehr eng und zwischen ihnen kaum eine Haaresbreite Platz für jemanden Außenstehenden. Alexander, als steirischer Edelsteinhändler, war aufgrund seiner Tätigkeit viel unterwegs und wohnte in Wien daher zeitweise in Hotels.

In jenem Hotel, in dem er zu dieser Zeit eine Suite bewohnte, fand einmal im Monat, immer am letzten Dienstag, eine stark frequentierte Netzwerkveranstaltung statt, die im Wesentlichen daraus bestand, Junge und Kontaktsuchende, meist Singles, nach Büroschluss zusammenzubringen. Ein Ort, den Paarungswillige, egal ob für wenige Stunden oder auch darüber hinaus, gerne aufsuchten, um Ausschau nach dem anderen Geschlecht, oder auch dem eigenen, zu halten. Und der Erfolgsfaktor war durchaus vielversprechend. Jedenfalls für Alexander, der sich gerne ein Spiel daraus machte, in der Hotellobby, dem Ort des Geschehens, Kontakte zu suchenden Studentinnen und ambitionierten Berufseinsteigerinnen zu knüpfen. Er hatte ein Auge für attraktive Frauen mit Maßen a la 90-60-90, deren Selbstwert sich noch im Wachstum befand. Sobald er die Objekte seiner Begierde für den Abend auserkoren hatte, verstand er es, sich diesen anzupirschen und sie dann zu erlegen - wie ein Jäger, der sich einem Rudel Rehlein nähert und dann mit voller Wucht das schwächste erlegt. Nur, dass er statt eines Gewehres sein Mundwerk, die großkalibrige Schnellfeuerwaffe mit dem steirischen Dialekt, nutzte. Genauso, wie er es seinerzeit auf der Alm tat – und sich damit systematisch die Aufmerksamkeit sicherte - mit plumpen Ausführungen darüber, was er hat oder welchen Savoir-Vivre er lebt. Alles, womit man die Naivität junger Frauen eben herausfordern konnte. Und war einmal eine dabei, die das Spiel durchschaute oder aus sonst einem Grund nicht darauf einsteigen wollte, dann tat ihm die kurzfristige Umdisponierung von Plan A auf Plan B niemals weh. Allein übrig blieb er nie.

Dass seine Suite sich nur wenige Etagen über der Lobby, die bei dem Event einem schicken Nachtclub um nichts nachstand, befand, ist ein Detail, das meist zu fortgeschrittener Stunde eine entscheidende Rolle spielte. Nicht selten läutete es das Ende des Abends ein. „Körperliche Verpflichtungen“ waren dann Alexanders typische letzte Worte, verbunden mit einem Augenzwinkern an die verbleibenden Herren, bevor er samt Begleitung im Aufzug verschwand.

An diesem Mittwoch war Johnnie frühabends mit Alexander und Philip in der Lobby verabredet. Noch war wenig los und die besten Plätze frei, was aber eigentlich keine Rolle spielte, weil Alexander als Hotelgast das Privileg vorbehalten war, Reservierungen machen zu können. An diesem Abend war das nicht notwendig. Die Chesterfield-Sitzgruppe hinter der großen Bar, platziert zwischen einem offenen Kamin, in dem ein leise knisterndes Feuer loderte, und dem DJ-Pult, das wenig später Anziehungspunkt für präsentationswillige Damen wurde, war noch frei und der begehrteste Platz des Abends.

Er bot nicht nur die richtige Bühne für drei ambitionierte Junggesellen, sondern, bei Bedarf, auch darüber hinaus Platz für neue Bekanntschaften. Zudem wirkte die Sitzgruppe wie eine Art Barriere, eine Abgrenzung zu dem Gedränge, das wenig später folgte, und ermöglichte, neben der dicht gedrängten Masse, bequem und durchaus gediegen im Zentrum des Abends zu stehen - sitzend. Alexander hatte dabei stets den Aufzug in Blickweite, der seiner Schlafzimmertüre gleichkam.

Philip kannte Alexander kaum und machte kein Geheimnis daraus, was er von ihm halten würde. Mehr noch: Er war ihm gegenüber skeptisch. Nein, er hatte Johnnie gegenüber nie gesagt, wofür er ihn tatsächlich hielt, was aber unschwer zu erkennen war – jedenfalls dann, wenn das Prinzip der selektiven Wahrnehmung es nicht ausblendete. Philip verstand es damals schon, viel subtiler zu kommunizieren – wohl auch, weil er gewusst hatte, dass Johnnie für Kritik an Alexander kaum empfänglich gewesen wäre.

Alexander bestellte eine Flasche Hochprozentiges. Wie bei seinem Lieblingswirten auch, war er dabei auf Du und Du mit den Servierdamen. Johnnie und Alexander saßen auf dem großzügigen Zweiersofa, Philip im Fauteuil gegenüber. Schon beim ersten Drink entwickelte sich ein angeregtes Gespräch rund um das Thema der Vermögensveranlagung. Nicht, dass Johnnie zu dem Thema ernsthaft hätte mitreden können. Er war weder vermögend noch an dem Thema interessiert. Gut, er studierte Wirtschaft. Wohl auch deshalb wurde er von seinen Kumpanen ernstgenommen. Zudem vielleicht, weil ihn und seine Familie niemand so genau einzuschätzen vermochte. Philip hingegen konnte man bei dem Thema nichts vormachen. Als Experte auf diesem Gebiet wusste er, wovon er spricht – und konnte gut davon leben. Doch das ist nichts, was er irgendjemandem erzählen würde, nur um sich damit in ein bestimmtes Licht zu rücken. Schon gar nicht einem exzentrischen Marktschreier wie Alexander. Trotzdem war bei den wenigen Begegnungen zwischen den beiden die Wahrscheinlichkeit eines Schwanzlängenvergleichs, ähnlich jenem, den Alexander seinerzeit mit Juri praktizierte, durchaus gegeben - und davor hatte Johnnie Respekt, denn Philip ist ein feiner Kerl, dem er eine potenziell unangenehme Situation ersparen wollte. Ohnehin ist er kein Typ, der sich auf einen derartigen Vergleich mit einem Alphamännchen wie Alexander einlassen würde. Er steht für gelebtes Understatement. Das verrät schon sein Äußeres.

An diesem Abend waren seine Jeans merklich abgenutzt, stone-washed obendrein. Nein, diese Optik war nicht dem Werk eines Designers geschuldet, sondern schlicht jahrelangem Tragen. Sein ebenso in die Jahre gekommenes und bunt kariertes Hemd trug seine Initialen auf der aufgenähten Brusttasche, in welcher immer ein Päckchen Marlboro zu finden war. Seine Sportschuhe waren abgetragen, seine Brille jedenfalls rostfrei und seine jagdgrüne Barbour-Jacke ein Relikt aus seiner Studienzeit. Dazu seine stilechte Frisur, ein Kurzhaarschnitt, und authentisch zur Zigarette, die er als leidenschaftlicher Raucher stets in seiner Hand hatte, die Gesichtsfarbe mit einem leichten Grauton untersetzt.

Bevor Philip nach Wien kam, besuchte er ein Eliteinternat in England. Im Gegensatz zu Juri und Alexander war er deutlich unaufgeregter und jemand, der es verstand, mehr durch sein Wissen als mit seiner Lautstärke aufzufallen.

Der Schwanzlängenvergleich blieb an diesem Abend aus. Zwar forderte Alexander ihn mehrfach dazu auf, hatte seinen längst ausgepackt und sprichwörtlich auf den Tisch gelegt, die Rechnung aber ohne Philip gemacht. Der verstand es nämlich, ebenso gekonnt wie hinterlistig, nicht darauf einzusteigen und ließ Alexander den ganzen Abend weitestgehend im Unklaren darüber, welche Qualifikationen er als Vermögensverwalter hätte und was seine Hintergründe wären. Gleichzeitig gab er ihm aber zu verstehen, dass er genau wusste, wovon er spricht. Dieses Verhalten verschaffte ihm einen entscheidenden Vorteil: Er hatte zu jedem Zeitpunkt den Finger an dem Knopf, der darüber entschied, ob Alexander sachlich blieb oder emotional wurde. Letzteres war immer dann der Fall, wenn ihm die sachlichen Argumente annähernd ausgingen oder sein Gegenüber ihn über irgendetwas, das er zu gerne wissen wollte, im Unklaren ließ. Kurzum, Philip war zu smart, als dass Alexander dessen Bedürfnisse erkennen, geschweige denn darauf eingehen hätte können.

Johnnie, den an diesem Abend etwas zu bedrücken schien, war bemüht darin, den Gesprächsinhalt auf ein ganz anderes Thema zu lenken, was, aufgrund der Spannungen zwischen den beiden Kontrahenten, nicht ganz einfach war. Ihn beschäftigte etwas, das er mit seinen Freunden bereden wollte.

So begann er von einer Begegnung mit einer Frau zu erzählen, die er zwei Wochen zuvor auf der Straße kennengelernt hatte. Zufällig. Eine, die ihm gefallen hatte und ihn beeindruckte.

Johnnie wollte gerade etwas für Eva in einem Geschäft abholen. Es war ein Damenmodengeschäft in der Innenstadt. Hastigen Schrittes eilte er zur Adresse der Boutique. Es regnete wie aus Kübeln, doch wann immer Eva um einen Gefallen bat, hatte das höchste Priorität für Johnnie. Entsprechend enttäuscht war er, als er vor einer verschlossenen Türe stand, auf der ein Schild mit der Aufschrift „Wir sind gleich wieder für Sie da“ zu finden war. Seine neue Bekanntschaft hatte offenbar zur selben Zeit ein ähnliches Vorhaben - und so kam es, dass die beiden sich in strömendem Regen vor der verschlossenen Türe zu besagtem Geschäft quasi in die Arme liefen.

Johnnie war nicht besonders gut darin, Kontakte ohne ersichtlichen Grund auf offener Straße zu knüpfen. Jedenfalls nicht nüchtern im Regen. In diesem Fall muss es Schicksal gewesen sein. Die zierliche Brünette mit den tiefdunklen Augen schenkte ihm ein Lächeln, dass er umgehend erwiderte – und zwar ohne eine Sekunde zu zögern. Normal hätte er in einer solchen Situation begonnen nachzudenken, hätte sich zurückhaltend gegeben – doch in dieser speziellen agierte er wie ferngesteuert. Rasch einigte man sich, dass das Wetter fürchterlich und im Regen stehen keine Option sei.

Ein kleines Vordach, das sich gleich neben der Eingangstüre des Geschäftes befand, bot Schutz vor der Nässe und unter diesem wollten sie abwarten, bis das Geschäft wieder öffnen würde. Nachdem aber zehn Minuten später immer noch niemand gekommen war und Aline, so der Name der jungen Frau, weitermusste, tauschten die beiden Nummern aus - völlig unkompliziert und als wäre es das Selbstverständlichste auf der Welt. Aline gehörte, genau wie einst die schöne Nicola, von der Johnnie sich längst getrennt hatte, zu der bemitleidenswerten Kategorie jener Frauen, die so gut wie nie von Männern angesprochen werden. Schlicht deshalb, weil sie so gutaussehend sind, dass die meisten Männer es aus Angst vor Zurückweisung erst gar nicht versuchen würden. Unter normalen Umständen wäre diese Begegnung auch nach diesem Muster abgelaufen. Doch einer von Johnnies Lieblingssprüchen besagt, dass man bei der Richtigen nichts falsch machen - und bei der Falschen nichts richtig machen kann. Wie wahr!

Seit diesem Tag kreisten seine Gedanken nur noch um Aline – und zwar rund um die Uhr. Nur logisch, dass er die Gelegenheit mit seinen Freunden nutzen wollte, von dieser Begegnung zu erzählen - auch, um sich mit ihnen über sein weiteres Vorgehen zu beraten. Er wollte damit die Wahrscheinlichkeit möglichst geringhalten, es zu verbocken.

Alexanders klare Empfehlung lautete, ebenso plump formuliert wie klar auf den Punkt gebracht, sich zwei Wochen nicht zu melden – nicht einmal zu antworten, wenn sie sich vorher melden würde. Nach dem Prinzip, keinesfalls zu viel Interesse zu zeigen, sollte er sie erst nach Ablauf der zwei Wochen kontaktieren und beiläufig fragen, ob sie ihn in ein schickes Lokal begleiten würde, wozu er sie dann mit einem dicken Auto abholen solle. Dazu erklärte er sich sogar bereit, seine Limousine zur Verfügung zu stellen – inklusive Toni.

Philip ging es gänzlich anders an und legte die Strategie nahe, sie umgehend proaktiv anzurufen und einen gemeinsamen und unverbindlichen Spaziergang vorzuschlagen. Immerhin seien ja bereits einige Tage vergangen und es gäbe keine Zeit zu verlieren. „So hagelts garantiert eine Abfuhr“, kommentierte Alexander prompt den Vorschlag seines Kontrahenten.

Bei Alexanders Ansatz drehte sich alles darum, eine fremde Person mit allen zur Verfügung stehenden Mitteln zu beeindrucken, indem man zeigt, was man hat – auch wenn man es, so wie Johnnie, eigentlich nicht hatte. Das Auto hätte nur als Mittel zum Zweck gedient – damit Johnnie sich präsentieren könne, als wäre er der erfolgreichste Monopoly-Spieler. Mit dieser Empfehlung setzte Alexander voraus, dass Geld und Reichtum für diese Person die höchsten zu erreichenden Werte wären, die es in einer Gesellschaft gibt, dass Johnnie mit diesen überzeugen würde und letztlich bekommen würde, was er wolle. Philips Ansatz hingegen kam von Herzen, war ehrlich und authentisch. Wäre ihr der Spaziergang nicht gut genug, hätte sie als „Gold-Digger“ nur Oberflächliches im Sinn und wäre bei Johnnie ohnehin falsch. „Jagdinstinkt“, entgegnete Alexander. „Das Rehlein will erlegt werden!“.

Von der Konsultation seiner Freunde und deren unterschiedlichen Zugängen noch mehr verunsichert, als er es ohnehin schon war, erlangte er zumindest ein wenig Klarheit darüber, wie es um die Qualität seiner Freundschaften stand.

Johnnie suchte eine Frau fürs Leben - keine für eine Nacht. Beide Freunde wussten das. Philip ging auf Johnnies Bedürfnisse ein, Alexander hatte sie wahrscheinlich gar nicht wahrgenommen. Während Philip ihm nämlich aufmerksam zuhörte, flirtete Alexander längst mit einer jungen Frau, die an der daneben gelegenen Bar einen Drink konsumierte und sich paarungswillig präsentierte. So war es nur eine Frage der Zeit, bis Alexander seinen Brunftschrei absetzte und auch an diesem Abend mit einer Fremden vorzeitig das Weite suchte. „Was für eine Pfeife“, murmelte Philip nur kurz, nachdem Alexander mit seiner gerade gemachten Bekanntschaft im Aufzug verschwand. Der Abend endete, wie so viele zuvor. So verunsichert Johnnie an diesem Abend zurückblieb: Es sollte nicht lange dauern, bis er Klarheit darüber erlangte, ob Aline die Richtige für ihn sei.

Doch zunächst konnte er die ein oder andere Erkenntnis aus den so unterschiedlichen Herangehensweisen seiner beiden Kommilitonen gewinnen: Wenn uns etwa Menschen, Freunde, nicht wirklich zuhören, sollten wir ihnen nicht zu viel Aufmerksamkeit widmen. Vielmehr sollten wir sie beobachten, denn sie werden uns indirekt sagen, was sie vorhaben – sollte uns das dann überhaupt noch interessieren. Wenn wir etwas zu sagen haben, müssen wir uns Menschen, Freunde suchen, die aktiv und aufmerksam zuhören. Mit ihnen zu sprechen bedeutet, seine begrenzten Ressourcen sinnstiftend einzusetzen. Entscheiden wir uns dennoch für jene, die das nicht tun, so entwerten wir kontinuierlich, was wir zu sagen haben – weil wir es Menschen preisgeben, die es nicht zu schätzen wissen.

Umgekehrt ist es ähnlich: Johnnie war kein guter Zuhörer. Sobald es in einem Gespräch um Dinge ging, die ihn nicht wirklich primär interessierten, tendierte seine Aufmerksamkeit rasch zu schwinden. Er war großartig darin, in

Gesellschaft über Belanglosigkeiten wie das Wetter zu sprechen. Politik und Wirtschaft waren Themen, zu denen er ausgesprochen unterhaltsame Monologe halten konnte, die dann zwangsläufig zu angeregten Gesprächen führten. Nur zu persönlich durfte es nicht werden, nicht in die Tiefe gehen.
Zu solchen Dialogen fehlte ihm zu der Zeit einfach das Interesse und folglich die Geduld. Nur logisch, dass in Folge auch ihm der ein oder andere Freund den Rücken kehrte. Glücklicherweise war Philip keiner davon.

Denken wir darüber nach, wie Menschen im Laufe unseres Lebens kommen und gehen, sollten wir nicht außer Acht lassen, dass nur die Wenigsten von ihnen kommen, um dauerhaft zu bleiben. Damit werden die meisten zu Wegbegleitern auf Zeit. So kommt es vor, dass wir manchmal Menschen begegnen, von denen wir meinen, dass sie uns ein Leben lang begleiten werden, plötzlich aber sind sie verschwunden. Und dann gibt es auch Menschen, die gleich einer Rakete, die ins Weltall fliegt, in unser Leben treten. Sobald diese aber eine gewisse Höhe erreicht hat, fallen ihre Turbinen ab. Das liegt daran, dass nicht alle Menschen, denen wir begegnen, auch für jene Höhen gemacht sind, die wir erreichen. Demnach müssen sie irgendwann abfallen. Weil sie nicht dorthin können, wohin wir gehen, macht sie das aber nicht zu schlechten Menschen – immerhin können sie uns dazu verhelfen, dass wir dorthin kommen.

Alexander war der Raketenantrieb in Johnnies Leben. Wie manch andere auch hatte er auf ganz spezielle Art und zu seiner Zeit entscheidend dazu beigetragen, dass aus Johnnie erst Hannes werden konnte.

Menschen, die uns am meisten verletzen, sollten wir besonders danken. Sie sind jene, die für uns die größte Bedeutung haben. Anders hätten sie uns nicht derart berühren können. Erst jemand, der so viel Bedeutung in unserem Leben einnimmt, hat einen besonderen Stellenwert. Selbst dann, wenn die

Beziehung in die Brüche geht. Zudem motivieren uns schwierige Beziehungen häufig dazu, unser Verhalten positiv zu verändern.

Erst wenn wir uns benutzt fühlen, erkennen wir den eigenen Wert. Erst wenn man uns beleidigt, entwickeln wir Mitgefühl und erst wenn wir vermeintlich bei etwas nicht weiterkommen, erkennen wir, dass wir immer eine Wahl haben. Wollen wir aber wirklich unseren Frieden mit etwas finden, mit etwas abschließen, dann bedeutet das auch, dass wir Dankbarkeit für die damit verbundene Erfahrung haben sollten. Wollen wir es vollends hinter uns lassen, so müssen wir fähig sein, den Zweck, dem es gedient hat, zu erkennen – und, wie sehr wir daran gewachsen sind.

Wenn wir älter werden, kommen wir früher oder später an den Punkt, an dem wir uns fragen, ob wir der Mensch geworden sind, der wir früher einmal sein wollten.

Wie jeder von uns hatte auch Hannes einmal Träume – und vieles vor. New York erobern und es dort vom Tellerwäscher zum Millionär bringen – das war nur einer davon. Doch er hatte seine Gründe, damals anders zu entscheiden. Tage vergingen, Wochen und schließlich Jahre. Jahr für Jahr korrigierte er seine Träume. Jahr für Jahr gab er ein wenig davon auf. Bis er erkannte, dass er sich längst von ihnen verabschiedet hatte. Was war passiert? Hatte er seine Träume unbemerkt aus den Augen verloren? Genau das ist es, was ihn seine Bequemlichkeit gekostet hat. Sie trennt ihn von dem Menschen, der er einmal sein wollte und heute sein könnte.

Selbst Alexander ist Hannes heute dankbar. Dafür, dass er ihm für so vieles die Augen öffnete. Seine Turbinen waren längst abgefallen, die Freundschaft zerbrochen. Dennoch brachte er Hannes einen großen Schritt in Richtung des Menschen, der er früher, ganz früher, einmal sein wollte.

Das zu tun, was am besten für uns ist, ist etwas, das wir gerne vermeiden. Jeffrey Pfeffer und Robert Sutton sprechen von der „Lücke zwischen Wissen und Handeln“, davon, „dass wir trotz des Wissens, was für uns am besten wäre, etwas anderes tun.“ Insgeheim wusste Hannes vom Tag der Begegnung mit Alexander, dass dieser nicht der passende Umgang für ihn wäre. Trotzdem handelte er anders.

Der gesunde Menschenverstand sagt uns, dass wir ein besseres Leben hätten, würden wir nur früher aufstehen, uns besser ernähren oder positivere Gedanken haben. Tatsächlich ist die Frage doch aber nicht die, was gut für uns ist. Viel wichtiger ist, zu verstehen, warum wir uns anders entscheiden. Diese Natur des Widerstands zu begreifen, ist unsere einzige Möglichkeit, ihn zu überwinden. Die meisten Gründe für die Sabotage an uns selbst haben mit Bequemlichkeit zu tun, genau wie bei Hannes. Unsere moderne Gesellschaft ist geradezu darauf konditioniert, uns einzutrimmen, ein gutes Leben sei ein möglichst komfortables – oder eines, das uns ein Gefühl von Schmerzfreiheit und Sicherheit verspricht. So sind wir darauf programmiert, für uns nach Behaglichkeit zu streben. Den Widerstand überwinden heißt jedoch, unsere Vorstellungen von Bequemlichkeit zu verändern, es heißt, eine Alternative in Betracht zu ziehen. Es fordert uns, unsere Denkweise zu ändern und uns auf das Unbehagen zu konzentrieren, das uns erwartet, wenn wir etwas nicht tun, statt auf das Unbehagen, das sich einstellt, wenn wir es tun.

Es ist unausweichlich, dass wir, wenn wir, genau wie Hannes, nichts gegen die Lücke zwischen Wissen und Handeln tun, früher oder später ein Schatten der Person werden, die wir einmal sein wollten. Es liegt allein an uns, die Verantwortung zu übernehmen – und Hannes hat gerade damit angefangen. So hat er auch die Qualität von Freundschaften wie jener mit Philip erkannt und begonnen, sie proaktiv wertzuschätzen und zu pflegen.

Mit ihm kann er intelligent streiten. Streiten ist oft die Folge, wenn wir uns in unserem Identitätsgefühl bedroht fühlen. Auch ist es unsere Art mitzuteilen, dass uns etwas am Herzen liegt oder wir mit etwas nicht einverstanden sind. Wenn man es aber versteht, intelligent zu streiten, kann man sein Umfeld dominieren. Nicht so zu klingen, als wäre man streitsüchtig, ist dabei ein wichtiger erster Schritt. Paul Graham unterscheidet sieben Hauptarten des Argumentierens und hat eine Hierarchie der Meinungsverschiedenheiten geschaffen. Folgende Erkenntnis daraus ist entscheidend: Viele Menschen versuchen auf die dümmsten Arten, sich auseinanderzusetzen - und die meisten davon funktionieren nicht. Sie bewirken lediglich, dass beide Parteien nur noch frustrierter sind, letztlich, weil sie es vermeiden, das eigentliche Problem anzusprechen.

Nicht so bei Philip. Er will Hannes nichts beweisen und ihm muss Hannes nichts beweisen. Beide begegnen sich auf Augenhöhe und mit Wertschätzung. Sie kennen die Schwächen des jeweils anderen und akzeptieren sie. Eine Konstante, wie Philip eine für Hannes wurde, ist eine wichtige Basis für jeden von uns. Besonders dann, wenn man dabei ist, sein Leben umzukrempeln. Und diese Basis erkennt man an ganz banalen Dingen.
„Wie geht es Dir?“ ist eine einfache Frage. Und trotzdem: Wenn Alexander sie stellte, war es nicht mehr als eine Phrase, die Johnnie mit einer anderen Phrase zu beantworten erlernte. Voll automatisch. Dabei ist es genau diese Frage, die eine Verbindung zwischen zwei Menschen herstellt. Stellt Philip die gleiche Frage, ist es hingegen ernstgemeintes Interesse an der Person Hannes, die auch eine ganz andere Antwort erfährt. Menschen, die fragen, wie es uns geht und darauf eine ernstgemeinte Antwort erwarten, sind selten und verdienen unsere größte Wertschätzung.

Ähnlich ist es mit Freundschaften. Entscheidend ist nicht, mit wie vielen Leuten wir uns umgeben, sondern, wie verbunden wir uns mit diesen fühlen. So sind Tausend Freunde auf sozialen Medien wertlos im Vergleich mit einem Freund im wahren Leben – mitunter auch deshalb, weil die wichtigen Erlebnisse nicht virtuell stattfinden, sondern real.

Jeder Mensch, der uns begegnet, spielt eine ganz bestimmte Rolle. Manche nutzen uns aus, manche lieben uns und manche lehren uns etwas. Hannes hat nicht nur erkannt, dass Aufschneidern meist tiefgreifende Komplexe und Ängste zugrundeliegen, sondern auch, dass Philip als Freund authentisch, ehrlich und aufrichtig ist, dass Philip das Beste in ihm sieht und es fördert. Noch viele Jahre später wird er mit ihm über seine Begegnung mit Aline, damals im Regen vor der Boutique, fachsimpeln – von Mann zu Mann und von Freund zu Freund. Philip war es, der ihm bei der Kränkung zur Seite stand, die er nur wenige Tage nach dem Abend in der Hotellobby durch Alines Zurückweisung erfahren hatte.

5. Gamechanger

Wenn wir schon einmal unglücklich verliebt waren, dann wissen wir, dass es faktisch unmöglich ist, jemanden davon zu überzeugen, sich in uns zu verlieben. Gefühle sind etwas, das wir nicht diskutieren, sondern empfinden.

Schon immer hatte Hannes einen Hang zu Frauen, die auf ihn unerreichbar wirkten. Aus irgendeinem Grund fühlte er sich zu ihnen hingezogen. Im Gegenzug hatte er häufig jene Frauen angezogen, denen er die kalte Schulter zeigte – aus Desinteresse und nicht, um sie für sich zu gewinnen, weshalb er nichts davon hatte. Leid, so dachte er viele Jahre, würde zu Liebe dazugehören. Je mehr Leid er demnach in eine Person investieren würde, desto wertvoller wäre sie. Niemand hatte ihm gesagt, dass man die richtige Partnerin weder mit Argumenten noch im Tausch gegen Leid für sich gewinnen kann. Die richtige Frau ist da, weil sie es möchte.

Tag ein Tag aus wartete er darauf, dass seine große Liebe ihm in die Arme laufen würde - vielleicht zufällig in der Gemüseabteilung eines Supermarktes oder im Aufzug am Weg zu einem Termin. Wahrscheinlich dann, spekulierte er, wenn er am wenigsten damit rechnen würde. Zu warten, ob ihm dieses Glück früher oder später zuteilwerden würde, war sein einziger Beitrag. Dabei ist Liebe etwas, das man erst kultivieren und dann aufmerksam pflegen muss – und zwar aktiv. Der richtige Partner kommt nicht einfach so um die Ecke und ist da. Wer das glaubt, irrt. Beziehungen muss man sich aufbauen, man findet sie nicht. Der deutsche Schriftsteller Michael Nast bringt es auf den Punkt, wenn er sagt, dass Liebe nicht die Voraussetzung für eine gelingende Beziehung ist, sondern das Resultat einer gelungenen. Man wird zu Seelenverwandten, indem man zusammenwächst. Feinfühligkeit bei der Partnerwahl und ein Gespür dafür, ob der Teich, in dem wir fischen, der richtige ist, kann dabei nur von Vorteil für uns sein. Anzunehmen und darauf zu warten, dass die richtige Person zum richtigen Zeitpunkt aufkreuzen würde, einfach so, wäre aber naiv.

Hannes hatte seinen Rhythmus: Immer und immer wieder drehte er sich im Kreis des Verliebtseins, scheinbar, ohne diesen durchbrechen zu können. Er hatte sich zu diesem Muster entschieden – wenn auch unbewusst. Wann immer er sich verliebte, war eine Person, die er durch die rosarote Brille sah – also verfärbt und nie so, wie sie wirklich ist - Auslöser für seine Gefühle. Er sah sie so, wie er sie haben wollte: Als Traumfrau, die in seiner Vorstellung perfekt zu ihm passte. Begeistert war er dabei aber mehr von den Gefühlen, die er für sie empfand als von ihren Eigenschaften als Person. So war es immer nur eine Frage der Zeit, bis dieses Verliebtsein abflaute. Meist war die Diskrepanz zwischen dem, was er in einer Partnerin gesehen hatte, und dem, was sie tatsächlich war, der Auslöser. Diese Diskrepanz offenbarte sich immer dann, wenn die Brille verschwand. Kaum war dann die Beziehung beendet, vermisste er die Euphorie des Verliebtseins, die sogenannten Schmetterlinge im Bauch, und das Ganze begann mit einer anderen von vorne.

Dabei waren Frauen wie Doris oder Nikola großartig. Sie alle bereicherten sein Leben auf individuelle Weise – jedes Mal war Hannes Hals über Kopf verliebt. Schon beim Kennenlernen malte er sich die perfekte Beziehung aus. Nur leider existierte die Partnerin, an die er dabei dachte, nur in seiner Einbildung - weil er der echten Person und ihren Bedürfnissen weniger Beachtung entgegengebracht hatte als seinen Vorstellungen und den damit assoziierten Gefühlen. Liebe war dabei nie im Spiel – konnte sie gar nicht. Denn sie kann erst entstehen, wenn die rosarote Brille verschwindet, wenn wir einen Menschen so sehen, wie er wirklich ist. Und dann müssen wir uns, im Gegensatz zur Verliebtheit, die Ärmel hochkrempeln und hart arbeiten. Das ist unbequem. Deshalb zog es Hannes stets vor, im Fauteuil des Lebens darauf zu warten, dass die große Liebe, die perfekte Partnerin, ihm eines Tages in den Schoß fallen würde. Einfach so.

Jedes Mal, wenn die Phase des Verliebtseins ihrem Ende zuging, kamen bestehende Diskrepanzen ungefärbt zum Vorschein – immer dann änderte sich sein Beziehungsstatus von „verliebt“ in „kompliziert“, ehe er schließlich auf „Single“, zurück an den Start, sprang. Sobald Komplikationen auftreten, müssen wir handeln. Was immer wir dann tun: Wenn nichts hilft, wenn wir scheinbar alle Möglichkeiten ausgeschöpft haben, trennen wir uns. Wollten wir das verhindern, so müssten wir uns zunächst mit uns selbst, mit unseren eigenen Bedürfnissen und Erwartungen, beschäftigen – und dann auch noch mit unserem Partner darüber sprechen, in einer ohnehin schon angespannten Beziehungsphase. Wer tut das schon? Wer bringt schon heute noch etwas zur Reparatur – und gibt dann vielleicht noch zu, etwas falsch behandelt zu haben? Wir leben in einer Wegwerfgesellschaft – und diese Wegwerfmentalität macht vor Beziehungen keinen Halt. So kommen wir zu einfach zum Schluss, es sei weniger aufwendig, eine neue Beziehung zu beginnen, als eine gewachsene aufrechtzuerhalten. Haben wir aber eine Vorstellung von einer nachhaltigen Beziehung, die von Dauer ist, so sollten wir bedenken, dass „Dauer“ weder für Poesie noch für Romantik steht, sondern für Tausend ganz normale Montage – und die können nicht dauerhaft perfekt laufen. Schon deshalb, weil Perfektion im Auge des Betrachters liegt und Perspektiven sich ändern – jede Woche vielleicht nur um ein verschwindend kleines Bisschen. Zeiten, in denen wir miteinander und aneinander arbeiten müssen, sind nur die logische Konsequenz. Als Teil einer Beziehung entscheiden wir selbst, ob wir den Weg des Kompromisses, oder den Weg des Egoismus gehen.

Verliebt sein ist bunt, laut und chaotisch, Liebe dagegen ruhiger, vertrauter und beständiger. Wir alle können lieben – sofern wir das wollen und uns bewusst dafür entscheiden. Hannes hatte sich bislang dagegen entschieden.

Das Gesetz der Anziehung geht davon aus, dass Gleiches Gleiches anzieht. Was wir demnach senden, werden wir auch empfangen. Weil wir aber die Welt nicht so sehen, wie sie ist, sondern so, wie wir sind, wird unsere äußere Welt zwangsläufig zum Spiegel für unsere innere. Wenn wir in uns mit Ängsten zu kämpfen haben, wird das nach außen reflektieren. Wenn wir innerlich zufrieden und ausgeglichen sind, ebenso. So wie innen, so außen und so wie außen, so innen. Ändern wir das eine, so beeinflusst es das andere.

Hannes ist bald vierzig, unternehmungslustig, weltoffen und beruflich so etwas wie angekommen. Noch immer sucht er die richtige Partnerin – und seine Erwartungshaltung ist hoch. Sie muss einfach alles sein: Köchin, Putzfrau, Hure, Philosophin, Vorbild, Inspirationsquelle und so viel mehr. Eine Menschenrechtlerin, die aussieht wie Blake Lively, entspricht etwa dem Kurzprofil seiner Wunschpartnerin. So eine läuft uns nicht im Supermarkt oder im Aufzug eines Bürogebäudes in die Arme und sagt uns dann, sie hätte Zeit ihres Lebens genau darauf gewartet. Da braucht es schon mehr.

Dass das Leben nicht nur aus Almrausch und Jetset besteht, hatte Hannes bereits verinnerlicht, wenngleich es immer noch irgendwie für ihn dazugehört. Manchmal jedenfalls, wenn auch nur mehr selten. Mitunter, weil sich seine Beziehung zu und mit sich selbst verändert hat. Dankbarkeit empfindet er, spätestens seit dem Nachmittag mit Eva in dem Gastgarten und der Begegnung mit den beiden älteren Herren, längst nicht mehr nur für ganz Besonderes, sondern, zunehmend auch für Kleines und Alltägliches. Das macht ihn ausgeglichener und weniger hektisch – irgendwie zufriedener. Seine Ausstrahlung ist dadurch eine andere – keine bessere oder schlechtere, wahrscheinlich nur eine reifere.

Würde man ihn heute anrufen und auf eine aufregende Party einladen, hätte er nicht mehr das Gefühl, etwas zu versäumen, wenn er nicht hinginge. Mehr noch: Dort, wo er sich früher stets die große Liebe zu treffen erhoffte, sieht er heute einen Teich, in dem nur Fische schwimmen, die er nicht angeln wollen würde. Zu oberflächlich, zu banal, sind ihm weite Teile der Gesellschaft geworden und keine Paris Hilton wäre mehr in der Lage, ihn aus der Reserve zu locken.

Glück nur mit einzelnen Momenten, etwa einer Almrausch-Samstagnacht, zu assoziieren, ist eine selbstgesetzte Einschränkung, die er weitestgehend überwinden konnte. So kann er es jetzt auch an einem normalen Montagmorgen wahrnehmen - bei alltäglichen Dingen wie der Zubereitung seines Kaffees, dessen Geruch er größte Wertschätzung entgegenbringt, oder der Zusammenarbeit mit seinen Kollegen, bei denen er sich einen Sport daraus macht, das Menscheln zu studieren. Durch diese veränderte Wahrnehmung offenbart sich ihm in gewisser Weise eine neue Welt. Eine bislang unbekannte. Eine, die voll von Dingen ist, für die er früher nicht empfänglich war.

Sein Äußeres ist längst nicht mehr perfekt und entspricht nicht mehr seinen hohen Ansprüchen früherer Tage. Schlechtes Gefühl hat er deshalb aber keines. Die primäre Quelle seiner Schönheit verortet er jetzt in seinem Inneren. Und weil das Innen sich immer im Außen spiegelt, zieht er heute auch ganz andere Menschen an als früher.

Die Entwicklung von sozialemotionalen Fähigkeiten ist ein lebenslanger Prozess, der auf Herzensbildung beruht, und der mit einer „gesunden“ Beziehung zu sich selbst beginnt - jene zwischen seinem „Ich“ und seinem „Selbst“, um bei Timothy Gallweys innerem Spiel zu bleiben. Und bei Hannes war diese Beziehung noch nie so im Einklang wie sie es heute ist. Herr über seine Gefühle ist er deshalb aber nicht. Im Gegenteil. Der Umgang mit ihnen fällt ihm mitunter schwer. Gefühle sind schließlich unberechenbar, weshalb er bei neuen Bekanntschaften mit potenziellen Liebespartnerinnen zunehmend zögert, sie zuzulassen. Kalkulierte Zurückhaltung hat dort Einzug gefunden, wo früher losgelassene Euphorie war. Immerhin hatte er sich bei der Begegnung mit Aline geöffnet - und sich dadurch verletzlich gemacht. Niemand will verletzt werden. Weil Liebe aber erst entstehen kann, wenn man sich einer anderen Person gegenüber öffnet und diese an sich heranlässt, empfindet er die Situation als nur schwer vereinbar mit seiner Suche nach Liebe. Als wäre das nicht schon genug, kommt erschwerend hinzu, dass die gängige Art der Partnersuche sich mittlerweile anders gestaltet als noch wenige Jahre zuvor. Die Innovationen sozialer Medien machen damit auch vor seinem Junggesellendasein keinen Halt - mit allen Vor- und Nachteilen.

Dating Apps: wie bequem - und eine großartige Erfindung für ihn. Die Bandbreite potenzieller Partnerinnen, die sich hier – offensichtlich willig und verzweifelt suchend – anbietet, überstieg zunächst seine Vorstellungen. Blond, brünett, rothaarig, ja sogar mit grünen oder blauen Haaren, Rasta, Dreadlocks, kleinwüchsig, riesengroß, tätowiert, von konservativ bis liberal – man kann sogar die Gewichtsspanne eingeben, die man sich wünscht. Hier scheint es nichts zu geben, was es nicht gibt. Jedenfalls oberflächlich betrachtet. Alles, was Hannes nun tun muss, ist, seine Kriterien, eben jene einer Menschenrechtlerin mit Modellmaßen, einzugeben, die Ergebnisse schrittweise eingrenzen und dann – was übrigbleibt, sozusagen das Destillat – von sich überzeugen. Bevor es dazu kommen kann, braucht er die treffende Beschreibung seiner selbst und dessen, was er sucht. Ein adaptierter Profiltext für seinen alten Account muss her. Einer, der witzig und aussagekräftig zugleich ist. Schließlich will er nicht wieder im falschen Teich fischen, in den ihn sein altgedienter Profilspruch „Ich hoffe, Du kannst lesen, weil in meiner Hose etwas steht“, gepaart mit Fotos diverser Almräusche und Jetsetter, stets führte. Dieser stammt noch aus einer Zeit, in der ein Partnersuchprofil zum guten Ton gehörte, und blieb seit jeher unverändert. Schluss damit. Ein seriöses Profil muss her.

Die Eigenvermarktung auf Dating Apps ist längst zur Wissenschaft geworden - der Konkurrenzkampf der Bauern im Buhlen um die Königin ein ernstzunehmendes Unterfangen. Die Anpassung seines Profils soll einen Neuanfang markieren, weshalb er sich dabei richtig Mühe gibt und lange in der Trickkiste sucht. Unter dem Titel „Die Hand voller Asse, doch das Leben spielt Schach“, führt er ab sofort unterhalb aus: „Hätte ich gestern den Verstand von heute gehabt, wäre Dein Herz schon bei mir. Entscheidest du dich für mich, könnten wir die Achterbahn des Lebens gemeinsam fahren. Jedenfalls ein Stück weit. Denn, ob es morgen etwas zu bereuen gibt, können wir heute nicht wissen.“ Gleich daneben drei Bilder. Das erste entstand in der Natur, bei einem Spaziergang mit Philip. Auf dem zweiten sitzt er bei einem gediegenen Abendessen neben Eva im Kerzenlicht. Das Dritte zeigt ihn als Lebemann neben Alexander auf einer Party. Keines davon ist aktuell, doch alle real – jedes ein Ausschnitt einer individuellen Lebenslage, die alle ein Teil von ihm sind.

Mittwochnachmittag: Hannes kommt nach Hause. Der Tag im Büro war lang. Dafür wird ihm der Rest der Woche beruflich nicht mehr viel abverlangen. Kaum in seinen vier Wänden angekommen, konzentrieren sich seine Gedanken auf das bevorstehende Wochenende. Vor hat er nichts. Noch nicht. Sein Sofa vor dem laufenden Fernseher bietet ihm die optimale Kulisse für sein Smartphone und einen Blick auf den Singlemarkt. Wochenende: Zeit für Dates.

Bei der von ihm genutzten App können zwei Personen nur dann miteinander in Kontakt treten, wenn sie ihre Profile zuvor gegenseitig grün markiert haben. Da will er auf Nummer sicher gehen. So wischt er Profil für Profil nach rechts, um alle grün zu markieren. Etwa achtzig Profile schafft er. Pro Minute.

Ausnahmen macht er nur bei jenen, die er von vornherein für sich ausschließen kann. Diese erkennt er im Bruchteil einer Sekunde und wischt sie nach links, was einer Blockade entspricht. Das macht er immer dann, wenn auf dem Profilbild ein in erotischer Pose befindlicher Mann abgebildet ist. Auch bei jedem anderen Wesen, das offenkundig einen Penis hat. Bei Pensionistinnen mit Katze sowieso. Und auch dann, wenn das Profil zu jemandem gehört, den er kennt, auch wenn es nur im Entferntesten ist. Abgesehen davon aber will er niemanden ausschließen, jede sprichwörtliche Türe öffnen, die sich öffnen lässt. Jene, die später wieder zugehen würden, hätten ihm zumindest einen Blick durch sie verschafft. Würde sich hinter einer Türe, an der das Foto eines Mannequins hängt, ein motivierter Crossdresser oder eine grünhaarige Feministin verstecken, so muss er dieser ja nicht schreiben und kann sie dann immer noch blockieren. Nein, er hat nichts gegen Feministinnen. Nur an seiner Seite wünscht er sich keine. Und weil Schönheit immer im Auge des Betrachters liegt, sucht er nach Personen, die seinen Vorstellungen entsprechen. Das ist nur natürlich. Das Wischen der Profile dauert so lange, bis die von ihm zuvor festgelegten Suchkriterien keine mehr vorschlagen – an diesem Abend etwa zwanzig Minuten – kurze Pause für Königstiger inklusive.

Unsere Gesellschaft scheint unendlich oberflächlich geworden zu sein. Besonders dann, wenn es darum geht, Menschen auszusuchen, denen man vielleicht sein Innerstes preisgeben möchte. Hannes entscheidet gerade nur anhand eines Fotos, ob eine Frau für ihn interessant sein kann oder nicht. Und das, obwohl er kürzlich die innere Schönheit als jene erkannte, auf die es ankommt. Bizarr.

An diesem Abend läuft beim Wischen etwas anders als sonst. Zwar erscheinen auf seinem Display, wie sonst auch, Millisekunde für Millisekunde, Gesichter, Körperteile, Haustiere oder Undefinierbares – und wie immer tippt er mit dem Zeigefinger auf jedes Bild und wischt es nach rechts. Zack. zack. zack. Wie sonst auch, fällt ihm dabei das ein oder andere Gesicht positiv auf. Soweit nichts Ungewöhnliches. Heute fordert ihm eines der zu wischenden Profile aber eine unerwartete Reaktion ab - und zwar körperlich und geistig. Trotz des oberflächlichen Prinzips erkennt er sofort die Schönheit des Leuchtens in den Augen einer jungen Frau, die plötzlich, zwischen so vielen anderen, auf seinem Bildschirm erscheint. Er fokussiert seine Aufmerksamkeit, sein Puls steigt. Dass sie auch schön ist, weil sie dazu im Stande ist, andere zum Lächeln zu bringen, selbst wenn diese traurig sind, oder dass sie schön ist, weil sie so positiv durchs Leben geht und andere damit inspiriert, sind Eigenschaften, die seine Fantasie prompt mit dieser Person verknüpft. Wieder eine Wunschvorstellung einer Traumpartnerin – wenngleich die Anforderungen gegenüber früheren sich leicht verändert haben – wohl seinem Wandel geschuldet. In den wenigen Sekunden, in denen er ihr Bild betrachtet, fragt er sich wiederholt, ob das nicht genau die Schönheit wäre, auf die es ankommt. Einen Moment lang hat ihn seine Fantasie in seinen Träumen versinken lassen, ehe er mit seinem Zeigefinger nach rechts wischt. Im selben Moment vibriert sein Handy. Das tut es immer dann, wenn er eine Nachricht über die App erhält, über die er mit einigen Frauen, von denen er die ein oder andere schon getroffen hatte, in Kontakt steht.

Die exzentrische Sophia ist eine davon. Erst vor wenigen Wochen hatte er sie kennengelernt – und wiederholt getroffen.

Sie ist jung, blond und genau das, was man in seinem Alter als völlig durchgeknallt bezeichnet. Gutaussehend, ja - aber eben verrückt. Nichts für eine ernste Beziehung. Nicht mehr. Zumindest nicht in seinem Alter und seiner Lebenslage. In der Horizontalen verstehen sich die beiden aber blendend und körperliche Ekstasen waren von Anfang an das Bindeglied der beiden. Daraus entwickelte sich rasch eine Freundschaft plus. Die beiden sind Fuck-Buddies – und Hannes fühlt sich noch einmal wie Anfang zwanzig. Bislang hatte er es gekonnt umgangen, ihr zu sagen, dass eine ernste Beziehung für ihn keine

Option ist – wohl, um damit nicht sein gerade sehr belebtes Intimleben unnötig aufs Spiel zu setzen.

So sehr er sich auch bemüht, die Intensität dieser Beziehung in Grenzen zu halten: Es gelingt ihm nicht. Am liebsten würde er sie immer nur dann treffen, wenn ihn gerade die Lust überkommt, was er ihr aber so nicht sagen kann – klar ahnend, dass sie mehr will als nur Freundschaft. Nachrichten über die App kommen aktuell meistens von ihr. Erst vor zwei Tagen hatte sie bei ihm übernachtet. Dass sie sich melden würde, wäre also überfällig und so denkt Hannes, dass auch diese Nachricht von ihr wäre – ist sie aber nicht. Sie ist von der Frau, die nur wenige Sekunden zuvor seine Fantasie in einer Art und Weise anregte, wie das bisher kaum eine in so kurzer Zeit vermochte.

„Elli" steht unter ihrem Profilbild, das eine schlanke Blondine mit blauen Augen und Sommersprossen zeigt, die mit einem natürlichen Lächeln in einem rosafarbenen Pullover auf einer Hollywood-Schaukel besticht. Auf einem zweiten ist sie mit Freundinnen bei einem Abendessen am Strand. Auf Partyfotos oder Tierbilder verzichtet sie gänzlich. Sehr sympathisch. Laut Profilangabe ist sie knapp dreißig – also einige Jahre jünger als Hannes. Faszination macht sich breit. Bevor er die Nachricht liest, studiert er alle Details ihres Profils. Vielleicht würde er eine ihrer Freundinnen erkennen. Das kann er ausschließen.

Ihm ist bewusst, dass bei Apps wie dieser immer ein gewisses Restrisiko besteht, dass sich hinter einem Profil wie diesem in Wahrheit eine pensionierte Drag-Queen oder eine nymphomanische Oma verbirgt. Ausschließen tut er das anfangs nie – ja, er hatte seine diesbezüglichen Erfahrungen. Gespannt klickt er sich zum Nachrichteneingang, wo er ein nüchternes und unerotisches „Hallo schöner Mann, wie geht's?" vorfindet.

Seine Antwort muss es jetzt in sich haben. In ihr verbindet er den dümmsten Schmäh aus der Kategorie „Da muss man einfach lachen“ mit molligem Charme a la „Schwiegermamas Liebling“. Schon ist er in einem Dialog und nur wenige Tage später folgt das erste Treffen. Elli, deren hohe Stimme schon in vorangegangenen Telefonaten entzückt, ist real, spricht viel – und das obendrein schnell wie ein aufgeweckter Kolibri, der mit erfrischender niederösterreichischer Mundart fröhlich in die Welt singt.

Trotz seiner anfänglichen Euphorie möchte er es entspannt angehen und nichts falsch machen. Ohne konkreten Plan und ohne zu viele Gedanken. Auch die für ihn sonst so wichtigen Meinungen seiner Freunde spielen diesmal keine Rolle. Charme und Natürlichkeit sind die Waffen, mit denen er bestechen möchte - und das mit gutem Grund: So vieles sollte man beim ersten Date beachten. Das Telefon verwenden, egal, ob nach der Uhrzeit zu sehen, oder, um parallel mit einer anderen zu flirten, geht gar nicht. Dafür sind aufmerksames Zuhören und beste Manieren ein absolutes Muss. Wie gut, dass Eva ihn hervorragend erzogen hatte.

Es heißt, man solle ein ernstgemeintes Date mit einer herzlichen Umarmung beginnen, um so vom Start weg eine sympathische Nähe aufzubauen. Für Hannes totaler Quatsch. Wenn er so starten würde, würde Elli ihn doch gleich als Verrückten abstempeln. Dieselbe Intention geht er wesentlich subtiler an: Gleich, als er ihr nach der Begrüßung den Mantel abnimmt, bietet er ihr den besten Platz, den im Eck hinter einem kleinen runden Tisch eines romantischen Lokals, das er zuvor spitzfindig ausgesucht hatte, an. Es ist dunkel und das spärliche Licht wird nahezu ausschließlich von Kerzen gespeist. Noch sind nur wenige Gäste da, die beiden sind unbeobachtet. Auf Außenstehende könnte die Stimmung romantisch anmuten, Hannes ist aber hochnervös, was er versucht, sich nicht anmerken zu lassen. Noch bevor ein Kellner die beiden begrüßen kann, greift er Elli an die Schulter, um ihr dort zärtlich und fürsorglich ein Haar zu entfernen, worauf er sie aufmerksam macht, ehe er sie berührt. Rasch greift er danach, nur um es umgehend unter dem Tisch am Boden zu entsorgen – damit sie nicht merken würde, dass da gar kein Haar war. Mit diesem Trick, den er in einem Film gesehen hatte, versucht er, ihr näher zu kommen und erste Vertrauenspunkte zu sammeln. Mit Erfolg.

Plötzliche Stille, unangenehme Themen und andere Peinlichkeiten, die man in so einer Situation mit allen Mitteln verhindern wollen würde, bleiben aus. Hannes hatte sich ohnehin, zur Sicherheit, auf die gängigsten dieser potenziellen Gefahren vorbereitet. Wenn nichts mehr geht, geht Reisen: Zu dem Thema gibt es für jeden etwas zu berichten und es hilft immer, wenn es einmal brenzlig wird.

Das ist sozusagen der Evergreen als Rettungsanker im Werkzeugkoffer für gelungene Dates.

Ähnlich wie bei Susi und Strolchi im gleichnamigen Disney Film, wenn auch mit Schweinsbraten statt Spagetti, sitzen beide anschmiegsam im Kerzenlicht der gemütlichen Gaststube. Sie essen, trinken und unterhalten sich, als würden sie einander schon eine Ewigkeit kennen und hätten sich nur ein paar Jahre nicht gesehen. Nach dem Essen, es ist schon spät und der Abend neigt sich dem Ende zu, taumeln die beiden langsam in Richtung Parkplatz. Hannes wird nervös. Verabschiedungen sind immer ein Schlüsselmoment, ein Moment der Wahrheit – und er ist immer unsicher, wie er diese Momente am besten angehen soll. Aufgescheucht schaut er um sich und lauscht den Geräuschen der, trotz fortgeschrittener Stunde, belebten Straße in einer zentralen Gegend Wiens. Plötzlich, an der Ampel neben ihnen, ein wütender Taxilenker, der mit einem sichtlich genervten Fahrgast lautstark in Streit gerät. „Geh´ scheißen“, wirft der Betrunkene von der Rückbank in allerfeinstem Wiener Dialekt und dem Antlitz der Nacht dem Fahrer entgegen.

Elli, davon gänzlich unbeeindruckt, schwebt neben Hannes auf Wolke sieben, wodurch dieser sich ein paar Sekunden erhofft, um darüber nachzudenken, wie er ihr seine Intention, sie schnellstmöglich wiederzusehen, bei der gleich folgenden Verabschiedung am besten klarmachen könne - unaufdringlich, aber bestimmt. Doch Elli, das sehenswerte Panoptikum eines volltrunkenen Urwieners negierend, kommt ihm zuvor. Unmissverständlich stellt sie klar, dass sie sich über ein erneutes Treffen in den kommenden Tagen freuen würde. Volltreffer!

Die Kennenlernphase gestaltet sich kurzweilig. Die meisten der anfänglichen Treffen verlaufen nach dem Susi-und-Strolchi-Prinzip: Alles eitle Wonne und Glückseligkeit. Die rosarote Brille sitzt. Reibungspunkte: Fehlalarm.

Heute plant Hannes, die erste Nacht mit Elli zu verbringen. Ob das gelingen wird, ist offen. Er hatte Elli zu sich nach Hause eingeladen, um sie kulinarisch zu verwöhnen und einzukochen. Sein Schlachtplan beinhaltet, neben einer Zucchini-Cremesuppe, einem Kalbsbutter-Schnitzel mit Kartoffelpüree und einem Panna Cotta, reichlich Kerzenlicht, Ludovico Einaudi und frischbezogene, mit nicht zu wenig Stärke gebügelte Baumwollbettwäsche, auf der die Motive von blauem Enzian abgebildet sind. Die hatte er von Eva als Einstandsgeschenk für seine Wohnung bekommen.

Der frittierte Milchpudding hat geschmeckt. Elli signalisiert vorsichtig – wohl aus Unsicherheit darüber, wie das bei Hannes ankommen würde, dass sie theoretisch bereit wäre, die Nacht bei ihm zu verbringen. Einem Mann wie Hannes, der die Frauen in seiner Jugend unzählige Semester studierte, kann sie nichts vormachen. Er blickt ihr in die Augen, legt seine Hand auf ihre Schulter und verspricht ihr, gut auf sie aufzupassen. Gentleman-like. Plötzlich wird ihm klar, was bei der ersten gemeinsamen Nacht alles schiefgehen kann. Er wird unsicher. Immerhin ist der Plan für Elli nicht der eines volltrunkenen One-Night-Stands, bei dem selbst der ungünstigste Verlauf nur halb so wild wäre.

Diese erste Nacht ist also ein Unterfangen voller potenzieller Schwierigkeiten, unangenehm-halbpeinlicher Situationen und Unsicherheiten. Die typischen Stolpersteine, darunter verschmutzte Toiletten oder halbvolle Kondompackungen im Nachtschrank, hatte er im Vorfeld beseitigt. Ehrensache. Doch was sollte er mit seinem kleinen Bäuchlein, das er mit seiner Kleidung stets gut zu kaschieren versteht, tun? Wie würde sie nur darauf reagieren, wenn er erst nackt vor ihr steht? Was, wenn er plötzlich Blähungen bekommt? Fragen wie diese schießen ihm durch den Kopf. Er versucht, sachlich zu bleiben und sich alle nüchtern zu beantworten. Schritt für Schritt. Blähungen? Darum hatte er vorsorglich auf exotische Gewürze verzichtet. Feinsäuberlich analysiert er gedanklich die Situation, gleicht sie mit all seinen Vorbereitungen ab, und kommt zum Schluss, dass de facto nichts schiefgehen kann.

Nacheinander, jeweils nur für wenige Minuten, gehen beide ins Badezimmer. Die obligatorische Dusche ist kurz und das Verlangen, sich im Bett aneinander zu schmiegen, groß. Kaum dort angekommen, geht es langsam los. Es ist spät - weit nach Mitternacht –, aber alles läuft nach Plan.

Plötzlich durchdringt ein lautes Signal, fast wie das Horn eines Kreuzfahrtschiffes, das kleine Schlafzimmer, in dem die Erotik gerade erst zu Knistern beginnt. Als würde der Boden vibrieren, der Lärm das Erträgliche übersteigen, erfährt die noch in den Kinderschuhen steckende Erkundungstour gegenseitiger Körperwelten ein abruptes Ende. Nein, es ist kein Kreuzfahrtschiff, sondern die Türglocke seiner Wohnung. Es ist eine alte manuelle Glocke. Eine, bei der noch ein physischer Metallstift, angebracht am Plafond des Vorzimmers, auf eine runde Metallschelle schlägt – mit der Geschwindigkeit eines D-Zuges. Hannes, verdutzt und nichtsahnend, wer der nächtliche Störenfried sein könnte, meint, dass um diese Uhrzeit wohl nur Betrunkene aus Spaß anläuten würden, was immer wieder der Fall wäre – den zahlreichen Nachtlokalen in unmittelbarer Nähe geschuldet. Er führt aus, dass dies dann immer gleich aufhöre und er gar nicht erst zur Türe gehen müsse, weil es ja ohnehin gleich vorbei sei. Doch nicht so dieses Mal.

Es läutet immer und immer wieder. Erst ganz lang, dann ganz oft ganz kurz, dann wieder ganz lang und dann in einem durchgehend, als wäre der Knopf der Glocke beim Hauseingang steckengeblieben. Dann geht es weiter: Wieder ganz kurz und abgehackt, ein paar dutzend Mal, bevor der Ton wieder lange und ohne Unterbrechung weiter durch die Wohnung schallt, nur um gleich danach wieder mit Unterbrechungen fortzufahren – fast so, als würde die Glocke etwas sagen wollen. Aber was könnte das sein? Die Antwort lässt nicht lange auf sich warten. Noch bevor der Leider-nein-Lüstling den Weg ins Vorzimmer zur Gegensprechanlage antritt, greift er nach seinem Handy und holt es aus dem Flugmodus. Das helle Display tränkt das abgedunkelte Schlafzimmer rasch in ein leicht blaues Licht. Darauf erscheinen Informationen über unzählige verpasste Anrufe und Nachrichten. In den zwei Stunden, seitdem Hannes den Flugmodus aktivierte, waren es bereits mehr als fünfzig. „Etwas Schlimmes muss passiert sein", stottert er in Ellis Richtung, händeringend nach einer Erklärung.

Tatsächlich weiß er längst, was los ist und wer unten vor seinem Haus steht. Nur gut, dass Elli nichts von all den Nachrichten auf seinem Handy und deren Absender mitbekommen hat. „Mach' die Türe auf du ARSCHLOCH", steht in Großbuchstaben auf seinem Display. Genau das würde wohl auch die Glocke trällern, wenn sie sprechen könnte. Es ist Sophia, die seine Glocke malträtiert und deren unzählige Nachrichten inhaltlich das gesamte emotionale Spektrum einer verzweifelten Teenagerin - von Zuneigung bis Verabscheuung – gegenüber ihrem Schwarm wiedergeben. Als könnte sie spüren, dass Hannes eine neue Bekanntschaft gemacht hat und diese gerade in seinem Schlafzimmer „vergewohlzwickeln“ will. Wie kommt er nur aus dieser Situation – ohne, dass Elli merken würde, was Sache ist?

Während Elli im Bett wartet, eilt er, wie Gott ihn schuf - mit Unterhose, verdutzt ins Vorzimmer, nimmt leise den Hörer der Gegensprechanlage ab und lauscht, ob er etwas hören kann. Irgendetwas, das ihm mehr Information über die Hintergründe des ungebetenen nächtlichen Unfriedens geben würde. Am anderen Ende der Leitung brüllt Sophia, als hätte sie eine Flasche Vodka intus, Unverständliches – nicht unbedingt an die Gegensprechanlage gerichtet, auch zu vorbeigehenden Passanten – und nicht unbedingt freundlich. Gut, dass seine Wohnung im fünften Stock liegt und weit genug vom Hauseingang, der sich obendrein auf der anderen Seite des Gebäudes befindet, entfernt ist.

Weil alles so schnell geht, bleibt Hannes, der selbst noch nie in einem solchen Szenario gefangen war, nichts anderes, als mit der Wahrheit herauszurücken. Nein, in dieser Situation gibt es nichts schönzureden.

Doch insgeheim fühlt er sich geschmeichelt - wetteifern doch tatsächlich gerade zwei Frauen um ihn: die eine gutaussehend, wesentlich jünger und nymphomanisch veranlagt, jedenfalls scharf auf seinen alternden Körper, die andere ohnehin in jeder Hinsicht besser als alle anderen. So gerne er diese Situation jetzt genießen würde – es ist nicht möglich.

Zwar lässt ihn dieser Rückenwind für sein Ego innerlich grinsen, weil dieses Grinsen äußerlich aber gerade nicht gut ankäme, ist er gezwungen, es für sich zu behalten.

Geläutert kommt er von seinem Gang ins Vorzimmer, wo er den Hörer der Gegensprechanlage hängen ließ, damit die Glocke nicht mehr läuten kann, und zur Sicherheit auch sein Handy in den Flugmodus versetzte, zurück ins Schlafzimmer, wo Elli gespannt unter der Decke auf ihn wartet. Er setzt sich neben sie ans Bett und berichtet ihr von seiner Bekanntschaft mit Sophia und allen Details der letzten Wochen. Mit diesem Schritt wurde aus der geplanten Eroberung von Ellis Körper eine ungeplante Debatte über Frauen jenseits der eigenen – und die sollte die halbe Nacht lang dauern.

Immerhin herrscht am nächsten Morgen, die beiden wachen zusammen auf, Einigkeit darüber, dass man ab sofort zusammengehört. Sophia musste irgendwann von der Penetration der Gegensprechanlage abgesehen haben. Jedenfalls kann Hannes am Weg zur morgendlichen Dusche nichts Gegenteiliges vernehmen und so legt er den Hörer wieder in dessen Halterung. Der Kontakt zu Sophia, die unaufgeklärt über die Hintergründe der Abweisung zurückbleiben sollte, ist beendet. Sie wird noch den ein oder anderen Versuch einer Kontaktaufnahme starten, in wenigen Tagen aber endgültig resignieren.

Elli und Hannes steht nichts mehr im Weg. Ihre Zuneigung zueinander ist auf eine Art und Weise nachhaltig, die Hannes so bisher nicht kannte. So folgt schon wenige Wochen später die nächste Überlegung: zusammenziehen oder nicht?
Große Entscheidungen: Finanzen, Zeit für sich selbst, Aufgaben im Haushalt, die eigene Körperhygiene und vieles mehr - allesamt potenzielle Reibungspunkte, wenn man zusammenwohnt. In der Kennenlernphase ist es noch vergleichsweise einfach, sich zu präsentieren, als wäre man makellos. Durch das Zusammenziehen aber kommen auf kurz oder lang alle schlechten Gewohnheiten, vom Trinken aus der Flasche bis hin zum Pinkeln im Stehen, ans Tageslicht. Selbst das Masturbieren, das für einen alleinwohnenden Junggesellen zu jeder Zeit und an jedem Ort innerhalb der eigenen vier Wände möglich ist, ja de facto zum Alltag gehört, unterliegt dann nicht zu unterschätzenden Barrieren.

Hannes ist nicht zu bremsen. Für ihn fühlt sich alles absolut richtig an. Auch für Elli. Gerade absolvieren beide noch ein paar Wohnungsbesichtigungen - schon ist der Mietvertrag unterschrieben.

Elli ist eine Frau, die so vieles verkörpert, wovon Hannes schon immer geträumt hatte: Sie ist gebildet, intelligent, fröhlich, mitreißend und unternehmungslustig, vielseitig und voller Überraschungen. Und sie sieht großartig aus. Erst durch sie erklärt sich Hannes, wenn auch zunächst nur widerwillig, bereit, die ein oder andere Lebensgewohnheit, allem voran das Rauchen, aufzugeben und sich schrittweise Neuem gegenüber zu öffnen.

Sie ist es, die sein Bewusstsein für so vieles schärft – etwa dafür, worauf es zwischen zwei Menschen wirklich ankommt. So verabschieden sich jetzt auch zunehmend Freunde und Bekannte aus dem Umfeld von Hannes – jene, die er aus seiner Vergangenheit schon die längste Zeit mitgeschleppt hatte. Menschen, die nicht mehr die richtige Energie hatten. Nein, Philip bleibt.

Elli ist es auch, die ihn auf den Geschmack von gesunder Ernährung bringt. Zeitgleich hat er ihr zu verdanken, dass er, wenn es einmal richtig ungesund ist, es anständig genießen kann. Sie stößt ihn dazu an, über die Kräfte des Universums nachzudenken – und bringt damit einen Stein ins Rollen.

Für Hannes wird sie zu einer Art Katalysator. Mehr noch: Durch ihre Wertschätzung für alles, was Hannes ausmacht, egal, ob es gut oder schlecht ist, ist sie dazu im Stande, die Spielregeln, nach denen er sein bisheriges Leben gestaltete und von denen er glaubte, sie mittlerweile bestens zu beherrschen, komplett zu verändern - unbewusst und ohne Absicht. Sie wird zum Gamechanger.

6. Der unhörbare Ton

Spätestens mit vierzig hören wir dann endgültig auf, uns selbst etwas vorzumachen. Vierzig ist nicht das neue Dreißig - vielmehr ist zweiundzwanzig Uhr die neue Mitternacht. Wir bleiben nicht mehr bis spätnachts in einer Bar. Wir sind um zehn im Bett, um uns von Partys zu erholen, auf denen wir noch nicht einmal waren. Sind wir nachts dennoch wach, dann entweder, weil wir auf die Toilette müssen oder nicht schlafen können. Letzteres wahrscheinlich, weil uns innere Ängste plagen. Spätestens jetzt fragen wir uns, was nur aus unserem Leben wurde.

Zeitgleich stockt der Darm. Nein, nicht, weil wir zuvor schlecht gegessen hatten. Einfach nur, weil ihm das Wetter nicht passt. Der Kreislauf spielt verrückt. Vielleicht haben wir Kinder. Wenn nicht, kennen wir bestimmt jemanden, der welche hat. Wenn wir sie beobachten, fragen wir uns, ob wir in dem Alter auch so unerträglich waren. Sehr wahrscheinlich waren wir es. Und so sehr wir der eigenen Jugend allmählich nachzutrauern beginnen, so wenig haben wir mit jungen Menschen, die längst eine eigene, neue und uns unverständliche Sprache sprechen, noch gemein.

Warum werden wir mit dem Alter nicht einfach besser, so wie ein guter Rotwein? Kaum vierzig und der körperliche Verfall macht sich allerorts bemerkbar. Im Restaurant reicht unsere Armlänge nicht, um die Speisekarte zu lesen, nach der Verdauung plagen uns Hämorrhoiden, ums Eck jeder falschen Bewegung lauert ein Bandscheibenvorfall und zu Hause vor dem Fernseher fühlen wir uns plötzlich von der Werbung für das Mittel gegen Erektionsstörungen angesprochen. Es gibt nichts, absolut gar nichts, was wir dagegen tun können. Alles, was uns bleibt, ist, uns mit dem allmählich voranschreitenden Alter abzufinden – und damit umzugehen.

Doch das hat keinesfalls nur Nachteile: Wir lernen schneller aus unseren Fehlern als früher, was andere über uns denken ist uns zunehmend egal und wir werden gelassener. Wenn wir unser Leben nicht länger durch irrationale Gedanken beschweren wollen, verstehen wir spätestens jetzt, das, was tatsächlich geschieht, von dem, worüber wir gerade nachdenken, zu unterscheiden. Menschen, die sich viele Sorgen machen, haben oft starre Ansichten darüber, was ist und was nicht ist. Sie sehen nicht die Komplexität des Lebens, die Mannigfaltigkeit, die Größe des Eisbergs unter Wasser. Sie erkennen das Potenzial der Möglichkeiten nicht.

Jetzt wird offensichtlich, dass Gefühle jene Erinnerungen überdauern, von denen sie seinerzeit hervorgerufen wurden. Wir alle kennen den Duft der Kindheit. Das kann der Plastikgeruch unserer Schwimmflügel, das frisch bezogene Bett, buntes Herbstlaub, warmer Regen im Sommer oder eine Tasse heißer Kakao sein. Wenn wir als Erwachsener einen dieser Gerüche wahrnehmen, empfinden wir im Nu das Gefühl von Kindheit, während konkrete Erinnerungen, etwa an den Ausflug ins Bad oder die Farbe der Bettwäsche, ausbleiben.

Ähnlich ist es mit negativen Erinnerungen. Wir tendieren nämlich dazu, vergangene Gefühle auf Situationen in der Gegenwart zu projizieren. Mit anderen Worten: Wenn wir etwas, das in der Vergangenheit passiert ist, nicht verarbeitet haben, merken wir jetzt, wie sehr es uns kontrolliert. Das Gute daran: Unsere irrationalen Ängste und Sorgen lassen sich auf ein Problem zurückführen, das wir in Angriff nehmen können. Entscheiden wir uns dazu, können wir Ängste und Sorgen nachhaltig bekämpfen und loswerden.

Im Fall von Hannes ist es vor allem die Abwesenheit, die er Zeit seines Lebens durch Leo erfahren hat. Sie führte dazu, dass sein Selbstbewusstsein nie erwachsen werden konnte. Jetzt erkennt er, dass nur er allein etwas dagegen tun kann, und dass das nur gelingen kann, wenn er aktiv wird. Von selbst geht nichts.

Sein Glück bei diesem Vorhaben: Elli beschäftigen ähnliche Themen. Auch sie hat erkannt, dass diese, wenn sie nichts tun würde, sie den Rest ihres Lebens belasten werden. Freilich ist ihre Geschichte eine andere und deren Hintergründe ebenso individuell wie jene von Hannes und jedem anderen von uns. Das hindert die beiden aber nicht daran, ihre Themen gemeinsam aufzuarbeiten. Spaziergang in der Abendsonne ist das keiner. Für niemanden. Beide müssen investieren. Oft sprechen sie stundenlang miteinander über ihre Kindheit, die Erziehung, die Eltern, Erlebtes, zu kurz Gekommenes und Anderes. Nicht immer laufen diese Gespräche wie am Schnürchen. Sie sind vollgeladen mit Emotionen, entstehen aus dem Nichts und können rasch eskalieren. Es sind Gespräche, die in der Phase der Verliebtheit keinen Platz haben. Doch genau davon brauchen sie viel – und wenn man sich für Liebe entscheidet, erklärt man sich bereit, ihn zu schaffen. Gespräche wie diese sind anstrengend und intensiv. Man kann sie nicht erzwingen und nicht planen, weil die Zeit dafür die richtige sein muss. Durch Gespräche wie diese wächst man zusammen und baut eine Beziehung zueinander auf.

Liebe ist etwas Irrationales. Entgegen dem zuvor genannten Gesetz der Anziehung, wonach sich Gleiches und Gleiches anzieht, ziehen sich bekanntlich Gegensätze an. Beides mag seine Berechtigung haben. Zwar verbinden Elli und Hannes tiefsitzende Themen, in vielen Dingen könnten ihre Zugänge aber unterschiedlicher nicht sein.

Elli ist Medizinerin. In ihrer Arbeit gibt sie sich mit einem rein schulmedizinischen Zugang nicht zufrieden. Antworten, die ihr die Schulmedizin nicht zu geben vermag, sucht sie in der Esoterik, konkret in philosophischen oder spirituellen Traditionen und Praktiken, die sich mit der Erforschung von inneren

Erfahrungen und einer höheren Wahrheit befassen. In deren Mittelpunkt steht das Streben nach transzendentalem Wissen und spirituellem Wachstum jenseits von dem, was allgemein anerkannt sein mag. Krankheit entsteht ihrer Ansicht nach oft nicht von heute auf morgen, sondern als Resultat von unterdrückten Energien. Erst einmal ausgebrochen, kann die Medizin helfen. Hoffentlich. Um ihrer Ansicht nach aber langfristig gesund leben zu können, bedarf es eines tieferen Zugangs. So ist sie überzeugt, dass das Leben einem mit Krankheit sagen wolle, dass etwas falsch läuft und wir gegebenenfalls die gewählte Art zu leben adaptieren müssen.

Hannes ist Werber. Schon beim Gedanken an das gar nicht klar definierbare Thema der Esoterik stellen sich ihm die Nackenhaare auf. Er unterscheidet lediglich zwischen Medizin und Alternativmedizin. Medizin ist für ihn der Teil, der nachweislich wirkt. Alles andere, wo man entweder zeigen konnte, dass es nicht wirkt oder bei der Frage nach der Wirkung nicht genau hingesehen hat, entspricht seiner Auffassung von Alternativmedizin. Warum Menschen auf „Althergebrachtes" setzen, das aus früheren Zeiten stammt, in denen es ihnen fürchterlich gegangen sein muss und sie an medizinischen Banalitäten wie einem Loch im Zahn verstarben, kann er schwer nachvollziehen.

Durch Elli lernt er schrittweise zu verstehen, dass es etwa bei traditioneller chinesischer Medizin nicht primär um die Frage geht, ob etwas heilt oder nicht. Vielmehr geht es dabei um Ritual und Tradition. Beides vermittelt unweigerlich ein Gefühl von Halt, Stabilität und Sicherheit, was schon ausreichen kann, um mit einer Situation besser zurechtzukommen. Als Ärztin hat Elli mit Menschen in ausweglosen Situationen zu tun. Vor diesem Hintergrund kann das Gefühl von Halt und Sicherheit schnell zum Wichtigsten überhaupt werden. Ansichten, die Hannes als Hypochonder, für den eine Apotheke einem Feinkostladen gleichkommt, in dem Homöopathie nichts verloren hat, bisher so nicht kannte.

Eines Tages fragt Elli, ob er mit ihr ein Seminar besuchen wolle. Es trägt den Titel „Aura Verstehen“. Sie meint, es könne ihm dabei helfen, neue Erkenntnisse zu gewinnen und besser mit gewissen Erfahrungen umzugehen. Rein gar nichts kann er sich darunter vorstellen. So ist seine zunächst zynische Reaktion auch nicht verwunderlich. „Aura was? Hat das mit Yoga zu tun?“, fragt er belustigt. Mit Yoga kann er nämlich gar nichts anfangen. Einmal hat er es versucht. Danach konnte er sich drei Tage nicht bewegen und erst der Chiropraktiker konnte ihn wieder zurechtrücken. Die Gründe für seine skeptische Haltung zu dem Seminar sind vielseitig: Zum einen hat er mit esoterischen Themen bislang keine Berührungspunkte gehabt – und diese auch nie gesucht. Zum anderen handelt es sich nicht um irgendein Seminar, wo man gut isst und nach zwei Stunden Zuhören wieder geht. Nein. Dieses Seminar ist eigentlich ein Workshop – und der dauert nicht ein paar Stunden, sondern ein ganzes Jahr. Einmal pro Monat gibt es ein Präsenzwochenende, an dem man Samstag und Sonntag ab acht Uhr morgens den ganzen Tag anwesend sein muss. Für die verbleibenden Wochenenden gibt es reichlich Aufgabenstellungen, Übungen und Selbststudium. All das neben dem Job. Es verlangt den Teilnehmern also reichlich Ressourcen ab. Geld sowieso.

Hannes kratzt gerade an der Lebensmitte, was ihn zunehmend zur Überzeugung bringt, dass in seiner zweiten Lebenshälfte manches anders laufen sollte, als es in seiner ersten der Fall war. Allem voran möchte er das Leid loswerden, das er immer dann verspürt, wenn Leo seine Erwartungshaltung nicht zu erfüllen im Stande ist – was bei so ziemlich jeder Gelegenheit der Fall ist.

Er denkt viel darüber nach, ob das Problem dabei in seiner Erwartungshaltung liegen würde – oder doch in Leos Wahrnehmung seiner Rolle als Vater. Letzteres kann er nicht beeinflussen. Seine Erwartungshaltung schon. Damit scheint die einzig sinnvolle Marschrichtung vorgegeben – nämlich der Ansatz bei sich selbst. Tatsächlich würde er alles tun, um endlich ein für alle Mal mit diesem leidigen Thema, das ihn in so vielen Lebensbereichen ausbremst, abschließen zu können.

In der Psychologie gibt es das Region-Beta-Paradoxon. Es erklärt, dass wir Menschen uns manchmal schneller von belastenderen Erfahrungen erholen können als von weniger belastenden. Ein Beispiel, um zu veranschaulichen, wie wir belastendere Situationen besser für uns verwerten können als weniger belastende, ist eine zu überwindende Distanz. Nehmen wir an, wir haben einen drei Kilometer langen Weg vor uns. Wahrscheinlich werden wir entscheiden, diesen zu Fuß zurückzulegen. Haben wir aber einen zehn Kilometer langen Weg vor uns, nehmen wir das Auto. Das tun wir aber erst dann, wenn mit unserem Vorhaben eine bestimmte Belastungsschwelle überschritten wird. Diese ist notwendig, damit wir einen Handlungsschritt setzen – in dem Fall, das Auto zu nehmen. Bleibt der Leidensdruck aber unter einem gewissen Niveau beziehungsweise dieser Belastungsschwelle, entscheiden wir, nicht zu handeln – und stecken damit in der sogenannten Region-Beta fest.

Jetzt, zu Beginn seiner Lebensmitte, hat der Leidensdruck bei Hannes das Niveau des Erträglichen überschritten und so möchte er sich aus den Fängen dieser Region-Beta lösen. Die längste Zeit ist er einen Kompromiss mit der Situation eingegangen – immer in der Hoffnung, Leo würde sich vielleicht ändern. Ein Irrglaube, dem er erst so lange aufsitzen musste, damit er nunmehr handelt. Jetzt ist er bereit, dieser zu groß gewordenen Dauerbelastung die Aufmerksamkeit zu widmen, die sie braucht. Was auch immer er tun würde, es wäre allein für sich selbst. Doch wo sollte er beginnen?

Alles, was er hätte initiieren können, um mit Leo eine Besserung der Beziehung zu erreichen, war längst gescheitert. Anläufe startete er viele – doch alle blieben erfolglos. Nicht, weil Leo kein Interesse an einem Gespräch mit

Hannes gehabt hätte, sondern weil er sich nicht ausreichend Zeit dafür nehmen wollte oder immer darauf beharrte, die Rahmenbedingungen vorgeben zu müssen. Doch Hannes hatte erhofft, dass sein Vater einmal einen Schritt auf ihn zugehen würde. Es bleibt ihm also nur, bei sich selbst anzusetzen oder in die Klapse zu gehen. Letzteres kann er für sich ausschließen und Therapien hatte er bereits mehrere hinter sich. Das von Elli ins Spiel gebrachte Seminar ist damit ein neuer Anlauf, ein neuer Ansatz und eine neue Chance.

Anfangs noch mürrisch, gibt er also nach und willigt zunächst zum gemeinsamen Besuch des Informationsabends ein. Dort offenbart sich ihm ein Bild, das mit seinem bisherigen Lebenskonzept nicht wirklich korreliert. Von Äußerlichkeiten einmal abgesehen, bekommt er vieles zu hören: Nichts, was in die Tiefe geht, mehr einen Überblick über einige weitreichende Themenkreise, die in dem Jahr des Workshops angesprochen werden sollen – und auch, dass vereinzelte Themen bei den Teilnehmern zu inneren Krisen führen können – durch die Verlagerung von Inhalten aus dem Unterbewusstsein ins Bewusstsein. Auch auf die Aura wird eingegangen: Sie ist so etwas wie ein individuelles Energiefeld, das jeden Menschen umgibt. Wer erst einmal die Aura anderer Menschen wahrnehmen kann, dem sollen sich Informationen über deren Stimmung, Absichten oder Zustände offenbaren. Die eigene Aura, so außerdem die Information an dem Abend, könne man selbst beeinflussen. Ein effizientes Tool dazu soll das Aktivieren des „unhörbaren Tons“ sein. Den kann nur die Person selbst hören, die ihn zuvor aktiviert hat. Er soll dazu beitragen, dass man innerhalb von Sekunden präsenter, selbstbewusster und stärker auf sein Umfeld wirkt. Beruflich für Hannes sinnvoll – und jetzt möchte er herausfinden, ob das funktioniert und wie er es für sich nutzen kann.

Bereitwillig über all die für ihn eigenwilligen Gestalten, die er am Informationsabend kennenlernt und die ihn zum Teil die kommenden zwölf Monate begleiten werden, hinwegzusehen, und sich dem zu stellen, was der Workshop bringen würde, meldet er sich, gemeinsam mit Elli, an.

Wenige Wochen später ist Kick-off – das erste Intensivwochenende. Es ist Samstag, sieben Uhr früh. Der Wecker läutet. Um acht geht's los. Elli springt aus dem Bett und freut sich auf einen lehrreichen Tag mit interessanten Menschen. Hannes nicht. Er hat schon wieder vergessen, warum er sich für diesen Workshop entschieden hatte. Frühstück, wie die beiden es sonst immer am Wochenende zelebrieren, fällt heute aus. Kein Omelett, kein Brot mit Avocado und Tomaten. Gegessen wird stattdessen mit den Teilnehmern des Workshops. So sieht es die Agenda vor. Heute, am ersten Tag, soll das Frühstück dazu genutzt werden, dass sich die Teilnehmer einander vorstellen und kennenlernen. Zum Essen gibt es, was jeder mitbringt.

An der Adresse angekommen, trifft Hannes auf ein knappes Dutzend Personen, mit denen er wohl außerhalb dieses Workshops nie in Berührung gekommen wäre. Viele davon hatte er schon beim Informationsabend wahrgenommen – und sie innerlich belächelt. In den meisten Fällen ihrer außergewöhnlichen Erscheinung wegen. Doch nun gibt es kein Zurück. Gemeinsam mit ihnen wird er das bevorstehende Jahr daran arbeiten, sein Verständnis der Aura zu schärfen, um wichtige Erkenntnisse über Menschen, jene, die man eben nicht sehen kann, abzuleiten.

Geleitet wird der Workshop von Enno, einem Psychologen und Gruppentherapeuten, der schon den Informationsabend moderierte. Er begrüßt Elli und Hannes an der Türe der für den Workshop genutzten Praxis, einer charmanten Altbauwohnung. Er ist das, was Hannes auf den ersten Blick guten Gewissens als Menschen bezeichnen würde, der nicht bereit ist, sich dem Mainstream anzupassen, weil er entschieden hat, auf andere Art und Weise, als wie es die Gesellschaft von ihm erwarten würde, zu leben. Etwa ein naturbezogener Einsiedler, der in den Bergen lebt, sehr gebildet ist, aber nichts von Geld hält.

Er führt die beiden durch einen großen Raum mit einem Sesselkreis, dem späteren Seminarraum, nur um sie gleich dahinter durch eine kleine Türe in eine mit Menschen und Lebensmitteln förmlich überfüllte Küche zu bringen, in deren Mitte ein runder Tisch steht, auf dem bereits reichlich mitgebrachte Rouladen, Butterbrote und andere, mehrheitlich vegane, Zubereitungen stehen. Alle anderen Teilnehmer sind bereits da und arbeiten eifrig an der Verarbeitung der von ihnen mitgebrachten Lebensmittel. Reformhauscharakter.

Elli und Hannes haben nichts mitgebracht. Zwar wussten sie, dass das erwartet werden würde, doch sie hatten vergessen, etwas zu besorgen. Sehr zum Missfallen von Hannes. Ihn als Pedanten zu bezeichnen, würde wahrscheinlich über das Ziel hinausschießen, ein Ästhet mit einem sensiblen Gespür für Hygiene ist er aber allemal. Was Hannes irritiert, ist weniger die Küche als die Frisur von Lovis, einem jungen Mann, vielleicht Anfang zwanzig, der ihm unmittelbar nach seinem Eintritt in den Raum ein Butterbrot, das er kurz zuvor gestrichen hatte, reicht, ihn begrüßt und sich vorstellt, ehe er seine selbstgestrickte Wollmütze und das darunter befindliche, leicht verklebte, Haar zurechtrückt. „Ich heiße Lovis und komme aus Berlin“, sagt er. Heute früh ist er eigens für den Workshop mit dem Nachtbus angereist. Losfahren musste er also schon am Abend davor. Und weil er die ganze Nacht im Bus verbracht hatte, ist er jetzt müde. Nach Hannes widmet er sich Elli. Sie begrüßt er, im Unterschied zu ihm, mit einer herzlichen Umarmung.

Mit Lovis´ Butterbrot in der Hand wirft Hannes einen verdutzten Blick in Ellis Richtung, der vieles zu sagen versucht. Irgendwo zwischen „Meinst Du das ernst?“ und „Hol mich sofort hier raus!“ enthält er den Ausdruck wachsender Hilflosigkeit. Nur eine Sekunde später drängt sich Jona durch die enge Küche zu den beiden durch. Sie beginnt ihre Vorstellung wortlos und startet sofort mit einer Umarmung, die gleich beide gemeinsam erfasst. Erst nach einer, von Hannes gefühlten, Ewigkeit lässt sie locker, ehe sie tief einatmet, ihre Augen öffnet und sich vorstellt. „Ihr gehört zusammen, gell?“, fragt sie aufgeregt, was Elli prompt bestätigt. Jona studiert Kunstgeschichte und ist etwa im selben Alter wie Lovis. Gleich daneben steht Friedbert, der Älteste der Runde. Er hat eine stattliche Figur, trägt eine zu kurzgeratene naturfarbene Leinenhose mit Birkenstockschlapfen und im Gesicht einen langgewachsenen und mehrheitlich ergrauten Vollbart. Auch er startet mit einer Umarmung, diesmal bei Hannes, dem er dabei unaufgefordert sein zauseliges Barthaar an die Wange drückt. Lovis, Jona und Friedbert sind nur drei der insgesamt elf Teilnehmer, die ab sofort unter Ennos Anleitung mehr über die Macht der Aura und ihre unterbewussten Themen erfahren wollen.

Elli ist unvoreingenommen und fühlt sich in der Gruppe wohl. Das merkt Hannes mitunter daran, dass sie bei den Umarmungen die Augen schließt und sich vollends darauf einzulassen scheint.

Für ihn tut sie geradezu so, als ob sie das Fließen der Energie bei den Umarmungen spüren könne. Er kann das jedenfalls nicht. Würde er sie jetzt süffisant fragen, ob Friedberts Bart nicht so sehr kratzt, dass er den universellen Energiefluss stört, würde das bei ihr wohl nicht gut ankommen – bei den anderen wohl ebenso, weshalb er sich die Frage verkneift. Sich mit der Umgebung und den Anwesenden zurechtzufinden, fällt ihm eingangs schwer. So wird dieser Vormittag in dem Workshop für ihn zu einem Spießrutenlauf. Primär wegen seiner Voreingenommenheit gegenüber Menschen, die nicht seinem Ideal entsprechen. Resignieren tut er aber nicht. Immer und immer wieder ruft er sich in Erinnerung, dass er sich ja aktiv für die Teilnahme entschieden hatte, um seine Themen anzugehen – und dass er viel Geld dafür bezahlt hätte.

Schon gegen Mittag fallen erste Vorurteile - aus dem Spießrutenlauf wird langsam, aber sicher, eine Reise in für Hannes bislang unerschlossene Themenwelten. In der Mittagspause, in der das Essen neuerlich in der kleinen Küche gemeinsam zubereitet wird, kommt er Lovis, Jona, Friedbert und den anderen näher - sie werden immer mehr zu einer unerwarteten Quelle an Inspiration – weil sie einfach so ganz anders sind als Hannes. Was dieser am Morgen noch als Herausforderung wahrgenommen hatte, sieht er jetzt als Chance, wenngleich auch gerade das Essen für ihn im Vordergrund stehen mag. Beim Frühstück hatte er nur Kaffee – weil er es vorgezogen hatte, nichts von dem Essen, dass die anderen zubereitet hatten, zu sich zu nehmen. Während Elli sich ordentlich sattgegessen hatte, hat es ihn nicht angesprochen. Koffeinbedingt hoch ist am Mittag sein Puls und er freut sich auf das, was immer sich zur Nahrungsaufnahme anbieten würde. Lovis hat selbstgemachten Bulgur-Salat mitgebracht, mit kleingeschnittenen Tomaten, Paprika und Gurken – angemacht mit Zitronensaft und Bio-Olivenöl. Ein Schweinsbraten wäre ihm lieber – doch nur her mit dem Reformgericht.

Während des Essens gestaltet sich der Austausch mit den anderen dann schon richtig fließend. Mit ihnen und durch sie, stets unter der Beobachtung von Enno, werden binnen kürzester Zeit so viele Themen aufgerissen, die Hannes beschäftigen und denen er Bedeutung in seinem Vorhaben beimisst, dass es ihm keine Sekunde langweilig wird. Das erste Wochenende ist ungewohnt, verlief anfangs holprig, in Summe aber äußerst inspirierend – und so wird es zu einer großen Bereicherung.

Monat für Monat erforschen die Elf in Ennos Sesselkreis die Aura – und alles, was sie ausmacht. Sie sprechen über Dinge wie Energiefelder, Konnotationen oder Karma – und Übungen, die dabei helfen, all das besser wahrzunehmen. Im Laufe des Jahres kommen bei jedem Teilnehmer individuelle Themen zum Vorschein. Anfangs wird noch vermieden, dass diese in und vor der Gruppe angesprochen werden, doch schon bald entwickelt die Gruppe eine Eigendynamik mit einer soliden Vertrauensbasis, die letztlich dazu führt, dass alle Teilnehmer offen über ihre Themen sprechen.

Vielleicht hat Enno es genauso beabsichtigt. Er wird jedenfalls nicht müde, immer und immer wieder zu betonen, dass das wichtigste Gespräch, das jeder zu führen hat, das mit sich selbst ist. Man wacht damit auf, geht damit durch den Tag und legt sich abends damit ins Bett – nur logisch also, „dass wir irgendwann danach handeln", führt er aus – und, dass so viele Menschen sterben würden, nachdem sie hundert Jahre gelebt haben, ohne zu wissen, wer sie selbst sind.

Hannes lernt, den Dialog zwischen seinem „Ich" und seinem „Selbst" weiter zu intensivieren und zu optimieren. Dabei geht es nicht um „Organisatorisches". Sein „Ich" und sein „Selbst" verstehen sich blendend und stehen in laufendem Austausch. Es geht um „Inhaltliches" – also die Themen, welche diesen Dialog dominieren. Dazu muss er an mehreren Punkten ansetzen. Seinem permanenten Urteilen und Werten, und den weitreichenden Konsequenzen dieses Verhaltens, auf den Grund zu gehen, ist einer davon.

Es heißt, man solle über niemanden urteilen, bis man nicht an dessen Stelle gestanden hat. Doch irgendwann wurde schon einmal über jeden von uns geurteilt und jeder von uns war schon einmal Thema einer Diskussion und wurde dabei beurteilt, und war eventuell darüber verärgert oder fühlte sich verletzt.

Zu Beginn des Workshopjahres ist Hannes noch schnell mit seinen Urteilen. Besonders bei Lovis, Jona und Friedbert. Ihr Aussehen reicht ihm schon für ein Urteil, sein Urteil. Wie andere mit seinen Urteilen umgehen, ist ihm dabei noch egal. Jedenfalls, solange er nichts mit den Menschen anfangen kann.

Jetzt wird er mit der Wahrnehmung anderer über sich, und damit zwangsläufig auch mit Fremdurteilen, konfrontiert.

Das sensibilisiert ihn zunächst darüber, wie abwertend seine Urteile de facto sind – und schließlich, wie man am besten mit Verurteilungen umgeht: Erst tief Luft holen und verstehen, dass der Impuls, Menschen und Dinge zu beurteilen, universell ist und daher immer schon getan wurde und auch immer getan werden wird. Anschließend akzeptieren, dass das, was gesagt wurde, nichts mit einem selbst zu tun hat. Es gilt also, das Urteil zu depersonalisieren, weil die Meinung oder die Worte anderer einen nicht definieren. Ein interessanter Zugang, der ihm nicht nur dabei helfen wird, besser mit Ablehnung oder Zurückweisung, was auch für sein verringertes Selbstbewusstsein mitverantwortlich ist, umzugehen, sondern auch, mehr Selbstreflexion an den Tag zu legen, wenn er das nächste Mal über andere urteilen würde. Jene Urteile, die in dieser Gruppe über ihn gefällt und mit ihm geteilt werden, verwundern ihn – primär, weil es scheint, als könnten die anderen Teilnehmer wahrnehmen, was in ihm vorgeht. Diese wollen nämlich seine Oberflächlichkeit in seiner Aura erkennen.

Hannes war immer schnell darin, Urteile zu fällen. In Windeseile urteilte er über Dinge oder Personen genauso wie über Taten oder Prozesse, von denen er de facto keine Ahnung hatte. Wie so viele von uns hatte er zu jeder Scheiße immer sofort eine Meinung parat. Alles steckte er in Schubladen und jeder wurde in eine Kategorie gestopft. Schwarz oder weiß, hell oder dunkel, dafür oder dagegen. Dadurch schreitet die Spaltung unserer Gesellschaft unweigerlich voran. Obwohl er genau diesen Prozess verabscheut, hatte er ihn so lange unterstützt. Genau wie unsere Gesellschaft hatte es Hannes verlernt, Respekt vor dem anderen zu haben - vor anderen Menschen, deren Meinungen und Gedanken. Unterbewusst und unbeabsichtigt hat sich diese Respektlosigkeit in ihm manifestiert. Während dieser Prozess auf der Welt unweigerlich voranschreitet, wird er nun dafür sensibilisiert - und möchte dem in seinem Leben einen Schlussstrich ziehen. Ein unerwarteter, aber weitreichender Nebeneffekt des Workshops.

Es heißt, jene Menschen, die andere am meisten beurteilen, haben das geringste Selbstbewusstsein. Zudem, dass wir, wenn wir uns nicht bedingungslos selbst akzeptieren können, auch andere nicht akzeptieren können. Wir wären damit strikte Perfektionisten, die jede Chance nutzen, um andere zu verurteilen. Hannes ist seiner Mitte näher denn je. Über andere zu urteilen beziehungsweise diese zu bewerten, ist aber immer noch fester Bestandteil seiner Persönlichkeit. Jetzt lernt er, was dahintersteckt.

Kaum jemand wird gerne beurteilt. Trotzdem haben wir eine gewisse Tendenz dazu, Menschen in unserer Umgebung zu „typisieren". Egal ob unreif, faul, alternativ, egozentrisch oder sonst etwas. Selbst, wenn manche unserer Bewertungen einen Funken Wahrheit enthalten, so ist es allemal notwendig, sich in eine andere Person hineinzuversetzen. Das geht nicht in wenigen Augenblicken. Wir müssen versuchen zu verstehen, wie jemand anderer fühlt und was die Gründe dafür sind.

Hannes, der mit seinem geschwächten Selbstbewusstsein bisher gut und schnell im Urteilen war, hatte sich damit geholfen, sich selbst in eine kontrollierende, und damit bessere, Position zu versetzen. Aus dieser heraus war es für ihn leichter, sich zu verteidigen – auch dann, wenn er vielleicht gar nicht angegriffen wurde beziehungsweise sich vor einer anderen Meinung schützen wollte. Friedbert als veganer Naturliebhaber mit Holzschlapfen konnte ihm weniger anhaben als Friedbert, der tatsächlich Jurist und Eigentümer eines florierenden Betriebes ist. Friedbert ist beides. Hannes hatte aber entschieden, den für ihn unbequemen Teil der Wahrheit, der ihn in eine schwächere Position versetzen würde, durch sein Urteil abzuwerten und auszublenden.

Andere zu verurteilen ist immer leichter, als in sich selbst zu gehen, sich mit Bescheidenheit zu betrachten und gleichzeitig anderen Menschen Respekt zu zollen.

Als Friedberts Aussehen anfänglich noch die Emotionen von Hannes erregte, war Hannes – nüchtern betrachtet - der einzige Leidtragende. So sehr echauffierte er sich über dessen Bart – so sehr lehnte er ihn ab. Er konnte nicht verstehen, warum man sich nur so herrichten würde. Dabei ist das völlig unwichtig. Durch seine Bewertung, die Verurteilung und seinen Zorn, von dem Friedbert nichts mitbekommen hatte, schadete er nur sich selbst. Seine Gefühle wurden damit zu einer emotionalen Bestrafung, die er sich für das Wesen eines anderen gab. Obendrein völlig grundlos. Wie viel seiner kostbaren Energie hätte er im Laufe all der Jahre nur auf diese Weise verschwendet, anstatt sie in etwas zu kanalisieren, das ihn weiterbringen würde.

Seinerzeit in New York fühlte er sich auch deshalb so frei, weil er den Spotlight-Effekt überwinden konnte und erkannte, dass niemanden interessiert, wie er aussieht. Ihm war aber noch lange nicht egal, wie die anderen aussehen, die ihm bislang nie gänzlich egal waren. Demnach war er also nie so, wie die Menschen in New York, denen er so nacheiferte. Im Laufe der Wochenenden erkennt er das und lernt, wie er seine Gefühle für sich, in sich selbst, anpassen kann. Selbstreflexion wird zunehmend zur Tugend. Zu Beginn des Workshopjahres hatte er noch das Bedürfnis, sich selbst zu schützen. Jetzt versteht er, dass sein niedriger Selbstwert nichts anderes als das Resultat innerer Ängste ist.

Die Neurowissenschaft belegt, dass wir uns häufig irren, wenn es um den Ursprung unserer inneren Ängste geht. Wir meinen, dass Angst durch unsere Lebensumstände, unsere Jobs oder unsere Verantwortung verursacht wird. Wir tendieren dann dazu, alle uns zur Verfügung stehenden Ressourcen zu mobilisieren, um äußere Faktoren zu ändern. Diese äußeren Faktoren sind aber lediglich Auslöser unserer Ängste, nicht deren Quelle. Zwar können unsere Vergangenheit und unsere Genetik unsere Ängste beeinflussen, eine aktuelle Ursache dafür können sie aber nicht sein. Die Ursache unserer momentanen Angst entspringt der Art und Weise, wie wir mit Unsicherheit umgehen. Und diese Reaktion kann umprogrammiert werden. Einfach dürfte das allerdings nicht sein.

Bei Hannes erfolgt diese Umprogrammierung durch eine Reihe von Erkenntnissen, die er im Laufe des Workshops gewinnt. Die wahrscheinlich wichtigste für ihn ist die Notwendigkeit, an etwas zu glauben. An irgendetwas. Es geht darum, einen persönlichen Glaubenssatz zu entwickeln. Einen, der einen leitet und der in fordernden Situationen zur Hilfestellung wird. Wie auch immer wir unseren Glaubenssatz wählen: er verrät unglaublich viel über uns und unsere Herangehensweise. Glauben wir, dass man das eigene Schicksal wählen kann, werden wir grundanders handeln, als wenn wir glauben, dass wir das nicht können. Dann sind wir dazu gezwungen, in der Opferrolle zu verharren. Wahrscheinlich werden wir uns selbst bemitleiden und hoffen, dass sich äußere Umstände ändern, was wir dann, sollte es das der Fall sein, wahrscheinlich für das Werk einer hoheren Macht halten.

Apropos höhere Macht: Damit glauben wir ja schon an etwas. Es muss kein Gott sein. Einfach nur eine höhere Macht, die erschaffen hat, was ist. Immerhin ist jedes Bauwerk ein Beweis für dessen Erbauer und jedes Gemälde ein Beweis für dessen Maler. Ein Bauwerk kann sich ebenso wenig selbst erbauen, wie sich ein Gemälde selbst malen kann. Auch wenn der Erschaffer schon lange tot sein mag, wir haben das Erschaffte als Beweis für dessen Existenz. Die Schöpfung wird damit zum Beweis für den Schöpfer. Werden damit nicht Hunde, Katzen, Pflanzen, Bäume, Sonne und Mond, das Weltall, Früchte und die Jahreszeiten zum Beweis für einen Schöpfer, eine höhere Macht? Ein

Atheist glaubt an die wissenschaftliche Möglichkeit, dass das Nichts alles erschaffen hat. Wissenschaftlich wäre das doch unmöglich, oder? Soll doch jeder glauben, wovon er meint, dass es ihn weiterbringt.

Weitere Erkenntnis liefert Hannes die Theorie der universellen Energie. Das sogenannte Karma, das einen spirituellen Zusammenhang von Ursache und Wirkung beschreibt, besagt, dass jede physische und geistige Handlung Folgen hat, die auch erst im nächsten Leben eintreffen können. Möglich gemacht durch ebendiese Energie. Tod ist also nicht mehr gleich Tod. Anfangs fragte sich Hannes noch belustigt, ob die Weltbevölkerung deshalb so rasant steigen würde, weil so viele Bäume gerodet werden – und ob es sein könne, dass er selbst in seinem vorigen Leben ein männlicher Ameisenbaum im Amazonas war, der gefällt wurde - oder ein Gänseblümchen im Stadtpark, das unter dem Scheißhaufen einer Deutschen Dogge ersticken musste. Humorvoll, aber doch, beginnt er diese Theorie des freien Flusses von universeller Energie zu verinnerlichen. Statt „Auge um Auge und Zahn um Zahn“, eine seiner bisherigen Maximen, gewinnt die Ansicht Oberhand, dass, wenn man versucht, jemand anderem ohne Grund und ohne im Gegenzug etwas zu erwarten, hilft, die Macht des Universums ihren Weg findet, es einem zurückzugeben. Eben vielleicht nicht zwangsläufig in diesem Leben. Sein Vater Leo hätte demnach noch viel über das Vatersein zu lernen. Und weil er in diesem Leben ein gleichsam starres und egozentrisches Weltbild verkörpert, wird er vielleicht in seinem nächsten Leben an dieser Rolle wachsen.

Erkenntnis, auch über Wertschätzung und wie man sie erfahren kann, spielt mit ein. Enno stellt den Vergleich mit einer Flasche Wasser auf und erläutert, dass diese im Supermarkt einen Euro kosten würde. Im Fitness-Studio würde die gleiche Flasche Wasser drei Euro kosten, im Kino fünf Euro und am Flughafen sogar acht Euro. Daraus zieht er den Schluss, dass der Wert der Flasche mit dem Ort zu tun hat – und dass man den Ort wechseln müsse, so man an ihm keine Wertschätzung erfährt.

In diesen zwölf Monaten hat Hannes sich viel stärker entwickelt, als er selbst glauben kann. Was noch vor ihm liegt, gewinnt an Bedeutung gegenüber dem, was er schon erreicht hatte – weshalb es für ihn durchaus zur Herausforderung wird, sich selbst die Anerkennung zu zollen, die er verdient. Hier nimmt Elli, die zu seinem Felsen in der Brandung wird und ihn laufend auf seinem Weg bekräftigt, eine entscheidende Rolle ein. Der Workshop hat ihm gezeigt, dass Zufriedenheit nicht daherkommt, etwas zu haben oder nicht. Sie entspringt einzig aus der Beziehung zu sich selbst und den eigenen Anschauungen. Die Quintessenz des Jahres fasst er bei einem Abendessen mit Eva auf die Frage zusammen, was er von dem Workshop mitgenommen habe: „Heute bin ich fröhlich. Nicht weil alles gut ist, sondern weil ich erkannt habe, dass in allem Gutes steckt".

Was andere über ihn denken, tangiert ihn kaum noch. Die Frage, warum er ein Leben in der Erwartungshaltung anderer leben solle, bringt ihn unweigerlich zum Schluss, dass er sehr lange gebraucht hatte, um das zu erkennen. Das macht ihn egoistischer. Doch es ist kein schlechter Egoismus – es ist ein gesunder. Was ihn glücklich macht, muss, so es niemandem Schaden zufügt, für niemand anderen Sinn ergeben.

Glück, so denken die meisten von uns, ist ergebnisorientiert. Wenn wir etwas bekommen, dann sind wir glücklich. Wenn wir den Gipfel eines Berges erreichen, dann haben wir es geschafft. Das ist falsch. Denn wenn wir einmal auf dem Gipfel angekommen sind, sehen wir erst die tausend anderen, die wir dann erklimmen wollen. Freude sollte für uns eher eine Beschreibung des Prozesses sein, der notwendig ist, um an ein Ziel zu gelangen, als das Ergebnis dessen Erreichens. Der Gedanke, dass es eine Ziellinie gibt, lenkt uns lediglich von diesem Prozess ab, den es aber bedarf, um überhaupt dorthin zu kommen, und der das Leben so lebenswert macht.

Für Hannes war der Workshop ein solcher Prozess. Mit dem Ziel vor Augen, seine Wahrnehmung der Aura zu schärfen, ist er ihn angetreten, nichts ahnend, wie bereichernd der Weg dorthin werden würde – dank der Hilfe einer ganz wunderbaren und außergewöhnlichen Gruppe an Menschen, die er sonst in der Form wohl nie getroffen hätte.

Seine Anfangsintention, nämlich seinen unhörbaren Ton vor allem beruflich sinnvoll einsetzen zu können, kann er nur bedingt in die Tat umsetzen. Tatsächlich nutzt er den Ton, dessen Aktivierung und Konsequenz, aber viel häufiger, als er je geglaubt hätte – und zwar immer dann, wenn er sich dabei ertappt, einen Menschen zu bewerten oder zu beurteilen. Immer dann hilft ihm jetzt sein unhörbarer Ton, von alten Mustern, die ihn so viele Jahre begleitet und limitiert hatten, abzukommen und sich zu rekalibrieren.

Wie viele Türen blieben ihm durch diese Angewohnheit über all die Jahre schon verschlossen? Wie viele Chancen konnte er dadurch nicht wahrnehmen? Wie viele wunderbare Menschen hätte er treffen können, wenn er sich ihnen dadurch nicht verwehrt hätte und wo könnte er in seiner Lebensmitte nur schon stehen, wenn er das früher durchschaut hätte?

Eines Nachmittags, der Workshop ist längst abgeschlossen, setzt er sich an seinen Schreibtisch und beginnt, einen Brief an sein jüngeres Ich zu schreiben. Auf diese Idee, die bei der Verarbeitung von Dingen hilfreich sein kann, hatte ihn seinerzeit Enno gebracht. Und so schreibt er los.

Brief an Johnnie:

Lieber Johnnie,

Du bist gerade achtzehn und wirst bald mit der Schule fertig sein. Anschließend wirst du studieren. Du tust es, weil du dich an Menschen orientierst, von denen du glaubst, sie wären deine Freunde. Tatsächlich willst du nur sein wie sie. Du wirst eine prägende Zeit im Ausland, fern deiner Lieben und ganz allein auf dich gestellt, erleben, und dabei allem, was davor war, trotzen. Später wirst du einen kommunikativen Beruf ausüben und viel mit Menschen zu tun haben. Deine Angewohnheit, laufend über andere zu werten und zu urteilen, wird es dir unnötig schwer machen und dir viele ungeahnte Türen versperren.

Du wirst die „richtige" Frau kennenlernen und du wirst die richtige Frau kennenlernen. Du wirst Freunde treffen und Enttäuschungen verabschieden. Gute Tage werden dir sagen, dass das Leben wunderbar ist. Schlechte Tage werden dir sagen, dass man im Leben nie auslernt. Gute Menschen werden dir wertvolle Erinnerungen mitgeben, schlechte Menschen wertvolle Erkenntnisse.

Und eines Tages, in der Mitte deines Lebens, wird all das plötzlich Sinn für dich ergeben. Dann wirst du erkennen, dass es nichts zu bereuen gibt, weil nichts ohne Grund geschieht.

Deine Mama wird bei all deinen Taten bedingungslos hinter dir stehen. Wenn dein Papa könnte, würde er es ihr gleichtun. Es fehlt ihm an Empathie und Reflexion, weshalb er sich selbst dazu verdonnert, Zeit seines Lebens in seinem egozentrischen Weltbild zu verharren. Du wirst das eines Tages annehmen und ihm dafür danken. Du wirst daraus lernen, wie man es nicht macht. Dann wirst du wissen, wie es besser geht und Gelegenheit dazu bekommen, es zu beweisen.

Bis dahin wird dein Selbstbewusstsein schwach sein. Doch dann wird es wachsen. Plötzlich wirst du jene Menschen verlassen, die nicht in der Lage sind, deinen wahren Wert zu erkennen – und deine Zeit jenen Menschen widmen, die auf die Frage, wie es dir geht, eine ernstgemeinte Antwort erwarten.

Auf einmal wirst du verstehen, dass der Moment das Einzige ist, was du hast und schon im nächsten alles vorbei sein kann. Du wirst ihn leben und in ihm die kleinen Dinge schätzen – statt wie bisher nur die großen.

Du wirst erkennen, was dir alles von deiner Vergangenheit, deiner Erziehung, deinen Freunden und der Gesellschaft eingetrichtert wurde, und, dass all das nichts mit dir zu tun hat.

Dann wirst du sehen, wer du nicht bist und verstehen, dass du genug bist. Dass du immer schon genug warst und es auch immer sein wirst. Dass du pure Liebe bist. Dass du, wenn du seelisch reich bist, kaum Geld brauchst. Dass du, wenn du nichts willst, mächtiger bist, als wenn du nach allem strebst. Weil du alles hast.

Dann wirst du begreifen, warum das Leben an dem Punkt beginnt, an dem du deine Komfortzone verlässt – und die Quelle des einzig wahren Glücks in der Beziehung zu dir selbst finden und erfahren, dass man Glück nicht kaufen, ihm kaum begegnen, es jedoch erlernen kann.

Schließlich wird dir vor Augen geführt werden, dass eine Person, die zu einhundert Prozent hinter dir steht, die an dich glaubt und die gleichzeitig klarstellt, dass sie auch da sein wird, wenn du scheiterst, eine unglaubliche Bereicherung ist. Eine Person, die dich zu Neuem ermutigt und in der du den Mut und die Energie dazu finden wirst, die du zuvor vermisst hast. Eine, die da ist, wenn alles den Bach runtergeht.

Sie wird dir dabei helfen, deine Schmerzen von gestern in deine Stärken von morgen zu verwandeln. Dann wirst du in der Lage sein, angstfrei nach vorne zu schauen, dabei an dich zu glauben und dir treu zu werden. Und es wird großartig sein.

Hannes

7. Verbindung im Schweinestall

Eine in Österreich bevölkerungsrepräsentative Studie[6] im Auftrag einer Dating-App hat Anfang der 2020er Jahre die Kriterien hinter dem Erfolgsgeheimnis eines glücklichen Paares aufgezeigt. Die Spitzenreiter, nämlich ausreichend Zeit gemeinsam zu verbringen, miteinander umfassend zu kommunizieren und den Wunsch des Partners nach Freiraum zu respektieren, belegt auch der kanadische Psychologe und Autor Jordan Peterson.

Tun wir das mit einem Menschen, der uns ermutigt und voranbringt, zu dem wir ehrlich und aufrichtig sind und auf den wir uns in schwierigen Zeiten verlassen können, dann ist das eine solide Grundlage für eine nachhaltige Beziehung von Dauer. Sexualität spielt dabei ebenfalls eine Rolle. Laut Peterson verbringen Paare im Schnitt neunzig Minuten pro Woche damit. Wahre Intimität geht aber weit über die körperliche Komponente hinaus. Sie beinhaltet unter anderem, dass wir die eigenen Ängste, Unsicherheiten und Schwächen mit jemandem teilen, der dies auch von Herzen annimmt. Gelingt uns das, so ist das weitaus intimer als die ausgefallenste Sexpraktik eines Berliner Untergrundclubs. Es geht darum, zu wissen, dass unser Partner mit Einfühlungsvermögen und Verständnis beim eigenen Seelenstriptease zuhören wird. Nimmt er das, was dabei zum Vorschein kommt, an, ist das echte Intimität.

Es heißt, dass der richtige Partner jemand ist, mit dem man in den Krieg ziehen würde. Nicht nur das ist ein Indiz, dass eine nachhaltige Beziehung eine gemeinsame Anstrengung, Teamwork ist.

Elli und Hannes sind seit bald einem Jahr ein Team. So weit, so gut. Der Weisheit letzter Schluss, und damit Hannes' vollumfassende Überzeugung, dass

[6] Marketagent.com für Parship.at (9. - 14. Juni 2022, 1000 Österreicherinnen und Österreicher)

Elli die richtige Partnerin für ihn ist, basiert aber auf einer Erkenntnis, die tiefer geht als gutes Teamwork und die mehr erfordert als die Reaktion, die er hatte, als er ihr Bild das erste Mal sah, damals, auf seinem Sofa, an diesem Mittwochnachmittag. Auch mit den Schmetterlingen im Bauch, die er die ersten Monate stets verspürte, wenn er an sie dachte, hat sie nichts zu tun. Sie ist weit weniger romantisch als sie klingt. Es ist die Tatsache, dass er erst durch sie damit begonnen hat, zu hinterfragen, ob er den Menschen gut findet, zu dem er selbst wird, wenn er mit ihr zusammen ist. Zu wem er nämlich im Beisein einer anderen Person wird, offenbart ihm zunehmend den tatsächlichen Zustand und die Qualität der Beziehung.

Dabei ist es jedenfalls hilfreich, wenn man die eigenen Gefühle für jemanden von den Gefühlen, die jemand in einem weckt, zu trennen vermag. Dass Hannes auch dann Menschen als charismatisch und liebenswert empfinden kann, wenn er sich zeitgleich einsam, traurig oder ängstlich fühlt, zeigt der Blick auf seine Geschichte: In der Gegenwart von Sophia wurde er zu einer Art Möchtegern-Sugar-Daddy. Einem, der im Antlitz der nahenden Lebensmittekrise nervös wurde und der meinte, einer jüngeren Frau, und damit letztlich sich selbst, ständig die Vorzüge des eigenen Alters schmackhaft machen zu müssen. Davor war es ähnlich: Im Beisein von Doris beeinflussten ihn laufend seine damals noch tiefsitzenden Komplexe, die er sich einredete, weil er vermeintlich nicht so viel bieten konnte wie andere. Bei Freunden das Gleiche: Während Hannes in der Gegenwart von Philip entspannt und geerdet bleibt, setzte er sich im Beisein von Alexander stets unter Druck. Einmal, vor ein paar Jahren, als Johnnie und Alexander zum Abendessen in einem üppigen Restaurant verabredet waren, trug sich Folgendes zu: Alexander, als überzeugter Single, wollte kurzfristig eine Begleitung mitnehmen und motivierte Johnnie, Doris mitzunehmen. Dinner zu viert.

Alexanders Begleitung, mindestens ebenso üppig wie das von ihrem Gönner ausgesuchte Lokal - ausgestattet mit einem Gummipuppengesicht und einem

Revolvergestell gleich einer südschwedischen Profischwimmerin, trug dabei eine weiße Bluse mit einem doch sehr kurzen schwarzen Rock. Sie hatte wohl versucht, Stil zu beweisen. Ihr Name war Jennifer, sie sprach laut und auch nicht zu wenig – jedenfalls dann, wenn sie gefragt wurde. Was immer sie sagte, war mit einem dezenten Vorstadtdialekt unterlegt, den sie so eifrig zu verbergen versuchte, dass Hannes stets schmunzeln musste. Tatsächlich hatte Jennifer an dem Abend aber nur eine untergeordnete Rolle, die sich darauf beschränkte, dass Johnnies Blicke gelegentlich ihr einladendes Dekolleté kreuzten. Der Tisch war viereckig und sie saß ihm gegenüber. Herr Gott, er konnte ja schlecht über Stunden nur nach links oder rechts schauen. Das wiederum zog Verstimmungen mit Doris nach sich, die geradezu darauf wartete, Johnnie bei einem dieser Blicke zu erwischen. Wann immer das der Fall war, rammte sie ihm unter dem Tisch ihren spitzen Heel ins Schienbein. Autsch!

Doch es waren gewichtigere Probleme als Jennifers Dekolleté oder die blauen Flecken auf seinem Schienbein, die ihn an diesem Abend belasteten - Probleme gänzlich anderer Natur. Probleme, die nicht so klar ersichtlich waren wie die blauen Flecken auf Johnnies Bein. Hätte man sie dennoch sehen können, wäre ihr Anblick, im Gegensatz zu Jennifers Dekolleté, wohl eher verstörend gewesen. Es ging um inneren Stress, mit dem Johnnie zu kämpfen hatte. Auf der einen Seite war da die ohnehin schon angespannte Doris. Ihr, so dachte er jedenfalls, müsse er laufend beweisen, dass er ein toller Hecht wäre – stets begleitet von der Angst, dass Doris sich vielleicht für jemand anderen entscheiden würde. Jemanden, der mehr Geld hätte, ein Sixpack am Bauch, ein dickeres Auto – oder einfach nur eine größere Klappe. Auf der anderen Seite war Alexander – das Großmaul schlechthin, mit dem dicksten Auto am Parkplatz. Ein Spannungsfeld, in dem ein vernünftiger und reflektierter Mensch wohl kaum einen Abend verbringen wollen würde. Wie soll man in diesem Rahmen zu einem besseren Selbst werden?

Manche jener Aspekte, die dazu führten, dass Johnnie sich in einer solchen Situation wiederfindet, könnte man vielleicht seiner damals vorherrschenden postpubertären Naivität oder Lebenslage zuschreiben. Aber eben nur manche. Was bleibt, ist die Feststellung, dass er selbst in der Gegenwart der meisten anderen nicht so war, wie er gerne gewesen wäre: entspannt, authentisch und selbstbewusst. Stattdessen war er bemüht darin, eine Rolle zu erfüllen. Eine Rolle, die nicht seiner selbst entsprach, weshalb es einiger Anstrengung bedurfte, dieser, mehr oder weniger, gerecht zu werden. Einer Rolle, die er lediglich erfüllen wollte, um Anerkennung für etwas, das er nicht war, zu erfahren und Ablehnung für etwas, das er ebenfalls nicht war, zu vermeiden.

Bei Elli ist das anders. Mit ihr kann er ganz entspannt sein, ohne das Gefühl, irgendjemandem irgendetwas beweisen zu müssen. In ihrer Gegenwart empfindet er sich als liebevoll und fürsorglich im Umgang mit ihr. Damit wird sie nicht nur zu der Person, mit der er gemeinsam alt werden möchte, sondern auch zu der Person, in deren Gegenwart er ein Kind bleiben kann. Manchmal jedenfalls. So wird er durch sie mehr und mehr zu dem Mann, den er früher immer vor sich sah, wenn er an seine Zukunft dachte. Nein, nicht Nikolas van Orten aus dem Film The Game, sondern Bill Parrish aus Joe Black – wenn auch ohne Helikopter im Garten und Mark Rothko über seinem Sofa. Die inneren Werte zählen. Durch ihr Wesen und ihre Gesellschaft kann Hannes ein Stück weit mehr zu dem Menschen werden, nach dem er sich selbst gesehnt hatte.

Der Workshop, den die beiden im vergangenen Jahr besucht hatten, hat erheblich dazu beigetragen. Immerhin hatte er sich an diesen Wochenenden unterbewusst begonnen, mit Elli das Leben aufzubauen, von dem er insgeheim träumte - statt sich, wie bis davor noch üblich, an den Wochenenden von seinem eigenen zu erholen.

Das erkannt, bringt Hannes ein erhebliches Stück vorwärts in der Frage, wer die richtige Frau für ihn ist und was diese für Kriterien erfüllen muss. Den Rest der Überzeugungsarbeit erledigen Ellis körperliche Attribute, sein fortgeschrittenes Alter - und die Tatsache, dass er schon so vielen Beziehungen immer dann den Garaus gemacht hatte, wenn es darum ging, einen Schritt weiterzugehen.

Liebe bedarf keiner Worte. Daher halten wir es kurz.
Wir heiraten am 17. September.

Dieses besondere Ereignis möchten wir mit Euch verbringen.

Einen ganzen Tag und eine ganze Nacht wollen wir mit Euch essen, tanzen und feiern.

Elli & Hannes

Glaubt man dem Klischee, dann soll der Tag der Eheschließung einer der schönsten und glücklichsten im Leben überhaupt sein. Die konstant hohe Rate an Scheidungen zeichnet hingegen ein wohl ebenso entmutigendes Bild wie die Geschichte der Ehe selbst.

"Hîwa", ein germanisches Wort für "Heirat", bedeutete seinerzeit so viel wie Hausgemeinschaft. Die "Ehe" entstammt dem alt- oder mittelhochdeutschen "ewe" oder "ewa", dem "Gesetz". Die Ehe ist also eine Gemeinschaft, die einem Gesetz, und damit bestimmten Regeln folgt. Laut Evolutionsforschung herrschte am Anfang der Menschheit eine freie, ungeregelte Partnerwahl. Nach und nach bildete sich schließlich die Gruppenehe, dann die Polygamie, die Vielehe. Die Monogamie, also die Einehe, wie wir sie heute in den meisten Teilen der Erde kennen, wäre demnach die kulturell höchststehende rechtliche Verbindung zweier Menschen.
Bis ins frühe Mittelalter gab es in Europa verschiedene Eheformen: Die Munt-Ehe, bei der eine Frau von einem Schutzverhältnis in ein anderes wechselte –

meist von der eigenen Sippe in jene des Bräutigams, der dafür eine Ablöse, den „Brautpreis“ zu zahlen hatte. Im Gegenzug erhielt der Bräutigam die Vormundschaft über seine Frau. Aus dieser "Gegenleistung" wurde später eine Art Witwenversicherung. Munt bedeutete sowohl Schutz als auch Herrschaft. Die Frau hatte dabei nichts zu sagen. Die Sippen verhandelten, wobei im Vordergrund nicht selten politische, soziale oder wirtschaftliche Zielsetzungen standen.

Parallel gab es auch die weit weniger bindende und daher auch weit weniger absichernde Friedelehe. Dabei musste der Bräutigam zwar die Braut nach Hause führen und eine Morgengabe leisten, auf ein Trauungsritual wurde aber verzichtet. Für besonders Unentschlossene gab es noch die Kebsehe, bei der man gleich gänzlich auf Formalitäten verzichtete. Sie bestand zwischen einem Freien und einer Unfreien. „Kebse“ kommt in etwa einer Sklavin gleich - und ja, der Freie konnte seine Mägde nach seinem Willen jederzeit zum Geschlechtsverkehr zwingen oder auch heiraten.

Erst ab dem 10. Jahrhundert ging die Kirche zunehmend gegen die Kebsehe vor und es wurde nach und nach zur Gepflogenheit, bei Eheschließungen den kirchlichen Segen einzuholen. Die Kirche unterstützte die Monogamie und die Unauflöslichkeit der Ehe. So setzte sich allmählich die rechtlich bindende, sozial absichernde, auf Konsens beruhende monogame Ehe durch und der Grundstein dessen, was wir heute unter einer Ehe verstehen, wurde gelegt.
Der Evolutionstheoretiker und Naturforscher Charles Darwin soll im Alter von nur neunundzwanzig Jahren, Mitte des 19. Jahrhunderts, eine Liste mit den Vor- und Nachteilen einer Ehe angefertigt haben. Neben den Nachteilen, etwa, dass man weniger Geld zur Verfügung hätte und unter Umständen seine Freiheit einbüßen müsste, hob er unter anderem positiv hervor, dass man durch die Eheschließung dauerhaft Gesellschaft und im Alter einen Freund hätte. In Summe, so seine Einschätzung, sei die Ehe also eine gute

Sache. Dem kann Hannes nur zustimmen. Tatsächlich hat er in Elli einen Freund fürs Alter gefunden – doch mehr noch: einen Menschen, der ihm dabei hilft, selbst ein besserer zu werden. Zeit für Nägel mit Köpfen.

Ein außergewöhnlicher Rahmen, ein wunderschöner Ring und natürlich das Überraschungsmoment, das waren die Zutaten für sein Vorhaben - die große Frage. Die stellte er während einer Südostasienreise, nach einem Abendessen – zu Silvester. Jedes Detail hatte er im Vorfeld sorgfältig geplant: Das Restaurant, das Menü, die Musik, den Tisch – ja sogar den Sitzplatz - und natürlich den Ring, den er eine ganze Woche vor Elli verstecken musste. Sein Wert überstieg die obligatorischen drei Monatsgehälter – und weil Hannes zwar einen gutbezahlten Job, nicht aber genügend Geld auf der Seite hatte, musste eine Lösung her.

Rudi, sein Großvater, der Vater von Eva, war damals schon jenseits der neunzig - seinem hohen Alter zum Trotz aber fester Bestandteil im Leben von Elli und Hannes. Er ist der Inbegriff dessen, was man guten Gewissens als einen liebevollen Großvater bezeichnen kann: Klein, hat kaum noch Haare am Kopf über seinem rundlichen Gesicht und lebt seit Jahr und Tag, bald sechzig Jahre lang, in seinem kleinen Haus in der Vorstadt. Handwerklich ist er geschickt. Muss er sein, denn laufend fallen hier kleinere Reparaturarbeiten an. Sogar den Garten hält er weitestgehend selbst in Schuss, hat bis vor kurzem noch eigenhändig die Äste des alten Apfelbaumes gestutzt. Seit ein paar Sommern macht es Hanna. Sie ist seine Haushälterin und Pflegerin - und seit bald zehn Jahren ein nicht wegzudenkender Bestandteil in seinem Leben. Seine Frau, Helene, verstarb, als Hannes noch ein Baby war.
Rudi ist ein absoluter Ruhepol: stets ausgeglichen, würde er niemals darüber sprechen, wenn ihn etwas belastet. Elli und Hannes besuchen ihn regelmäßig. Dabei sitzen sie, meist im Beisein von Eva, Paul und natürlich Hanna, in dem verträumten Garten und lauschen den Vögeln, die sich um das großdimen-

sionierte Vogelhäuschen tummeln, das auf einem alten Baum aufgesetzt ist, der so schief steht, dass er aussieht, als würde er am Boden liegen. Manchmal, ganz selten, erzählt er dann ein paar Anekdoten aus seiner Jugend, einer Zeit, geprägt von Krieg und Elend. Stets andächtig hebt er selbst dabei immer das Positive hervor. Gelegentlich können sie ihn, nach dem Besuch am Ende des Nachmittags im Garten, noch überreden, mit ihnen Abendessen zu gehen – in ein Gasthaus ganz in seiner Nähe, wo man ihn seit Jahrzehnten kennt.

Es war ein solcher Besuch in dem Gasthaus an einem sommerlichen Sonntagnachmittag. Hannes holte ihn ab. Elli, Eva und Paul waren an diesem Tag verhindert, weshalb sie erst später direkt in das Gasthaus kamen. Rudi liebte diese Gasthausbesuche. Mehrere Tausend Male musste er schon in diesem einen, in das er seit jeher ging, gespeist haben. Über Jahre war es täglich. Zuletzt wurden die früher so häufigen Besuche aber seltener. Zwei Jahre schon konnte er nicht mehr Autofahren – und seither hat er nicht mehr viele Gelegenheiten, noch rauszukommen.

Als Hannes ihn abholte, nutzte er die Gelegenheit, die sich am Weg zum Essen unter vier Augen im Auto bot, um ihm von seinem Plan, sich mit Elli zu verloben, zu erzählen. „Großartig“, quittierte Rudi umgehend, der immer klar zeigte, wie sehr er Elli mochte. Anfangs zögerlich, aber schließlich zielstrebig bat er ihn um Hilfe beim Kauf des Ringes. Es sollte ein ganz Besonderer sein. Einer, den Elli immer in der Auslage eines kleinen Geschäfts bewunderte, wenn sie daran vorbeikam. Vielleicht mit einem Hintergedanken. Er war so ganz anders als die anderen. Unverzüglich erklärte sich Rudi bereit, mit einem Darlehen in benötigter Höhe auszuhelfen. Gesagt, getan. Und so wurde der Ring gekauft - was Elli nicht wusste, ehe er in dieser Silvesternacht in einem fernen Land von Hannes an ihren Finger gesteckt wurde, an dem er seither seinen festen Platz hat.

Hannes scheute keinen Aufwand, um sicherzustellen, dass bei der Verlobung alles nach Plan laufen würde. Ellis Beitrag hingegen war vergleichsweise bescheiden. „Ja" sollte sie halt sagen. Um diese Wahrscheinlichkeit zu maximieren, gab es beim Essen vor dem Antrag reichlich Alkohol. Welchen Einfluss dieser auf ihre Antwort hatte, wird sich zeigen – doch für den Abend war das Ziel erreicht.

Acht Monate ist die Verlobung jetzt her. Heute, am Vorabend der penibel geplanten Hochzeit, reisen sie an den Ort des Geschehens, dessen Kulisse ein malerisches Dorf inmitten der Salzburger Berglandschaft bildet. Es ist ein kleiner Ort mit nicht mehr als achthundert Einwohnern, den sie zuvor nur einmal besucht hatten. In dessen Mitte steht ein gutbürgerliches Gasthaus mit einem hochmotivierten Koch und sechzehn entzückend eingerichteten Zimmern. Gerade richtig für die engste Hochzeitsgesellschaft. Gleich daneben liegt ein Schweinestall aus dem 14. Jahrhundert. Es ist eine Scheune mit Steinboden und Heugattern an den Seiteninnenwänden. Davor liegt der idyllische Dorfplatz, an dessen Rand auch eine kleine Kirche steht. Angesetzt ist das Ereignis aber im Schweinestall.

Es ist sieben Uhr abends. Elli und Hannes hatten sich nach ihrer Ankunft zunächst frisch gemacht. Nun sitzen sie auf einem der zwei alten Bauerntische vor dem Gasthaus, welche direkt am Rande des stillen Dorfplatzes stehen. Sonst gibt es kein Lokal – nur einen alten Feinkostladen gegenüber, der mit Charme aus den 80er Jahren wirbt. Keine Autos, keine Menschen. Nur hie und da das Zwitschern eines Vogels, der sich aus den herumliegenden Wäldern auf den kleinen Dorfplatz verirrt hat. Noch ist es hell und die alten Pflastersteine sind von der Nachmittagssonne gut gewärmt. Ein Auto kommt an. Hinter dem Dorfwirt ist ein kleiner Parkplatz. Sehen kann man ihn vom Dorfplatz nicht, das Motorengeräusch von einem Jeep aber, in der sonst so idyllischen Stille, deutlich wahrnehmen. Es sind Eva und Paul. Nachdem auch sie zunächst kurz ihr Zimmer aufsuchten, setzen sie sich zu ihnen an den Tisch, wo auch Stephanie und Philip, die Trauzeugen von Hannes, sowie Christine und ihr Mann Andreas, die Trauzeugen von Elli, Platz genommen haben.

Stephanie ist, wenn auch erst zwei Jahre nach Hannes, ebenfalls zurück nach Wien gezogen – wenige Monate später dann aber nach Spanien, wo sie mit ihrer Familie lebt. Mit ihr hatte Hannes zuletzt nicht mehr so intensiven Kontakt, die gemeinsame Zeit in Amerika hat sie aber untrennbar miteinander verbunden – völlig unabhängig davon, wie oft sie sich sehen. Auch Philip verbringt die Wintermonate seit einigen Jahren im fernen Süden, wo er eine Freundin hat, die er seinerzeit auf einer Reise kennenlernte. Sie konnte leider nicht mitkommen. Für Hannes ist es daher umso mehr etwas Besonderes, dass die beiden sich bereiterklärt haben, seine Trauzeugen zu sein und dafür eigens die weite Reise in den kleinen Ort auf sich genommen haben.

Die Stimmung am Tisch ist ausgelassen. In der Mitte steht ein Betonkelch mit einer kalten Flasche Grünem Veltliner. Dazu gibt es für die Region übliche und unkomplizierte Spezialitäten wie Speck, Kartoffelkäs, Liptauer und reichlich Bauernbrot. Nach und nach kommen an diesem Abend die Gäste aus allen Himmelsrichtungen in den kleinen Ort und beziehen ihre Zimmer im einzigen Gasthaus am Platz. Trauzeugen, Verwandte, engste Freunde. All die anderen Hochzeitsgäste sind in einem rund fünfzehn Fahrminuten entfernten Hotel. Gewissheit darüber, ob sich dort auch wirklich alle einfinden würden, die zuvor zugesagt hatten, gibt es nicht. Manche hatten mündlich zugesagt, andere nutzten die, der Einladung beigelegten, Antwortkarte - und wieder andere haben ein Mail geschickt. Einige Gäste sollten aus dem Ausland anreisen. Manche von ihnen hatten schon vor einem halben Jahr, auf das erste „Save the Date“, zugesagt und dann gab es keinen Kontakt mehr. All das sorgt für eine nicht zu unterschätzende Ungewissheit beim Brautpaar. Die sechzehn Zimmer des kleinen Gasthauses jedenfalls füllen sich an diesem Abend, der knapp vor Mitternacht sein Ende nimmt.

Am Morgen des 17. Septembers meint es das Wetter gut mit der Hochzeitsgesellschaft. Die spätsommerliche Sonne steht in der Mitte des wolkenlosen Himmels über dem kleinen Dorfplatz. Die Luft ist gesättigt von den umliegenden Wäldern und Wiesen, Vögel geben ihr Zwitscherkonzert zum Besten - und hoch darüber kreist, geradezu majestätisch, ein Adler, der wohl in einem der Felsen der näheren Umgebung sein Nest hat. Langsam steigt die Temperatur der alten Pflastersteine auf dem Dorfplatz in der Vormittagssonne.

Im Zimmer des Brautpaares ist es unruhig. Die Feier ist für zwölf Uhr angesetzt. Viel Zeit bleibt nicht mehr. Hannes sitzt am Bett, wo er sich alles zurechtrichtet, was er braucht: Hemd, Manschettenknöpfe, Schuhe, Lodenjacke und Lederhose. Elli ist nicht da. Gleich, nachdem um acht Uhr der Wecker läutete, wurde sie von ihren Brautjungfern, die sie in einem anderen Zimmer für die Zeremonie vorbereiten, abgeholt. Frühstück hatten sie keines. Nach der Trauung ist eine Agape am Dorfplatz angesetzt, zu der es reichlich Spezereien geben wird.
Hannes ist fertig und wartet, aus Nervosität im Kreis gehend, auf Ellis Rückkehr. Es klopft an der Türe. Elli, endlich! Sie sieht einfach großartig aus. Das Kleid ist naturweiß, fast beige, schlicht und dezent. Es verzichtet auf Schnickschnack jeglicher Art - so wie es Hannes mag. Und Elli selbst - sie strahlt Hannes entgegen wie das pure Leben. Die beiden umarmen sich innig, ehe sie in ihrem Zimmer verschwinden. Es ist eine moderne helle Suite im Bauernstil. Sie besticht durch viel helles Holz und mit einer überdimensionalen freistehenden Badewanne, die auf einer Erhöhung hinter dem Schlafbereich steht und die durch eine Glaswand zum danebenliegenden Wohnraum abgrenzt, der mit einer großen Sitzgarnitur aufwartet, an der die beiden jetzt nebeneinander Platz nehmen. Durch die vielen Fenster, die meisten davon mit Blick

auf den idyllischen Dorfplatz, kommen helle Sonnenstrahlen, die auf dem Holzboden reflektieren. Aus den im Plafond verbauten Deckenboxen erklingen sanfte Jazzmelodien, eine Art Markenzeichen des Hauses, das den ganzen Tag und in allen Räumlichkeiten mit dieser musikalischen Untermalung besticht und was den beiden gefällt. Mit gegenseitigen Liebkosungen versuchen sie, sich zu beruhigen, was aber nur mäßig zu funktionieren scheint.

In wenigen Minuten schon sollen sie viele Menschen wiedersehen, die sie teils lange nicht gesehen hatten, manches Mal noch nicht einmal gehört. Die meisten Freunde von Elli leben in Österreich, hier aber quer durch alle Bundesländer verteilt. Neben vielen Wienern soll eine Freundin von Hannes aus Dubai anreisen, ein Freund aus Singapur, ein Pärchen hat sich aus Hamburg angekündigt, ein anderes aus Zürich, und gleich mehrere aus unterschiedlichen Teilen der USA, was Hannes' Zeit in New York geschuldet ist, aus der er noch immer einige Bekanntschaften pflegt, von denen aber viele längst anderswo um den Erdball, eben in Singapur oder Dubai, leben.

Auf dem Sofa sitzend, können beide gerade nicht glauben, dass all diese Menschen sich in wenigen Minuten in der kleinen Scheune gegenüber, die Platz für nicht mehr als hundertfünfzig Personen bietet, einfinden sollen. Sie wagen einen kurzen Blick aus dem Fenster. Auf der einen Seite steht die Scheune, auf der anderen der Feinkostladen. Sonst nichts. Kein Mensch zu sehen. Der Blick gleicht jenem auf einer Ansichtskarte: Stillleben eines Dorfplatzes. Einziges Anzeichen dafür, dass etwas im Gange sein dürfte, sind die auffallend dekorierten Stehtische auf den alten Pflastersteinen unmittelbar vor der Scheune, daneben ein paar sauber zurechtgestutzte und in Töpfen gepflanzte Jungbäume. Sie sind wohl als eine Art Abtrennung zum Dorfplatz gedacht, auf den sich aber ohnehin kein einziger Mensch verirrt.

Das Protokoll sieht vor, dass das Brautpaar, nur in Begleitung der Trauzeugen, die wenigen Meter vom Gasthaus hinüber zur Scheune geht. Selbst ihre Familien sind auf Wunsch von Elli und Hannes bereits weg. Es ist ruhig in den altehrwürdigen Mauern des Gasthauses, in dessen Erdgeschoß eine kleine Lounge liegt, die als Treffpunkt dient. Sie besteht aus einer ebenso großzügigen wie gemütlichen Sitzgruppe, die mit naturweißem Leinen überzogen ist. Daneben, in einer dicken alten und weißen Mauer, ist ein großer Kamin mit einem schmiedeeisernen Gitter davor.

Elli und Hannes verlassen ihre Suite Richtung Lounge. Im selben Moment kommen Christina und Andreas aus ihrem Zimmer, das am anderen Ende des Ganges liegt. In der weißen Sitzgarnitur warten Stephanie und Philip schon auf die anderen. Erst wenige Wochen zuvor, bei einer Vorbesprechung, hatten sich die Trauzeugen beider Seiten kennengelernt. Am Vorabend hatten sie Gelegenheit, daran anzuknüpfen. Nervosität hat sichtlich alle sechs erfasst. Der Chef des Hauses bringt noch ein Tablett mit Champagnerflöten. Ein letzter Drink. Tiefes Durchatmen.

Jetzt geht die Gruppe ihren kurzen Weg aus dem Gasthaus über den idyllischen Platz zu dem gegenüberliegenden Scheunengebäude. Aus der Nähe betrachtet sind die Stehtische vor der Scheune noch viel schöner als von oben aus dem Fenster. Auf ihnen stehen opulente Blumenstöcke. Etwas weiter abseits, hinter einem Tisch, bedeckt mit einem rotkarierten bodenlangen Tischtuch in traditioneller Bauernoptik, steht ein junger Mann in kurzer Lederhose und kariertem Hemd – offensichtlich jemand vom Personal, der zuwartend und freundlich zu der sich nähernden Gruppe blickt. Gespenstische Stille. Keine Menschen weit und breit. Autos sowieso nicht. Man könnte leicht glauben, dass gar niemand angereist sei – ja sogar, dass gar keine Hochzeit stattfinden würde.

Über dem ebenerdigen Eingang zur Scheune befindet sich ein kunstvoll geschnitzter Holzbalkon, der durch die Sonnenstrahlen vieler Sommer ausgegraut und in die Jahre gekommen ist. Verziert ist er mit üppiger Blumenpracht, dominiert von weißem Schleierkraut. Die Fensterläden sind grün und die nach oben spitze Fassade verfügt über reichlich Fassadenmalerei, die bäuerliche Gepflogenheiten vergangener Tage zeigt. Da und dort zudem eine alte Schnitzerei. Die vielen Jahrhunderte, die das Gebäude schon an diesem Platz steht, haben ihm eine gewisse Patina verpasst. Unter dieser verbirgt sich, als wäre es konserviert, ein aus ferner Vergangenheit in die Gegenwart überliefertes Haus, das wohl viele Geschichten zu erzählen hat – heute wird es eine mehr.

Vor dem alten grünen Holztor angekommen, witzelt Philip noch darüber, ob denn überhaupt jemand gekommen sei – aus gutem Grund: Über dem Eingang befindet sich eine kleine Oberlichte aus buntem Glas mit alten Bauernornamenten. Dahinter würde man rein gar nichts vermuten – jedenfalls nicht die Hundertschaft einer Hochzeitsgesellschaft. Es erscheint finster. Kein Licht, kein Ton. Das Gebäude wirkt wie innerlich hohl. Elli und Hannes werden mit jedem Schritt nervöser. Nun bringt sich Philip in Position, um den linken Türflügel zu öffnen - Stephanie tut es ihm auf der anderen Seite gleich. Er drückt die schwere schmiedeeiserne Schnalle des Tors hinunter und wirft noch einen kurzen Blick zu Hannes, Augenzwinkern und Zungenschnalzen, ehe er sich daran macht, das Tor synchron mit Stephanie zu öffnen.

Darin führt ein freistehender Gang bis zum gegenüberliegenden Ende der Scheune, wo ein uralter Tisch aus Stein steht. Er gleicht ein wenig einem kirchlichen Altar. In dessen Mitte ist eine weiße und mit altrosa Masche verzierte Hochzeitskerze platziert, dahinter eine kleine Standesbeamtin, die den beiden liebevoll entgegenblickt.

Entlang des freigebliebenen Ganges, welchen die beiden gleich Schritt für Schritt entlangschreiten werden, stehen Menschen in allerschönster Tracht, die gerade alle, über ihre Schultern, zurückblicken - dem Brautpaar entgegen. Jetzt betritt es den steinernen Fußboden der alten Scheune. So viele sind gekommen. Mit dem ersten Schritt durch das Tor erkennt Hannes erste Gesichter. Mit jedem davon verbindet er eine persönliche Geschichte – nicht immer eine rosige –, eine verbindende aber jedenfalls. Da ist eine frühere Studienkollegin, mit der er über all die Jahre Kontakt gehalten hatte. Dort eine Freundin, die vor vielen Jahren nach Dubai gezogen war. Gleich daneben steht Rudi, wie immer flankiert von Hanna. Dahinter erkennt Hannes Chris, der eigens aus New York gekommen ist und der ihn gerade strahlend anlächelt. Genau in diesem Moment überkommen ihn seine Gefühle. Der Moment ist überwältigend und er kämpft damit, nicht sofort in Freudentränen auszubrechen. Nur seinetwegen waren all diese wunderbaren Menschen an diesem Tag in diese Scheune gekommen - aus den unterschiedlichsten Ecken der Welt. Fest hält er Ellis Hand, versucht, souverän zu wirken. Schritt für Schritt gehen beide vorwärts in Richtung der Standesbeamtin.

An diesem Tag wird der alte Schweinestall, in dem die Zeit vor vielen hundert Jahren stehengeblieben zu sein scheint, für Elli und Hannes zum Mittelpunkt der Welt – dazu gemacht, nur für ein paar Momente lang, von all den Weggefährten, die für die beiden von Bedeutung sind und dafür gekommen waren.
Ein paar mussten absagen. Darunter auch Juri, der Schwanzlängenvergleichspraktikant aus Kasachstan. Mit ihm hatte Hannes ohnehin kaum noch Kontakt. Werte und Lebenswelten der beiden hatten längst nur mehr wenig gemein - und das spiegelte sich im Kontakt. Leo ist auch nicht da. Im Gegensatz zu Juri war er allerdings nicht eingeladen. Hannes hatte einen Freund, der auch Leo gut kennt, zuvor um dessen Meinung gefragt, ob beziehungsweise wie er Leo mit seiner Hochzeit vereinen solle. Schließlich hatte Hannes nur wenige positive Assoziationen und Kontakt gab es so gut wie keinen. Der

Freund erwiderte, dass, wenn auch nur die geringste Möglichkeit bestünde, dass Leo Hannes diesen Tag vermiesen würde, er ihn nicht einladen sollte. Ein Rat, den er befolgte.

Vorne, bei dem alten Altar angekommen, gehen Stephanie und Philip zu der Seite, wo sie gleich vor Eva und Paul Platz nehmen, Christina und Andreas auf die andere, wo bereits Ellis Eltern warten. Es folgt eine wunderschöne Trauung mit einem Paar, das sich mit dem Jawort zueinander bekennt - in guten und in schlechten Zeiten.

Einen ganzen Tag und eine ganze Nacht wurde ein rauschendes und unvergessliches Fest gefeiert. Egal woher die Gäste gekommen waren und egal in welcher Verbindung sie zum Brautpaar stehen: An diesem einen Tag war die Welt für Elli und Hannes so klein, dass sie in eine alte Scheune passte - irgendwo im Nirgendwo. Und diese hätten sie gegen keinen anderen Ort auf der Welt eingetauscht. Ein großartiges und unvergleichliches Gefühl, das Hannes nur dieses eine Mal in seinem Leben empfindet – und, dass er sich für die Ewigkeit in seinem Herzen bewahren wird. Rosen für den Winter, wie man sagt. Und dieser sollte nur wenige Wochen nach diesem Septemberwochenende mit frostigen Temperaturen über das Land ziehen – und mit ihm der sogenannte Alltag.

Zwischen Staubsauger und Wischmopp ist es leicht, die Liebe aus den Augen zu verlieren. Routine macht es de facto von selbst. Leise und unbemerkt schwindet die anfängliche Bedingungslosigkeit zueinander – so lange, bis sie plötzlich weg ist – wie von einem Moment auf den anderen. Schnell können dann, entgegen anfänglicher Eitelwonne, Misstrauen, Eifersucht, Seitensprünge und vieles mehr zu Familienzwist führen. Patentrezept dagegen gibt es keines. Die eigenen Prinzipien weise zu wählen und diesen treu zu bleiben, macht aber Sinn. Schließlich wird eine funktionierende Beziehung von zwei

Menschen, die zusammen sind, jeden Tag aufs Neue gestaltet. Beide Seiten haben Erwartungen aneinander, beide müssen laufend ineinander investieren. Was zählt, ist die Erkenntnis, dass man unterm Strich mit dem auserwählten Partner besser dasteht als ohne. Klingt unromantisch, bringt uns im Dialog mit uns selbst aber zu einer klaren Überzeugung. Und die kann in schwierigen Situationen rasch Hilfe bieten.

Es gilt, Vorstellungen und Ziele beider Seiten laufend miteinander zu synchronisieren. Das ist notwendig, um sich gegen äußere Einflüsse, die jede Verbindung in ungeahnter Weise treffen können, bestmöglich abzusichern. Kompromissbereitschaft ist Grundvoraussetzung.

Hannes´ oberstes Prinzip ist glasklar: Er hat sich bewusst und aus freien Stücken für diese Ehe entschieden. Die Tatsache, diese Entscheidung getroffen zu haben, ruft er sich immer wieder aufs Neue in Erinnerung - bevor es zu Diskussionen kommt. So agiert er anders, wenn es einmal fordernd wird - und zwar in Form einer verbindenden statt einer trennenden Argumentation.

Frustrierte Paare, bei denen die Harmonie im Ungleichgewicht ist und die vielleicht nur noch nebeneinanderher leben - sich nicht mehr viel zu sagen haben, kennt wahrscheinlich jeder von uns. Sich Anschweigen und nicht aufeinander zugehen, ist lähmendes Gift für Beziehungen. Kommt dann vielleicht noch der Gedanke dazu, dass sich ohnehin nichts mehr ändern würde: gute Nacht. Er ist deshalb so giftig, weil er Erwartungslosigkeit zementiert und Hoffnungslosigkeit verbreitet. Wenn sich sowieso nichts ändert – warum dann überhaupt mit dem Zusammensein weitermachen? Wirken kann das Gift aber letztlich erst dann, wenn wir es zulassen. Selbst dann, wenn sich wirklich nichts ändern sollte, haben wir immer noch die Option, uns selbst zu ändern. Überhaupt: Uns selbst, unsere Ansichten und Verhaltensweisen können wir immer ändern. Sogar dann, wenn alles andere in Stein gemeißelt scheint. Hannes´

bewusste Entscheidung für diese Verbindung (und dessen Abspeicherung in seinem Kopf) und sein reflektiertes Verhalten in fordernden Situationen haben zur Folge, dass diese auch tendenziell anders ausgehen. Besser.

So vieles ist jetzt anders als es vorher war. Als Hannes allein war, hatte er ein paar Freunde, die schon verheiratet waren. Wenig Erstrebenswertes hatte er damals an ihrer Situation gefunden. Jetzt, wo er verheiratet ist, hat er kaum noch Freunde, die allein sind. Blickt er auf die Umstände der Singles in seinem Freundeskreis, so erkennt er dabei heute nur mehr wenig, worum er sie noch beneiden würde. Es wirkt auf ihn, als würden in deren Leben einige der entscheidenden Inhalte fehlen. Party und mehr Zeit für sich selbst? Nichts, womit man ihn noch aus der Reserve locken könnte. Auch, weil die Singles unter seinen Freunden längst nicht mehr die körperliche und mentale Verfassung haben, um sich die Nächte um die Ohren zu hauen. Deshalb, so meint Hannes, sind es doch eigentlich nur mehr die Erinnerungen daran – die hat er aber allemal - und er möchte sie auch nicht missen. Gut, dass er die Zeit damals in vollen Zügen genossen hatte, als sie noch da war. Gut, dass er heute nicht davon getrieben ist, irgendetwas nachholen zu müssen, wie das bei vielen in seinem Alter, der Lebensmitte, der Fall zu sein scheint.

Egal, auf welcher Seite der Ehe wir stehen, wir tun uns mit der Zeit zunehmend schwer, uns in die Situation auf der jeweils anderen hineinzuversetzen. Seine Freundschaft zu Philip pflegt Hannes wie einen tausend Jahre alten Bonsai. Würde er das nicht tun, wäre die Wahrscheinlichkeit groß, dass sie auf Dauer nicht halten würde. Die Themenwelten zwischen Verheirateten und Unverheirateten bieten einfach wenig Überschneidungsflächen.

Hannes liebt Elli und alles, was er an ihr hat – mitunter auch deshalb, weil er ihr so viel zu verdanken hat. Trotzdem streiten sie – und durchaus heftig. Alle paar Wochen kommt es zu kleineren und größeren Eskalationen. Doch der entscheidende Punkt ist, dass die beiden verstehen, ihre Beziehung wieder einzufangen. Sie können das, weil sie es kultiviert haben, weil sie sich bewusst füreinander entschieden und die Gründe dafür nicht vergessen haben.

Als ihre Verbindung noch in ihren Kinderschuhen steckte, hatte Hannes gelegentlich den Eindruck, dass beide immer nur an ihm arbeiten würden, während Elli das vollendete Kunstwerk eines Menschen sei. Nach und nach hat er aber erkannt, dass ihre gemeinsamen Anstrengungen Elli nicht weniger beeinflussen und wachsen lassen, als sie das bei ihm tun. Ein gutes Gefühl, einen Menschen, den man liebt, beim Wachsen unterstützen zu können.

Der Alltag kann fordern. Exzessive Partynächte wie früher gibt es so gut wie nicht mehr, neue Menschen kommen nur mehr selten in das eigene System und Begegnungen wie jene mit Paris Hilton gehören ohnehin der Vergangenheit an. Jetzt muss alles mit dem Partner abgestimmt werden. Nur hin und wieder bleibt noch ein wenig Zeit für etwas Spontanität, die „Würze des Lebens".

Anders als früher bezieht Hannes diese Würze jetzt aus so vielen kleinen aber ganz wunderbaren Dingen: Elli, wie sie ihn morgens gleich nach dem Aufwachen fragt, ob er gut geschlafen habe, oder ihn abends an der Türschwelle begrüßt, wenn er nach Hause kommt. Oder das längst zur Tradition gewordene Frühstück am Samstag und wie sie dabei miteinander umgehen. Die gegenseitigen Anrufe, wann immer es die Zeit erlaubt – nur um sich kurz Hallo zu sagen. Kleinen Dinge wie diese sind zu großen geworden. Sie geben Halt.

Liebe findet uns nicht. Nach der Person suchen, mit der wir den Rest unseres Lebens verbringen wollen, ist kein Erfolgsrezept. Selbst zu der Person zu werden, mit der wir uns den Rest des Lebens vorstellen können, ein Ansatz. Denn erst dann werden wir die für uns richtigen Menschen anziehen.

Der Unterschied zwischen dem, was wir sind, und dem, was wir gerne wären, ist allein, was wir tun. Und dazu gehört, sich die Menschen, die wir an uns heranlassen, genau auszusuchen.

Auf dem Weg zu persönlichem Erfolg sind wir nie allein – es steht immer jemand hinter uns. Manchmal mag das nicht gleich erkennbar sein, doch Erfolg ist immer eine gemeinsame Anstrengung.

Als Lewis Hamilton 2017 zum vierten Mal Weltmeister wurde, sagte er: „Dies ist das beste Weltmeisterjahr von allen, weil wir gegen ein anderes Team gekämpft haben und auf dem Weg enorme Schwierigkeiten und Herausforderungen meistern mussten – dadurch ist es noch großartiger“. Er hat damit gewürdigt, dass er überhaupt erst durch ein Umfeld, das ihn entsprechend unterstützt hatte, einen solchen Erfolg einfahren konnte. Wäre Hannes ein Formel-1-Pilot, dann wäre Elli sein Team dahinter. Sie ist für ihn der Mensch, den er auf keinen Fall verlieren möchte.

> Einen Mann erkennt man, wenn seine Frau erkrankt.
> Eine Frau, wenn ihr Mann verarmt.
> Kinder erkennt man, wenn ihre Eltern alt werden und Geschwister, wenn das Erbe geteilt wird.
> Freunde erkennt man in der Not und wahre Liebe, wenn die Schmetterlinge schlafen.
> Gemeinsame Stunden voller Glück, pausenloses Lachen und unglaubliche Geschenke: Danke, dass Ihr ein Teil unseres Weges seid und diesen Septembertag für uns zu etwas gemacht habt, das wir nie vergessen werden.
>
> Elli & Jo

8. Tabula Rasa

Wenn wir zu Weihnachten „Driving Home for Christmas" im Autoradio hören, oder uns beim Frühjahrsputz im Keller zufällig ein Foto unserer ersten Liebe in die Hände fällt, dann überkommt uns sehr wahrscheinlich eine ungewöhnliche Sehnsucht nach dem, was einmal war, nicht mehr ist - und nie wieder sein wird. Situationen wie diese führen die meisten von uns gedanklich geradewegs in die eigene Kindheit. Was war das nicht für eine großartige Zeit, in der jeder Tag einer Ewigkeit gleichkam, sich die größte Sorge um Schokolade drehte und in der es immer eine Unendlichkeit bis zu den nächsten Ferien war. Zurück in der Gegenwart, passt wahrscheinlich alles, was wir uns aus dieser so prägenden Zeit bewahren konnten, in eine Kiste, verstaubt und klein, die wir irgendwo im Keller verstaut haben.

Dabei entscheiden die Erfahrungen, die wir in unserer Kindheit machen und wie wir aufwachsen, zu welchen Glaubenssätzen und Überzeugungen wir kommen, wie sich unser Selbstvertrauen entwickelt, wie wir uns selbst wahrnehmen und aus welchem Blickwinkel wir die Welt betrachten. „Das Kind in sich bewahren" ist viel mehr als nur eine Redewendung. Als Erwachsene jagen wir laufend irgendwelchen Sehnsüchten hinterher, von denen wir glauben, sie befriedigen zu müssen: mehr Gehalt, ein schnelleres Auto, eine Reise – immer irgendwas. Vor lauter Gier auf ein Ziel vergessen wir aber auf den Weg, der uns dorthin bringt. Für ein Kind hingegen ist der Weg vorrangig. So können schon wenige Meter mit einem Kind, etwa am Weg in den Kindergarten, morgens von der Haustüre bis zum Auto, zeitintensiv werden. Jede Blume, jedes Fahrrad, ja sogar jeden Kieselstein, einfach alles, finden Kinder interessant. Wo auch immer wir hinmüssten, allein wären wir mit Sicherheit schneller. Kinder aber bleiben stehen, schauen etwas an und wollen es entdecken. Wir stehen dann vielleicht ungeduldig daneben, schauen auf die Uhr und denken an unseren nächsten Termin.

Der Grund dafür ist eine unterschiedliche Auffassung darüber, was erstrebenswert ist. Erwachsene fokussieren das Ziel - Kinder nur den Moment. Was auch immer wir also mit Kindern tun, wir werden mehr Zeit dafür brauchen. Und vielleicht ist genau das der Punkt: Weil wir mit unserer Erziehung Kinder früher oder später um diese Gabe, den Moment zu leben, bringen, sodass sie als Erwachsene genauso ferngesteuert und gedanklich immer auf ein Ziel in der Zukunft fokussiert werden, wie die meisten von uns es längst sind.

Jo geht auf die fünfzig zu – und jedes Mal, wenn er ein Foto von seiner ersten Liebe sieht, fühlt er sich sofort in seine frühe Jugend zurückversetzt.

Einmal, zu Beginn eines neuen Schuljahres, bekam er einen neuen Biologielehrer. Er erinnert sich an die erste Biologiestunde mit Professor Meier. Dieser ist damals mit der ganzen Klasse in den Schulgarten gegangen, um dort einen Baum zu pflanzen. Es muss in der vierten Klasse gewesen sein. Am Lehrplan stand die Evolutionstheorie. Nachdem die Gruppe von etwa fünfundzwanzig Pubertierenden die kleine Birke auf der Wiese neben dem Sportplatz eingepflanzt hatte, bildete sie einen Kreis um den Baum und machte einen Regentanz unter der Regie von Professor Meier. Schließlich brauchte der Baum Wasser.

Ab diesem Tag war die kleine Birke der gepflanzte Baum der 4B. Es war ihr Baum und ab diesem Schuljahr wurde er für sie zum Bildnis dessen, wie etwas wachsen, gedeihen und sich entwickeln kann.

Selbst hatte Jo nie einen Baum gepflanzt. Er hatte einmal einen Kaktus. Den hatte ihm eine Freundin geschenkt – vielleicht, weil sie ihm damit etwas sagen wollte. Jedenfalls dauerte es nicht lange, und er ging ein. Ihm fehlte wohl die Pflege. Auch ein paar andere Zierpflanzen begleiteten ihn immer wieder auf Etappen seines Lebens, nur um dann bei einer Übersiedlung auf der Strecke zu bleiben oder an einem Platz zu landen, mit dem sie über kurz oder lang nicht zurechtkamen. Übersiedelt ist er oft. Erst mit Eva und Leo, später mit Eva und Peter – und schließlich allein. Leo hatte fürs Hausbauen nichts übrig. Peter hatte ein Haus, doch da konnte Eva nach dessen Ableben nicht bleiben. Als dann Paul in Evas Leben kam, war Johnny längst ausgezogen. Immer schon sehnte er sich nach einer gewissen Beständigkeit, etwas, das über lange Zeit konstant bleiben würde. Freunde, die seit Jahr und Tag in dem Haus wohnen, in dem schon ihre Großeltern wohnten, und in dem vielleicht eines Tages deren Kinder wohnen werden, beneidet er immer irgendwie. Zu gerne hätte er sein Nomadendasein dagegen getauscht!

Er hat erkannt, dass Elli gelegentlich mehr an ihn glaubt, als er es selbst tut – und das ist eines der wertvollsten Dinge, die wir im Leben für uns verbuchen können. Das Übrige erledigt in seinem Fall der Lebensabschnitt, die Lebensmitte, durch die er urplötzlich seine konstante Ablehnung gegenüber eigenen Kindern zu hinterfragen beginnt.
Immer hatte er ein Dutzend gute Gründe dagegen parat: Kinder schränken die Freiheit ein, kosten viel Geld oder sind schlicht nicht zu kontrollieren. Die Unbeständigkeit in seinem Leben führte nicht nur dazu, dass er sich nach Beständigkeit sehnte – er zog sie auch als Begründung dafür heran, eigene Kinder abzulehnen. Schließlich würden sie Beständigkeit brauchen. Wann immer die Frage nach eigenen Kindern aufzupoppen drohte, erstickte er sie schon im Keim.
Er wollte sich einfach nicht dieser Verantwortung stellen. Zu bequem war er dafür - und konnte nicht im Ansatz erahnen, was für eine Erfahrung es ist, eine Schwangerschaft begleiten zu dürfen, eine Geburt miterleben zu können, ein Kind heranwachsen zu sehen, Vorbild zu sein und einem kleinen Menschen etwas fürs Leben mitgeben zu können. Durch die Verbindung mit Elli hat er allmählich seine Meinung überdacht – und schließlich revidiert.

Es musste an einem Wochenende in Spanien passiert sein. Damals hatten Ellie und Jo ein paar Tage in Madrid verbracht. Es war ein Städtetrip übers Wochenende. Wenige Wochen später folgte die freudige Botschaft: Elli war schwanger. Jo wollte ein Kind bekommen, hatte sich bewusst dafür entschieden. Ganz wohl war ihm bei dieser Nachricht anfangs aber nicht. Unzählige Gespräche, jeden Tag aufs Neue, hatten die beiden darüber geführt, was es bedeuten würde, ein Menschenleben in die Welt zu setzen - ein eigenes Kind, aus dem eigenen Fleisch und Blut, welche Verantwortung damit einhergehen würde und welch Wunder die Geburt eines gesunden Kindes letztlich ist.

Die Entstehung eines neuen Menschen ist absolut faszinierend und unglaublich komplex – jedenfalls, nachdem der Penis in der Vagina war. Vom ersten Tag an sind alle körperlichen und funktionellen Reifungsprozesse im Embryo untrennbar verbunden. So beginnt das Herz nicht erst dann zu funktionieren, wenn es strukturell „fertig“ ist, sondern bereits während es sich noch bildet. Im dritten Schwangerschaftsmonat befindet sich ein Baby in einer starken Wachstumsphase. Die Gliedmaßen entwickeln sich. Zuerst werden aus den Armknospen Arme, dann entwickeln sich Handgelenke und Finger, dann werden die Beinknospen zu Oberschenkeln, dann folgen Unterschenkel und Füße. All diese Prozesse sind mit einer endlos langen Liste an Gefahren verbunden: Natürliche Fehlentwicklungen, Infektionen, Mängel, Medikamente und eine gefühlte Million anderer Dinge, die nachhaltigen Einfluss auf Schwangerschaftsverlauf und Gesundheit eines Ungeborenen nehmen können.

Eine Schwangerschaft, eine Geburt – und, dass all die komplexen Prozesse dahinter komplikationslos verlaufen würden, haben Elli und Jo keine Sekunde lang als selbstverständlich angenommen. Trotzdem sollte das Wunder in Ellis Bauch im dritten Monat ein Ende nehmen. Die Seele dieses kleinen Wesens hatte sich anders entschieden. Eine unerwartete Wendung, die beiden schwer zugesetzt hat, wenngleich sie unterschiedlich damit umgegangen sind: Elli wurde zutiefst emotional und beanspruchte viel Zeit, um diesen Abschied zu verarbeiten. Jo hingegen versuchte sich abzugrenzen und rational zu bleiben. „Wenn es sein soll", so meinte er, „werde alles gut werden" - und genau das wurde es auch.

Ein Jahr später, heute vor neun Monaten, wurde Elli erneut schwanger. Es ist ein sommerlicher Sonntag und wie so oft sitzen Elli und Jo bei Eva und Paul auf der Terrasse. Elli ist heiß, sehr heiß. Zum einen, weil es weit über dreißig Grad hat, zum anderen, weil sie hochschwanger ist. Der errechnete Geburtstermin liegt bereits zwei Tage zurück, weshalb sie heute Nachmittag, auf Anweisung ihres Arztes, einen „Cocktail" zu sich genommen hatte, der die Geburt einleiten soll. Doch bislang passierte nichts. Zwischenzeitig wurde es dunkel, die beiden sind müde geworden und treten gerade ihren Heimweg an. Als alle im Vorzimmer stehen, um sich zu verabschieden und noch ein paar letzte Worte miteinander austauschen, platzt die Fruchtblase.

Jetzt muss alles schnell gehen: Jo greift nach einer Tasche mit den wichtigsten Utensilien, die sie vorher zurechtgerichtet und die letzten Tage immer bei sich hatten, schnappt Elli und fährt mit ihr geradewegs ins wenige Minuten entfernte Spital. Dort werden sie bereits erwartet. Sturzgeburt. Keine fünfzig Minuten nach der Verabschiedung im elterlichen Vorzimmer sind die beiden zu dritt. Die Geburt verlief nicht ganz ohne Komplikationen. Stets ängstlich gegenüber der Vorstellung, bei einer blutreichen Angelegenheit wie einer Geburt dabei zu sein, entschied Jo, seine Ängste zu überwinden – und keine Sekunde von Ellis Seite zu weichen. Eine Möglichkeit wie diese bietet sich schließlich nicht alle Tage an und zudem graut ihm vor der Vorstellung, vielleicht irgendwann in die Verlegenheit zu kommen, seinem eigenen Kind erklären zu müssen, was bei der Geburt wichtiger gewesen wäre, als die Hand seiner Frau zu halten. Augen zu und durch. Immerhin steht die Bindung zu seinem Kind am Spiel, und die sollte besser werden als jene, die er zu seinem Vater hat – oder eben nicht hat. Die Tatsache vor Augen geführt, dass Leo seinerzeit entschied, bei der Geburt seines Sohnes nicht dabei zu sein, bringt Jo absolute Klarheit darüber, was er zu tun hat.

Elli und Jo liegen auf zwei zusammengeschobenen Spitalsbetten der Geburtenklinik. Zwischen ihnen ein frischgeborener Fleischklops, den beide schützend umarmen. Er atmet schnell, hat einen Schnuller, auf dem Name und Logo der Klinik abgedruckt sind, im Mund und schläft. Am Kopf trägt er eine Haube. Es ist zwei Uhr nachts. Wie anstrengend muss die Geburt für ihn, der noch keinen Namen hat, gewesen sein. Über seinem Gesicht flüstern die beiden frischgebackenen Eltern. Dabei geht es um so vieles, auch um Namen. Zwei Tage später kommen sie nach Hause – mit ihnen ihr Sohn. Er soll Avi heißen. Sein Name stammt aus dem Hebräischen und bedeutet so viel wie „mein Gott", was die Wertschätzung zum Ausdruck bringen soll, die beide dem Wunder ihres gesunden Sohnes entgegenbringen.

Altern ist ein Prozess, der mit der Geburt beginnt. Über all die Jahrzehnte seit seiner eigenen Kindheit hatte sich Jo so sehr darum bemüht, das Kind in sich zu bewahren. Plötzlich, scheinbar von jetzt auf gleich, hat er selbst eines. Diese neugewonnene Verantwortung ist, im Gegensatz zu allem, was er früher immer glaubte, alles andere als belastend. Da ist jetzt ein kleiner Mensch, der zu ihm aufschaut, der ihn anhimmelt und bewundert - ohne Grund und als wäre es das Selbstverständlichste auf der Welt. Natürlich: Er braucht ein Bett, einen Kinderwagen, Kleidung, Spielsachen und tausend andere Sachen – vor allem aber Aufmerksamkeit. Am liebsten ungeteilt, von Mama und Papa, und zwar rund um die Uhr. Eine völlig neue Situation für frischgebackene Eltern wie die beiden es jetzt sind. Doch diese Abhängigkeit, die ihr Baby jetzt von ihrer Fürsorge hat, dieses Gefühl, so dringend gebraucht zu werden, ist etwas Großartiges.

Nun, da er selbst Vater ist, gewinnt Jo allmählich eine neue Perspektive auf das Verhältnis zu seinem eigenen. Leo war zu vielem einfach nicht imstande - und zwar von Geburt an.

Trotzdem ist es Leos´ Verhalten, dem es zu verdanken ist, dass Jo jetzt weiß, wie wichtig seine Rolle als Vater ist. Nun hat er seine Chance, es anders zu machen. Nein, niemand hat gesagt, dass das einfach sein würde, doch gemeinsam meistern sie jeden Tag aufs Neue alles, was anfällt. Nichts stellen sie dem Wohl ihres Sohnes in den Weg – und der wächst und wächst, die Zeit vergeht schneller denn je.

Eines Tages, als Jo nach einem langen Tag nach Hause kommt, fängt Avi sofort an zu quengeln und ist mit scheinbar allem unzufrieden, was Jo tut oder nicht tut. Theater scheint vorprogrammiert – und Elli heizt es zusätzlich an, indem sie zynisch bemerkt, dass bis zum Eintreffen von Jo alles ganz ruhig gewesen wäre. Jo versteht die Welt nicht mehr. Doch dann erklärt ihm Elli einfühlsam, dass sie als Elternteile beide der sichere Hafen für ihren Sohn sind, und, dass er nur bei ihnen seine Gefühle, die er eben noch nicht kontrollieren kann, herauszulassen vermag. Damit möchte er nichts anderes als Bindung.

Jo wurde ebenso wenig als Vater geboren wie Elli als Mutter. Erst durch einen langsamen Reifungsprozess, der mit vielen Entscheidungsschritten einhergeht, wachsen beide in ihre Elternrolle hinein, wenngleich es Elli, die durch ihre biologische Funktionalität als Frau einen gewissen Startvorteil hat, leichter fällt, ihre menschlichen und sozialen Bedürfnisse damit in Einklang zu bringen. Jo steht vor größeren Herausforderungen – nicht zuletzt, weil er sich als Mann sehr stark über seinen Job identifiziert. In seiner Kindheit war noch ein gesellschaftliches Bild vorherrschend, das einen Mann stärker mit dem Auftrag assoziierte, einen tüchtigen Beruf auszuüben und damit ein nützliches

Mitglied der Gesellschaft zu werden, als das bei einer Frau der Fall war. Doch die Welt, in der Jo seinerzeit aufgewachsen ist, existiert nicht mehr.

Faktoren wie die Emanzipation und die Gleichstellung der Geschlechter haben seither das Gesellschaftsbild nachhaltig verändert. Trotzdem ist Jo einer jener Männer, für die der Beruf immer noch ein wesentlicher Aspekt seiner Identifikation ist. Damit wird es für ihn zur Herausforderung, seinen Beruf, seine Beziehung zu Elli und seinen Sohn Avi mit seiner Freizeit in Einklang zu bringen. Er weiß nur zu gut, dass er als Vater existenziell notwendig für eine gesunde seelische und soziale Entwicklung seines Sohnes ist – aus eigener Erfahrung. Belegen wird das aber auch durch die Väter- und die Säuglings- und Kleinkindforschung der letzten Jahrzehnte.

Einmal kurz abgelenkt und schon hat Avi seinen dritten Geburtstag. Wieder ist Sommer. Wieder sitzen Elli und Jo bei Eva und Paul auf der Terrasse. Rudi und Hanna sind auch gekommen. Genauso hatten sie es schon zu seinem ersten und auch seinem zweiten Geburtstag gemacht. Sie scherzen darüber, wie hier vor drei Jahren mit dem Platzen von Ellis Fruchtblase alles begonnen hatte und wie viel seitdem passiert ist. Auf dem Tisch steht eine angeschnittene Geburtstagstorte, daneben ein paar Spielsachen und eine Karte, die Elli und Jo jedes Jahr zum Geburtstag für ihren Sohn schreiben. Lesen, was sie darin geschrieben haben, kann er nicht - noch nicht. Doch eines Tages wird er es. Und dann sind die Gedanken, die seine Eltern an jedem seiner Geburtstage hatten, für ihn festgehalten. In der Karte, die Eva gerade aufmerksam liest, steht:

> Wir wünschen dir die Kraft, Herausforderungen mit Zuversicht zu begegnen und die Weisheit, deine Kämpfe sorgfältig zu wählen. Wir wünschen dir Abenteuer auf deiner Reise und, dass du immer wieder anhältst, um jemandem auf deinem Weg zu helfen. Höre auf dein

Herz und gehe Risiken vorsichtig ein. Vergiss bei all dem nie, wie sehr du geliebt wirst. Alles Gute zu deinem dritten Geburtstag!
Mama & Papa

Neben dem alten Holztisch auf der Terrasse, auf dem sich Paul gerade eifrig an den Resten der Torte vergeht, spielt Avi mit einem kleinen Stofftier. Es ist eine Qualle aus einer Zeichentrickserie, in der sich alles um einen Meeresschwamm dreht, der auf dem Boden des Ozeans wohnt – in einem Haus gleich neben der Qualle. Avi liebt diese Qualle, der er bereits einige Monate zuvor, als Jo sie ihm eines Abends mitbrachte, den Namen Teddy gegeben hatte. Sie hat große Augen, dicke Backen und vier Tentakel, auf denen sie geht. Er spielt gerade mit ihr, als wären beide in diesem Moment auf dem Meeresboden in einem emotionalen Dialog mit dem Nachbarn der Qualle, dem Schwamm. Ebenso fasziniert von seiner Entwicklung wie ehrfürchtig vor dem Wunder der Natur schauen dem kleinen Avi alle dabei zu. Es ist still – nur Paul kratzt mit einer Gabel den letzten Rest Schlagobers von seinem Teller.

Kinder haben die märchenhafte Gabe, sich in alles zu verwandeln, was immer sie gerade sein wollen. Ihre Fantasie kennt kaum Grenzen. Ganz anders als bei Erwachsenen. So ist der kleine Bub auf Evas Terrasse an seinem dritten Geburtstag gerade eine Qualle, die sich mit einem Schwamm unterhält – irgendwo am Meeresboden und in einer Sprache, die nur er und seine Freunde, die Tiere am Grund des Ozeans, verstehen.

Jo beobachtet ihn dabei und es dauert nicht lange, ehe er in Gedanken zurück in seine eigene, weit entfernte, Kindheit verfällt – fast so, als wäre Weihnachten und er hätte gerade „Driving Home for Christmas“ im Radio seines Autos gehört. Als er noch klein war, spielte er bevorzugt draußen, meist im Garten – oft einen ganzen Tag lang und mit anderen Kindern aus der Nachbarschaft. Die meisten wohnten in derselben Straße wie er. Serien aus Internet und

Smartphone gab es nicht – bestenfalls aus dem Fernsehen, und das nur zu einer bestimmten Uhrzeit. Hie und da einmal „Wickie und die starken Männer" war schon etwas Besonderes. Was er und seine Freunde draußen gemacht hatten, war ebenso spannend wie lustig. Mehr war nicht notwendig. Das Besondere daran war nämlich das Draußensein und, dass das Draußen allein dem kleinen Jo und seinen Freunden gehörte. Sie mussten es mit niemandem teilen. Was sie getan hatten, wurde von niemandem kontrolliert, niemand hatte es kritisiert oder gestört. Er und die Kinder aus der Nachbarschaft waren draußen glücklich und frei. Es war ihr Raum für Freiheit, für Unsinn und Kindereien, in dem sie ihre Grenzen selbst entdecken und gelegentlich überschreiten konnten. Standpauken inklusive. Eva gab sie regelmäßig zum Besten. Aber was Jo draußen erlebte, war es wert. Vieles davon hatte Eva nie erfahren. Der kleine Jo und die anderen Kinder behielten es für sich – in einer kleinen Gemeinschaft von Freunden aus der Nachbarschaft: als Geschichten, als Flüstern oder einfach nur als Geheimnis. Sie haben in Bäume geritzt, sich schmutzig gemacht und sind hingefallen. Sie haben sich wehgetan und Indianer gespielt, die keinen Schmerz kennen. Sie haben Wunden bekommen und waren stolz darauf. Bei alledem haben sie gelacht wie geweint - und waren dabei frei wie Vögel. Das Ganze irgendwo im Nirgendwo: An einem zauberhaften Ort, den man einfach nur „draußen" nannte und der allein Jo und den Kindern aus der Nachbarschaft zu gehören schien – genau wie die Magie dieser Tage.

Heute ist alles anders. Elli und Jo betreiben großen Aufwand, damit Avi kein Smombie, kein Smartphone-Zombie wird wie die meisten Kinder. Deshalb kennt er die Serie mit dem Schwamm und der Qualle eigentlich kaum. Nur einmal hatte er sie gesehen, worauf Jo die Stofftiere nach Hause brachte, um Avi damit vom Bewegtbild abzulenken.

Eines Tages hat Jo begonnen, Avi beim Einschlafen Geschichten über Teddy, seinen Nachbarn und die anderen Meeresbewohner zu erzählen – frei erfundene. Dabei hört sein kleiner Bub immer ganz aufgeregt zu, was Papa vom Meeresboden zu berichten hat. So bleibt die Zeit vor dem Bildschirm limitiert. Das ist nicht immer einfach, weil es Elli und Jo letztlich Zeit nimmt, die sie sonst für sich und ihre Beziehung zueinander hätten.

Doch was Avi braucht, sind nicht Smartphone oder Videos. Er braucht einen Vater, der seine Mutter liebt und mit ihm spielt. Zwar sagt man, dass Kinder, die nichts dürfen, später Erwachsene werden, die nichts können - aber folgen die Kinder nicht irgendwie primär irgendwelchen Idioten aus dem Internet, deren Eltern in ihrer Rolle als Idol versagen?

Elli und Jo jedenfalls beabsichtigen, Avi dabei zu fördern, sich mit sich selbst zu beschäftigen. Manchmal, wenn er genau das tut, schnappt er einfach alle Gegenstände, die gerade greifbar sind, und produziert nichts als Chaos. Was immer er sich dann in den Kopf gesetzt hat – er versucht es umzusetzen und auszudrücken. Elli und Jo erkennen den wunderbaren Prozess dahinter, weshalb sie dann darum bemüht sind, ihn dabei nicht zu unterbrechen, was für pedantische Ordnungsfanatiker wie die beiden rasch zur Herausforderung werden kann. Die unendlichen Weiten der Kindererziehung: ein Thema für sich.

Ganz plötzlich legt Avi seine Qualle zur Seite - der emotionale Dialog auf dem Meeresboden scheint beendet. Langsam steht er auf und geht zu Rudi, seinem Urgroßvater, der am Rande des Tisches sitzt. Mit größter Anstrengung stemmt er sich auf dessen Oberschenkel, auf dem er dank Hannas Hilfe, die gleich daneben sitzt, eine stabile Sitzposition findet. Rudi strahlt bis über beide Ohren. Ohne einen Ton von sich zu geben, schaut Avi jetzt in die kleinen runden Augen seines Urgroßvaters. Wieviel, fragt sich Jo, der das Geschehen von der anderen Seite des Tisches beobachtet und der in Gedanken noch immer in seiner eigenen Kindheit verweilt, mussten diese Augen schon gesehen haben – und wie schön muss diese Begegnung über vier Generationen für beide Seiten sein, auch wenn sein dreijähriger Sohn das heute noch nicht realisieren kann.

Dabei hatte Jo an diesem Tag ursprünglich andere Pläne. Er war müde, wollte sich von einer anstrengenden Woche erholen, zu Hause bleiben und da ein kleines Geburtstagsfest für Avi ausrichten. Eva und Elli drängten ihn schließlich, der über drei Jahre gewachsenen Tradition, den Geburtstag von Avi auf der Terrasse zu feiern, treu zu bleiben. Wenn Jo das nächste Mal zu Hause bleiben will, bloß, weil er die Nacht zuvor nicht gut geschlafen oder eine anstrengende Woche hinter sich hat, wird er sich in Erinnerung rufen, dass so ein - für ihn ganz normaler - Tag für seinen Sohn ein Tag voller Kindheit ist, den er vielleicht nie vergessen wird. Ein Tag ähnlich jenen, die der kleine Jo vor einer langen Zeit im „Draußen“ verbracht hatte und an die er sich noch heute erinnert, als wäre es gestern gewesen. Und dann war da noch dieser magische Moment, in dem Avi in die Augen seines Urgroßvaters blickte, und der sonst in der Form nicht stattgefunden hätte. Wie gut, dass dieser Tag genau so verlaufen ist.

Avi liebt seine Oma. Ihr Leben hatte schon in dem Moment, in dem sie ihn das erste Mal zu Gesicht bekam, einen neuen Sinn erfahren. Wahrscheinlich dachte sie, dass sie nie wieder so tief lieben würde. Sie überhäuft Avi mit Umarmungen und Küssen und ihre Liebe scheint grenzenlos. Wann immer Avi und Eva zusammen sind, ist jede Minute, die sie miteinander verbringen, kostbar. Nichts kann die Liebe einer Großmutter wie Eva ersetzen. Die Freude, die Avi ihr bereitet, scheint unbezahlbar. Jo weiß aus eigener Erfahrung, dass die Art, wie sie Avi zum Lächeln bringt und alles, was sie ihm beibringt, ihm immer in Erinnerung bleiben und er oft daran denken wird, wenn er einmal erwachsen ist.

Am Ende dieses wunderschönen Tages, zurück zu Hause und gerade dabei, ins Bett zu gehen, bemüht sich Elli darum, Avi die Zähne zu putzen. Wie sonst auch, sträubt er sich dagegen mit Händen und Füßen. Er liegt am Boden, schreit und klopft mit allen vier Gliedmaßen fest gegen das Sternparkett. Jo, der schon beim Aufstehen müde war und den Tag ja eigentlich zu Hause verbringen wollte, liegt bereits im Bett und reißt sich selbst am Riemen, bei diesem Anblick nicht die Geduld zu verlieren. Doch Lautsein ist keine Option. Wäre er laut zu Avi, wenn er abends ins Bett geht, würde er wohl nicht gut schlafen - und wäre er laut zu ihm, wenn er morgens aufsteht, hätte er wahrscheinlich keinen guten Tag. Es ist allein Jo, der den Ton bestimmt. Und der Ton, den er in Situationen wie diesen vorgibt, ist eben der Ton, den Avi eines Tages wiedergeben wird. Es ist der Ton unserer Eltern, den wir üblicherweise unser ganzes Leben als Maßstab heranziehen und der ein Teil unserer inneren Stimme wird. Damit im Kopf bleibt Jo an diesem Abend ruhig – wie sonst auch. Meistens jedenfalls. Ohnehin wird Avi ihn eines Tages durchschauen. Dann wird er verstehen, was Jo für ein Mensch ist, wie er andere behandelt, welche Prioritäten er setzt und welchen Aufwand er dafür betreibt. Dann wird er in Jo entweder einen Vater sehen, zu dem er aufschauen wird, oder jemanden, zu dem er nie werden will. Jo hat begriffen, dass er beobachtet wird - und, dass Avi zu dem Menschen wird, den er ihm vorlebt.

Es heißt, jedes Vater-Sohn-Verhältnis geht mit der Zeit durch drei entscheidende Phasen. In der ersten Phase ist der Vater ein Idol für seinen Sohn, in der zweiten Phase wird er von seinem Sohn verteufelt und in der dritten Phase wird er von seinem Sohn vermenschlicht – womit der Sohn schließlich anerkennt, dass der Vater nicht perfekt ist und dessen Fehler akzeptiert. Jo weiß, dass er nicht perfekt ist – und auch, warum sein Vater gewisse Fehler gemacht hat. Während er mit Avi in der ersten Phase steckt, hat er mit Leo längst die dritte hinter sich. In diesem Spannungsfeld denkt Jo oft über seine Familiengeschichte nach, was in ihm immer und immer wieder ein Gefühl von

Traurigkeit aufkommen lässt. So kommen auf jedes Mal, wenn Avi seinem Vater zu verstehen gibt, dass er ihn braucht, unzählige Male, bei denen es umgekehrt ist. Einmal war Jo beim stillen Beobachten von Avi so sehr gerührt, dass ihm eine Träne über seine Wange gerollt ist – und Avi hatte es bemerkt. Wie die meisten Kinder hat er ganz anders reagiert, als wir Erwachsene es in einer solchen Situation tun würden. Er hat nicht versucht, seinem Vater zu sagen, dass alles gut ist oder es schon nicht so schlimm sein wird. Nein, er hat sich wortlos zu ihm gesetzt und selbst zu weinen begonnen. Das brachte Jo zum Lachen.

Eine neue Woche beginnt. Montags läutet der Wecker nicht vor halb acht. Doch heute werden Elli und Jo früher aus dem Schlaf gerissen. Ein lautes „Papa" ertönt im völlig abgedunkelten Schlafzimmer. Jo öffnet langsam seine Augen. Wieder ein „Papa". Die Tonalität des Wortes lässt erahnen, dass nichts Schlimmes passiert sein dürfte. Das schlichte „Papa" klingt eher wie ein Fragendes. Es klingt, als wollte es sagen „Dreh doch bitte das Licht auf, ich kann nichts sehen und will zu Dir". Völlig verschlafen greift Jo zu seinem Nachttisch neben dem Bett, dreht das Licht auf und blickt in Ellis Richtung – sie ist auch gerade wach geworden und sieht ihn ebenfalls an. Zwischen ihnen steht der kleine Avi in seinem gelb-weiß-gestreiften Pyjama - der, in dem er die beiden immer an Biene Maja erinnert. Lachend schaut er seine Eltern an, umarmt sie und drückt beide fest an sich. Besonderen Grund für diese Liebkosungen scheint es keinen zu geben. Genau das ist für Jo der Beweis dafür, dass Kinder eine ganz außergewöhnlich gute Investition sind. Mit kleinen Gesten wie diesen gibt ihm Avi so unendlich viel mehr zurück als alles, was er investiert hatte. Er wird zu einer scheinbar unendlichen Quelle der bedingungslosen Freude und Liebe. Es sind Momente wie diese, die Jos Leben jetzt bereichern wie nie.

Avi will die beste Beziehung zu seinen Eltern, die er nur haben kann. Mit dieser Überzeugung ist er, wie wohl wir alle, als wir Kinder waren, auf die Welt gekommen. Unsere Eltern sind vom Moment der Geburt weg unsere wichtigsten Bezugspersonen. Sie sind für uns wichtiger als alle anderen Personen, die wir im Leben treffen können. Für Eltern bedeutet das im Gegenzug, dass sie die beste Beziehung zum eigenen Kind haben können, die sie jemals im Leben zu irgendjemandem haben können. Das ist das Angebot von Kindern an ihre Eltern und das ist das Angebot von Avi an Jo. Es liegt allein an ihm, das zu realisieren - trotz oder gerade wegen der so ganz anderen Erfahrungen, die er mit seinem Vater machte.

Und dennoch: Die größten Wunden, die wir erleiden, gehen so oft auf das Konto unserer Eltern. Nicht, weil sie zwangsläufig schlechte Eltern waren. Selbst wenn wir die besten Eltern der Welt hätten, würden wir in unserer Kindheit Wunden erleiden. Diese Wunden entwickeln sich dann weiter und wachsen. Oft wissen wir nicht einmal, dass wir sie haben. Bis wir erwachsen sind, haben sie sich dann aber manifestiert. So bilden die Erfahrungen unserer Kindheit schließlich die Blaupausen für unsere Einstellungen und Ansichten. Vaterwerden bedeutet auch, zum ersten Mal zwischen zwei Generationen zu stehen: Jener der eigenen Eltern und jener der eigenen Kinder. Die Macht, den Fluch der Generationen zu brechen, liegt spätestens dann allein in unseren Händen.

Die Kindheit der eigenen Kinder vergeht besonders schnell. Irgendwann werden sie selbstständig, beginnen herumzukrabbeln und fangen an, alles Mögliche zu tun, was sie vorher nicht getan haben. Eltern ziehen sich dann zurück. Jedes Mal, wenn ihr Kind einen Schritt vorwärts macht, machen sie vielleicht einen zurück. Vielleicht gehen sie immer schneller zurück, um ihr Kind beim Vorwärtsgehen anzuspornen. Oft geht es dabei gar nicht um das Kind, sondern darum, was es einmal werden könnte. Avi ist drei, er hat sein ganzes Leben noch vor sich. Immer wieder schaut Jo ihn ehrfürchtig an – nur um jedes Mal aufs Neue festzustellen, wie sehr er sich in nur wenigen Tagen verändert hat. Oft geht er abends, wenn Elli und Avi schlafen und er noch arbeitet, ins Kinderzimmer, das zwar noch nicht bewohnt ist, in dem aber alle Spielsachen untergebracht sind. Er schaut dann auf die vielen Bilder, die Avi im Kindergarten gemalt hat, die Laternen, die er gebastelt hat oder einfach nur die Abdrücke seiner Hände, die er zuvor in bunte Farbe tauchte, ehe er sie auf Papier drückte. Diese Momente der Stille spenden ihm unendliche Kraft – wenngleich sie ihm jedes Mal ein wenig das Herz brechen. Denn eines ist klar: Die winzigen Fingerabdrücke, die dort, wo kleine Kinder wohnen, auf fast jeder frisch geputzten Oberfläche ins Auge stechen, die im Haus verstreuten Spielsachen, die viele Schmutzwäsche und das Chaos, das es zu bewältigen gilt – all das wird nur allzu bald verschwinden. Und dann wird es zu einem Abschnitt unseres Lebens, ähnlich der eigenen Kindheit, der einmal war, nicht mehr ist – und auch nie wieder sein wird.

Die harte Ironie dabei ist, dass diese frühen Kindheitsjahre genau jene sind, an die wir uns später kaum erinnern werden – trotzdem sind es einzelne Momentaufnahmen aus ebendieser Zeit, die wir unser Leben lang mit uns tragen.

Avi steht körperlich am Anfang - geistig, mental und spirituell ebenso. Was könnte nur später einmal alles aus ihm werden und welche Momente aus dieser seiner frühen Kindheit sind es, die er sein Leben lang mit sich tragen wird? Der Blick in die Augen seines Urgroßvaters? Teddy und sein Gespräch mit den Bewohnern auf dem Meeresgrund an seinem dritten Geburtstag? Den Morgen, als er Elli und Jo aus dem Schlaf riss? Die Zeit wird es ihm zeigen.

Für pflichtbewusste Eltern wie Elli und Jo steht stets die Frage im Zentrum, wie wichtig das eigene Kind ist und wo die Prioritäten letztlich liegen. Eltern, die meinen, dass Arbeit, freilich jene, die über eine gewisse Basis hinausgeht, wichtiger ist, um sich etwa dieses oder jenes leisten zu können, haben jedes

Recht dazu. Einrichtungen, in denen sie ihre Kinder abgeben können, gibt es unzählige.

Dieses Abgeben tut Eltern aber normalerweise weh. Es bedurfte erst eines gesamtgesellschaftlichen Überredungskonstrukts, das viele Jahre höchstprofessionell gearbeitet hat, sodass dieses Abgeben zu einer Selbstverständlichkeit geworden ist.

Unsere Prioritäten müssen wir uns selbst zurechtrichten. Wenn wir aber Kinder haben, sollten wir daran denken, dass in etwa nur ein Viertel unserer Lebenszeit auf unsere Kindheit entfällt. Sobald Kinder volljährig sind, haben sie bereits die überwiegende Mehrheit jener Zeit, die sie im Laufe ihres Lebens mit ihren Eltern verbringen, hinter sich gebracht. Die Möglichkeit, Erinnerungen zu sammeln, sollten wir also nutzen, solange es möglich ist. Denn jedes Mal, wenn Avi seinem Papa abends vor dem Einschlafen „Gute Nacht" wünscht, ist es ein Abend weniger, der bleibt. Wie viele es noch sind, weiß Jo – und wissen wir alle – nicht. Es könnten noch 30 Jahre sein – oder nur zwei Wochen. Der einzige Tag, der sich zu zählen lohnt, ist der heutige.

Wird es vor diesem Hintergrund nicht auch bedeutungslos, ob wir zwanzig Jahre lang alles für einen Job geben und keinen Tag krank sind? Immerhin wird unser Arbeitgeber, wenn wir Morgen nicht mehr aufwachen sollten, umgehend ein Inserat für unsere Nachbesetzung schalten. Es wird nicht lange dauern, dann wird jemand anderer der Aufgabe nachgehen, die wir als so wahnsinnig wichtig gesehen haben – vielleicht sogar besser als wir. Unsere Familie wird sich dann wünschen, mehr Zeit mit uns verbracht zu haben, als das noch möglich war.

Hätte Jo nur vor der Geburt von Avi gewusst, was er jetzt weiß. Zum Beispiel, dass das Verhalten von Avi eine Sprache ist. Dass seine Handlungen ihm sagen, was er denkt oder fühlt. Dass er ihn niemals absichtlich mit seinem Quengeln ärgern will, dass seine bühnenreifen Schreianfälle nur bedeuten, dass er hungrig, traurig oder müde ist, und es noch nicht anders ausdrücken kann – und, dass er in Momenten wie diesen auf einen Papa angewiesen ist, der ihm dabei hilft, genau das zu lernen, dass Avi in so jungen Jahren nahezu alle paar Wochen einen gänzlich neuen Blick auf die Welt hat und dabei die meisten Dinge ganz anders sieht und beurteilt, als Jo das tut.

Jo ist einer jener Väter, die möchten, dass es seinem Sohn einmal besser geht als ihm selbst. Dabei geht es ihm aber nicht um Geld oder Materielles, wodurch Avi später bei Gelegenheiten wie dem Almrausch einen pompöseren Auftritt hätte. Es geht ihm vorrangig um mentale Stärke. Die hat ihm selbst stets Grenzen auferlegt – und die möchte er seinem Sohn nicht weitergeben. Wenn ein Mensch beginnt, das zu tun, wofür er sich berufen fühlt, und das auf Nachfrage stößt, entsteht Wohlstand. Nicht nur finanziell, sondern eben auch mental – und das absolut nachhaltig und auf allen Ebenen. Zu Geld kommen kann man auf so viele gänzlich unterschiedliche Arten. Doch wenn die Geldprobleme erst einmal gelöst sind, geht die Grundmotivation bei jenen Menschen verloren, deren Leben nur aus der Jagd nach Geld, Status und Ruhm besteht. Empfindet man keine Freude an der Sache per se, so ist es nicht die Sache, für die man da ist.

Status hatte für Jo, jedenfalls vor der Begegnung mit Elli und der Geburt von Avi, einen viel höheren Stellenwert als heute. Jetset-Johnnie kam schließlich nicht von irgendwo. Heute liegen seine Prioritäten mehr auf einem intakten Miteinander in seinem Familienkonstrukt als auf einem starken Auftritt in irgendeiner Almhütte.

Obwohl Avi noch klein ist, weiß Jo, dass die Zeit kommen wird, in der er sich am Ende eines Tages neben Elli hinsetzen wird – und dann wird es still sein.

Es wird kein Bad geben, keine Geschichten von Teddy, kein Windelnwechseln und kein „Gute Nacht Papa". Dann wird er schweigend mit Elli dasitzen, in einem Zuhause, das einst so sehr von Chaos erfüllt war - und es wird nur mehr still sein. Wenn Avi erst einmal erwachsen ist.

Der weltberühmte Psychiater Viktor Frankl meint, dass Ängste nur durch Konfrontation bewältigt werden können. Jo hatte Angst vor der Verantwortung, eigene Kinder zu bekommen. Mit Avi hat er sich dieser Angst gestellt und alle Ängste lösten sich in Luft auf. Sicher: Kleine Kinder, kleine Sorgen, große Kinder, große Sorgen. Wenn Kinder älter werden, werden die Dinge nicht einfacher. Aber eben auch nicht zwangsläufig schwieriger – eben einfach anders. Solange sie Babys sind, machen wir uns Sorgen, dass sie irgendwo herunterpurzeln könnten. Wenn sie dann Kleinkinder sind, haben wir Angst, sie könnten irgendwo herunterfallen. Wenn sie erst Teenager sind, werden wir fürchten, dass sie irgendwo herunterspringen könnten und wenn sie dann den Führerschein haben, könnten sie irgendwo hineinfahren. Kinder bedeuten Sorgen – wohl für den Rest des Lebens. Und das ist nur ein Aspekt des Elternseins.

Laut Wikipedia steht Unschuld für den Zustand eines unbefangenen beziehungsweise unwissenden Menschen, der moralisch nicht als schuldig betrachtet oder der juristisch für schuldunfähig erklärt werden kann. Ein leeres Blatt, eine unbeschriebene Tafel, die erst mit dem Zutun der Erziehung, der Gesellschaft und anderer äußerer Faktoren langsam, aber sicher, eine gewisse Verantwortung nach sich zieht. Jo ist mit dem Vorsatz seine Vaterrolle angetreten, all jene Dinge anders zu machen, die er bei seinen Eltern kritisierte. Fehlerlos wird er aber nicht sein. Er wird andere Fehler machen. Das ist nur menschlich.

Wir sind sicherlich nicht dafür verantwortlich, wie unsere Eltern uns erzogen und welche Prioritäten sie dabei gesetzt haben. Was aber in unserer Kindheit vielleicht nicht so gut gelaufen ist, bei unseren eigenen Kindern in Ordnung zu bringen und die liebenden Elternteile zu sein, die wir als Kinder gebraucht hätten, ist unsere menschlichste Verpflichtung. Tabula rasa.

9. Gute Aussichten

So lange haben wir in unserer Kindheit darauf gewartet, erwachsen zu werden. Endlich mit dem Auto fahren, offiziell den neuesten Actionfilm anschauen oder völlig legal in einer Spelunke unseren ersten Schnaps bestellen. Endlich mündig. Endlich frei. Und kaum sind wir es dann, sehnen wir uns nach allem, was wir mit der Kindheit für immer verloren haben. Dann geben wir in der ersten Lebenshälfte für die absurdesten Dinge Geld aus und setzen unsere Gesundheit aufs Spiel, nur um in der zweiten Lebenshälfte alles dafür zu tun, sie wiederzuerlangen. Aus Angst vor der Zukunft vergessen wir auf die Gegenwart - und bei alldem leben viele, als würden sie nie sterben, nur um letztlich zu sterben, als hätten sie nie gelebt.

Manchmal passieren Dinge in unserem Leben, von denen wir dachten, wir würden sie verkraften, wir würden sie aushalten, weil wir genügend Zeit gehabt hätten, um uns darauf vorzubereiten. Weil es zu erwarten war. Doch manchmal reicht keine Zeit der Welt, um sich auf etwas vorzubereiten. Egal, was wir machen, wieviel Zeit wir investieren und wie sehr wir uns damit auseinandersetzen: Es kommt und trifft uns dort, wo es wirklich weh tut. Tief im Herzen.

Andächtig betritt Jo die Aufbahrungshalle am Eingang des Friedhofes. Schwarzer Anzug, schwarze Krawatte und schwarzer Mantel. Neben ihm Elli, deren Hand er nicht weniger festhält, als er es seinerzeit bei ihrer Hochzeit und dem Einzug in den alten Schweinestall getan hat. Auch diesmal kämpft er mit seinen Gefühlen, versucht die Kontrolle über sie nicht zu verlieren – damit er nicht in Tränen ausbricht, wenngleich der Anlass diesmal ein weniger erfreulicher ist.

Viele Beerdigungen hatte er noch nicht besucht. Nicht unbedingt, weil in den letzten Jahrzehnten niemand aus seinem Bekanntenkreis verstorben war. Mehr deshalb, weil er für den Besuch solcher Anlässe immer gute Entschuldigungen hatte. Diesmal kann er sich mit keiner Entschuldigung entziehen. Will er auch nicht. Es ist ihm sogar ein Anliegen, dabei zu sein, Abschied zu nehmen und danke zu sagen – zu einem Menschen, dessen Gesellschaft er in den letzten Jahren erst richtig zu schätzen gelernt hatte.

Zeit seines Lebens war Rudi ein bekennender Optimist. Mit ihm konnte man hervorragend über die schönen Dinge des Lebens sprechen. Reisen in ferne Länder, die Liebe und das weibliche Geschlecht sowie allerlei witzige Anekdoten aus nahezu allen Bereichen des Lebens. Zu so gut wie jedem Thema hatte er immer eine gute Geschichte parat, die er stets mit Humor zum Besten zu geben verstand. Doch wurden die Themen einmal ernst, verstummte seine Stimme. Unangenehme Themen nicht breitzureden – ja, erst gar nicht darüber zu reden, hatte er gut verstanden. Jedenfalls nicht mit Eva, Paul, Elli oder Jo. Vielleicht mit Hanna. Vielleicht auch nicht. Vielleicht war das sein Geheimnis, bis ins hohe Alter gesund und munter zu bleiben. Vielleicht auch nicht.

In zwei Jahren hätte er seinen hundertsten Geburtstag gefeiert. Bis vor wenigen Monaten war er noch so fit, wie wir es in diesem Alter wohl alle gerne wären. Gemeinsam mit Hanna, seiner guten Fee, hatte er bis zuletzt den Garten rund um das kleine Haus in der Vorstadt in Schuss gehalten. Erst in den letzten Wochen, in denen ihn die Kraft zunehmend verlassen hatte, nahm die Vegetation rund um das kleine Haus wieder ihren Einzug. Es ist nicht lange her, da ist er in seinem Wohnzimmer gestürzt. Für einen jungen Menschen wäre das bestenfalls ein Stolperer gewesen. Nicht für ihn. So hatte sich sein Zustand verschlechtert. Bald schon war er ans Bett gebunden – und seine letzten Wochen zusätzlich an eine 24-Stunden-Pflege, die zu einem guten Teil von Hanna übernommen wurde. Zusätzlich kam jeden Tag eine Hilfe ins Haus, die aber nie länger als ein oder zwei Stunden blieb. Jetzt ist der Vater von Eva, der Großvater von Jo und der Urgroßvater von Avi tot.

Heute ist der Tag, an dem Eva ihn zu Grabe trägt. Damit verliert sie, nachdem ihre Mutter schon viele Jahre zuvor verstorben war, den letzten Menschen auf der Welt, der sehen wollte, wie sie zu etwas Besserem wird, als er es je war. Das ist die traurige Wahrheit, die uns ereilt, wenn wir unsere Eltern beerdigen. Eva hatte Zeit, sich darauf einzustellen, sich in gewisser Weise vorzubereiten. Doch so absehbar Rudis Ableben auch war, leichter macht es das nicht.

Vielleicht hatte sich Eva deshalb mit der Bitte an Jo gewandt, an diesem Tag bei Rudis Beerdigung ein paar Worte zu sagen. Es sollte nicht viel sein. Nichts großartig Vorbereitetes und schon gar nichts Theatralisches. Einfach nur ein paar nette Worte darüber, was das Leben ihres nun verstorbenen Vaters so auszeichnete. Jo war anfangs überrascht von dieser Bitte, zögerte aber letztlich keine Sekunde, diesem Wunsch nachzukommen.
Der kleine Spickzettel, den er mit ein paar Stichworten versehen und für den heutigen Tag in die Brusttasche seines Sakkos gesteckt hatte, ist voll von unlesbaren Schmierereien. Zwar hatte er genügend Zeit, sich vorzubereiten, schlüssig darüber, wie er dieses Vorhaben anlegen sollte, war er aber nicht. Erst wollte er es mit Humor machen, was wohl im Sinne von Rudi gewesen wäre, dann wieder ernst, nur um es dann wieder mit Witz zu versehen. Jetzt rückt der Moment, in dem der kleine Schmierzettel zum Einsatz kommen soll, näher.

Eine gute Dutzendschaft an Angehörigen und Freunden hat sich in der Aufbahrungshalle eingefunden und sitzt in einem Halbkreis um den geschlossenen Sarg. Nicht alle in Schwarz. Die meisten. Nein, Jo wollte den Leichnam nicht sehen. Ihm ist klar, dass dieser Leichnam, wie jeder andere Leichnam auch, für keine Milliarde, keinen Berg voll Gold und keine noch so schöne Frau eine Miene verziehen würde. Dieser Leichnam hat, genau wie alle anderen, kein Interesse mehr an irdischen Dingen wie diesen. Das Leben ist ihm entwichen und all das hat keine Bedeutung mehr. Nur eine Sache zählt: das Leben selbst. Alles andere ist, wie schon Heinz Scheck in dem Gedicht zum Ausdruck brachte, das Jo seinerzeit von einem Freund in New York geschickt bekommen hatte, nur geliehen – und für Rudi war die Zeit gekommen, es zurückzugeben.

Eva und Paul sitzen in der ersten Reihe, daneben Jo und Elli, dann Hanna mit ihrem Sohn, der zwar in Kärnten lebt, aber nach Wien gekommen ist, um Hanna auf diesem, auch für sie nicht einfachen, Weg beizustehen. Hin und wieder besuchte er Hanna und saß dann auch gerne in Rudis Garten. Gleich hinter ihm sitzt Herbert, Zeit seines Lebens engster Freund von Rudi, gemeinsam mit seiner Frau - und einige wenige Freunde. Die meisten von ihnen waren einmal seine Tennispartner und sind deutlich jünger. Mit ihnen hatte er sich einmal im Jahr im Tennisclub zu einem Essen getroffen, das er zuletzt wegen seines Gesundheitszustandes auslassen musste. Avi ist nicht dabei. Elli und Jo haben entschieden, dass er für ein Begräbnis noch zu klein ist, weshalb er heute mit Mona, seiner Babysitterin, zu Hause geblieben ist.

Es ist still. Das erste von zwei Musikstücken, die Eva zuvor bekanntgeben musste, erklingt aus den Deckenboxen der mit weißem Marmor ausgelegten Aufbahrungshalle. Es ist die Stimme von Gary Brooker, dem Sänger der britischen Rockband Prokul Harum, die „A Wider Shade of Pale“ zum Besten gibt. Jo hatte dieses Lied ausgesucht, als Eva ihn um Rat gebeten hatte. Es sollte zum Ausdruck bringen, dass Rudi das Leben zu lieben verstand. Das tat er, obwohl es ihm einen holprigen Start im Vorfeld des Zweiten Weltkriegs bescherte. Die Orgelmelodie hat Jo als passend empfunden, weil sie eine gewisse Andächtigkeit, eine Machtlosigkeit gegenüber der Zeit und dem Universum, zum Ausdruck bringt.

Als er die Melodie hört und dabei auf den wenige Meter vor ihm stehenden Sarg aus dunkler Eiche blickt, in dem Rudi in wenigen Minuten seinen letzten Weg zu seinem Grab antreten wird, erinnert er sich an den letzten Besuch in seinem kleinen Haus in der Vorstadt. Erst drei Wochen zuvor war er mit Elli und Avi an einem Samstag dorthin gefahren, wo er mit Eva und Paul verabredet war. Besuche wie diese hatten sie alle zwei Wochen gemacht - wohl wissentlich, dass jeder der letzte sein konnte. Dieser war es.

Eine Übersiedlung in ein Pflegeheim lehnte Rudi bis zuletzt ab. Es war sein ausdrücklicher Wunsch, in seinem Haus zu sterben. Auch bei diesem letzten Besuch ist er, wie schon bei einigen davor, in seinem Sterbebett gelegen. Er war schon einige Zeit daran gebunden, konnte nicht mehr aufstehen. Es stand im Wohnzimmer, da war mehr Platz für seine tägliche Körperpflege. Gleich davor stand ein großer Fernseher, auf dem er früher immer leidenschaftlich gerne sportliche Ereignisse verfolgte. Egal ob Tennis, Fußball oder Formel 1: Sport faszinierte ihn sein ganzes Leben lang. Er wusste um die Geschichte jeder Fußballmannschaft, jedes Trainers und kannte auf Abruf den genauen Stand der Top 100 der Tennisweltrangliste. Zuletzt war der Fernseher aber kaum noch in Betrieb – auch wenn die große Schale mit wohl nicht mehr ganz frischen Rumkugeln, die er immer so gerne hatte, noch immer auf dem Tisch davor wartete, bis sie entsorgt werden würde. Als Hanna Jo und Elli die Türe öffnete, meinte sie gleich, dass es Rudi nicht besonders gut ginge. Mit Avi am Arm und Eva an der Seite näherte Jo sich langsam dem Wohnzimmer. Langsam deshalb, weil Elli meinte, dass Avi, der in Kürze seinen vierten Geburtstag feiern wird, als Kind sensibel auf den Anblick reagieren könnte. Wie so oft hatte sie recht. Als Jo die Türe ins Wohnzimmer öffnete und damit der Blick auf das Bett, das genau gegenüber der Türe stand, frei wurde, begann Avi sofort bitterlich zu weinen und klarzustellen, dass er hier keine Sekunde länger bleiben wolle. Wahrscheinlich hatte Rudi das mitbekommen, was Jo irgendwie das Herz brach. Schließlich zauberte der kleine Avi Rudi immer sofort ein herzhaftes Lächeln ins Gesicht, egal, wie schlecht es ihm zuletzt gegangen war. Doch diesmal nicht. Elli ging mit Avi in den Garten, wo er sich beruhigte. Jo und Eva setzten sich zu Rudi ans Bett. Sein Gesicht war kreidebleich, völlig ausgesaugt und wirkte wie versteinert. Rudi verzog keine Miene und gab keinen Ton von sich. Hanna berichtete über seinen Zustand.

Sprechen konnte er zu dieser Zeit so gut wie nicht mehr. Er lag regungslos im Bett und war wohl schon sehr müde. Doch nicht, weil er zu wenig geschlafen hätte. Selbst wenn er zwanzig Stunden am Tag geschlafen hätte, wäre er immer noch müde gewesen. Seine Erschöpfung gründete tiefer. Sie entsprach wohl dem Gewicht des Lebens, von dem er sich erschöpft fühlte. Er war kraftlos. Sein Wille, zu leben, schwand und sein einst so impulsives Feuer war nur mehr eine kleine Flamme, kurz davor, endgültig zu erlöschen. Wahrscheinlich vergebens suchte er nach einem Funken, der ihn wieder zum Leben erwecken würde. Jo hatte jedenfalls die Hoffnung, dass Avi ihm diesen Funken zu geben vermochte - wie bei den letzten Besuchen auch –, aber nein. Im Antlitz seines Großvaters herrschte Leere. Viel wurde seinem Körper und seiner Seele über all die Jahre zugemutet. Tiefe Wunden hatte er Zeit seines Lebens aus seiner Jugend, dem Krieg, mit sich getragen. Auch die Lasten anderer hatte er früher auf sich genommen, als könnte er die ganze Welt tragen. Nun musste er wohl anerkennen, dass alles ein Ende hat und die Zeit gekommen ist, die Belastung des Lebens abzulegen.

Jo nutzte die Gelegenheit, wie schon ein paar Mal zuvor, ihm danke zu sagen für die schönen Momente in seinem Garten, die interessanten Gespräche über die Zeit vor Jos Geburt, die Herzlichkeit, die er seinem Urenkel Avi bei jeder Begegnung entgegenbrachte und die Hilfe beim Kauf des Verlobungsrings, der seither rund um die Uhr an Ellis Finger steckt. Rudi war vom ersten Tag ein großer Verehrer von Elli. Vielleicht, weil sie eine attraktive junge Frau war, vielleicht weil er eine gewisse Verbindung zu ihr spürte. Was immer der

Grund war, er zeigte sich ihr gegenüber immer respektvoll und großzügig. Als Jo ihn seinerzeit um Hilfe bei dem Verlobungsring bat, freute er sich geradewegs, dabei helfen zu können.

Plötzlich spürt Jo einen Stupser auf seinem Oberschenkel. Es ist Elli, die ihn aus der Erinnerung an dieses letzte Wochenende in Rudis Haus in der Vorstadt zurückholt – in die Aufbahrungshalle am Rande des Friedhofes. Mit einem höflichen Blick macht sie ihn darauf aufmerksam, dass Gary Brooker gerade die letzte Strophe anklingt und gleich seine Worte an die Trauergäste folgen sollen. Jetzt ist es so weit. Jo steht auf, macht einen Schritt nach vorne und wendet sich den Anwesenden zu:

Lieber Opa!
du hast in deinem Leben vieles verloren, das dir wichtig war. Du hast, wie wir alle, vieles falsch gemacht, was du vielleicht bereut hast. Du hast vieles gelernt, das vielleicht unnötig war und du hast bestimmt das ein oder andere getan, das dir später sinnlos erschien.

Doch all das hat dich zu dem gemacht, der du warst und was immer andere Leute vielleicht über dich gedacht haben: Niemand konnte die Welt durch deine Augen sehen. Niemand ist den Weg gegangen, den du gegangen bist – ihn gehen musstest.

Bescheidenheit hat dein ganzes Leben begleitet - nicht nur materielle, sondern auch selbstlose. Was auch immer in dir vorgegangen war: Wenn es nicht zur Erheiterung deines Umfelds beitrug, hast du es für dich behalten.

Für diese Größe durch selbstlose Bescheidenheit danke ich dir. Ich danke dir, weil ich daraus so vieles für mich gelernt habe.

Leb´ wohl!

Auf den Spickzettel in seiner Brusttasche hat er vergessen. Dafür war alles, was er sagte, frei und authentisch. Jetzt folgt die Auszugsmusik. Jo geht zurück zu seinem Stuhl. Sechs Totenträger in festlich schwarzer Uniform ergreifen unisono den Sarg und ziehen damit im Gleichschritt langsam hinaus. Eva greift Jo an der Hand, dankt ihm mit einem innigen Augenzwinkern, wobei sie eine Träne verliert, und drängt ihn in die erste Reihe nach dem Sarg an ihre Seite. Dahinter Elli und Paul. Dann Hanna mit ihrem Sohn und die anderen Gäste. Der Himmel ist an diesem Novembertag trüb. Ein paar Krähen krächzen von den im Sommer so sattgenährten und jetzt spätherbstlich kahlen Bäumen, die sich da und dort in dichtem Nebel über den sonst menschenleeren Friedhof verteilen.

In keiner der großen Religionen ist das Ende des Lebens etwas grundsätzlich Erstrebenswertes. Dieses Begräbnis ist katholisch – und damit nach dem Glauben einer Institution ausgerichtet, die es geschafft hat, Menschen davon zu überzeugen, dass es einen unsichtbaren Mann im Himmel gibt, der dort lebt und alles beobachtet, was wir Menschen rund um die Erde tun oder nicht tun. Jede Minute des Tages. Jedes Tages. Dieser unsichtbare Mann hat eine Liste mit genau zehn bestimmten Dingen, von denen er nicht will, dass wir sie tun. Tun wir eines dieser Dinge aber doch, schickt er uns an einen besonderen Ort. An dem brennt es, es raucht und es ist qualvoll. An ihm leben wir dann ewig, leiden bitterlich, brennen und schreien. Und zwar bis ans Ende aller Tage. Aber er liebt uns. Und er braucht Geld. Er ist allmächtig, allgegenwärtig, allwissend und allweise – nur mit Geld kann er nicht umgehen. Die Kirche nimmt Milliarden ein und zahlt keine Steuern. Trotzdem braucht sie immer Geld.

„Heilige Scheiße", wie George Carlin diesem sarkastischen Gedankengang anfügte. Und trotzdem ist es so essenziell, dass wir einen Glaubenssatz für uns entwickeln – weil wir unser Leben dann grundanders angehen.

An diesem Tag endet das Begräbnis damit, dass Eva, Jo und viele andere einem Mitarbeiter des Beerdigungsinstitutes Geld in die Hand drücken – weil es sich so gehört. Anschließend findet noch ein Leichenschmaus statt. Nur in kleiner Runde – nur für die Familie. Dabei erzählen Eva und Jo viele Geschichten über Rudi, die Elli, Paul und Hanna, die quasi zur Familie gehört, noch nicht kannten. Und so nimmt der Tag für die Gruppe ein Ende in ebenjener Gaststube jenes Wirtshauses, in dem Rudi die letzten Jahrzehnte mindestens tausend Mal gespeist haben musste.
Zu Hause angekommen, werden Elli und Jo schon von Avi und Mona erwartet. Mona ist erst kurz bei Elli und Jo und hatte zuvor nur zwei oder drei Mal auf Avi aufgepasst. Eine Freundin von Elli hatte sie weiterempfohlen – und Avi hatte sie vom ersten Moment an ins Herz geschlossen. Sie wollen jetzt wissen, wie es Elli und Jo geht, worauf hin sie von den Worten, die Jo in der Aufbahrungshalle sprach, Rudis letztem Weg, der Beerdigung, dem Essen danach und allem, was sich an diesem Tag ereignete, erzählen.

Zwischen Elli und Mona entwickelte sich bei den wenigen Treffen, die es bisher gab, eine gewisse Verbindung, wohl bedingt durch Themen, welche die beiden gemeinsam haben. Eines davon ist Spiritualität. So entsteht ein ungeahnt umfassendes Gespräch über das Leben, dessen tieferen Sinn und die Rolle von Schicksal. Mona erzählt, dass ihrer Ansicht nach Lernen ein Prozess ist, der meist auf Schmerzen basiert. Sie erläutert, dass, wenn man etwas dazugelernt hat, ein anderer Teil in einem oft gehen muss. Das verursacht zwar Schmerzen, doch dadurch wird das Leben zu einem ständigen Prozess aus Tod und Wiedergeburt. Elli stimmt dieser Ansicht kommentarlos zu - und Jo erkennt, wie zutreffend das auf die eigene, gerade erfahrene, Situation passt.

Rudi ist verstorben. Bevor er verstarb, hatte er Jo aber gezeigt, was gelebte Selbstlosigkeit ist. Erst durch Rudis Tod und Evas Bitte, bei der Beerdigung ein paar Worte zu sprechen, begann er, sich darüber Gedanken zu machen, das zu erkennen und schließlich langsam für sich zu verinnerlichen. Bis zu einem gewissen Grad wird dieser Teil von Rudi jetzt in Jo weiterleben.

Tony Robbins, jener amerikanische Bestsellerautor, welcher in unserer Kontrolle über unsere Werte und Emotionen einen Schlüssel zu einem besseren Leben verortet, vertritt auch die Meinung, dass eine der wichtigsten Entscheidungen im Leben jene für einen gepflegten Geisteszustand ist. Egal, was passiert. Ihm nach ist es die mächtigste Entscheidung, die ein Mensch überhaupt treffen kann, sofern er ein außergewöhnliches Leben führen will. Das heißt aber nicht, dass man nie wütend oder traurig wird. Es bedeutet nur, dass, wenn man es wird, man sich daran erinnern soll, dass der Zustand das größte Geschenk ist, das ein Mensch sich selbst und seinen Lieben machen kann. Wann immer wir demnach also negative Gefühle bekommen, können wir diese rasch abschütteln, indem wir in unseren Geisteszustand zurückkehren. Tun wir das regelmäßig, so manifestiert sich eine Lebenseinstellung daraus. Das gelingt nicht vielen. Rudi dürfte es aber geschafft haben. Ihn konnte nicht nur nichts aus der Ruhe bringen, er dürfte mit sich selbst absolut im Reinen gewesen sein. Das jedenfalls ist das Bild von ihm, das er seinen Hinterbliebenen zurücklässt.

Avi sitzt neben dem Sofa, auf dem sich die Gruppe angeregt unterhält. Er hört aufmerksam zu. Immer wieder stellt er dabei Fragen, wie sie ein kleines Kind zu Themen wie diesen eben stellt: Was ist der Tod? Was ist ein Begräbnis? Wo ist Uropa jetzt? Antworten auf Fragen wie diese, aus dem Mund des eigenen Kindes, beantwortet man nicht im Vorbeigehen. Jo beschließt daher, Avi einen gemeinsamen Besuch am Friedhof anzubieten – eben jenem, auf dem Rudi heute beerdigt wurde. „In zwei Wochen“, sagt er, „besuchen wir Uropa am Friedhof – wenn Du das magst". Avi willigt ein. Elli und Jo bleiben zwei Wochen, um sich abzustimmen, wie sie Avi das Thema näherbringen und seine Fragen beantworten werden.

An einem Samstag die übernächste Woche darauf frühstücken die drei, wie sie es jeden Samstag tun. Aufwendig ist der Tisch gedeckt und eine Vielzahl an Köstlichkeiten angerichtet: Avocado, Spiegelei, Brioche, Mozzarella mit Tomaten und einiges mehr. Nachdem der erste Hunger gestillt ist, besprechen Elli und Jo, wie der Tag aussehen wird. Elli wird, wie immer am Samstag, Sport machen. Jo wird dieses Zeitfenster nutzen, um mit Avi auf den Friedhof zu fahren. Kaum ist der Tisch abgeräumt und Elli zum Fitnessstudio aufgebrochen, gehen die beiden los. Die Fahrt zum Friedhof dauert nur wenige Autominuten. Dort angekommen, passieren sie zunächst das große schmiedeeiserne Tor. Es ist ein wunderschöner Tag. Quer über das Gräbermeer gehen sie zu Rudis letzter Ruhestätte. Es ist eine Gruft, über der eine massive schwarze Grafittafel thront, die Platz für weit mehr Namen als nur einen bieten würde. Doch abgesehen von Rudi steht keiner drauf.

Avi schaut zu Jo und fragt, was da auf dem Grabstein stehen würde und warum dieser so groß sei. Zunächst erklärt Jo ihm die Bedeutung einer Gruft. Dann liest er die Daten auf dem Grabstein vom Anfang bis zum Ende laut vor. Er erklärt, dass zuerst das Geburtsdatum steht, dann folgt ein Strich, ehe schließlich der Todestag angeführt wird. Er blickt dabei auf seinen Sohn und gibt ihm zu verstehen, dass das Wichtigste der Bindestrich zwischen den beiden Daten ist. Er ist es, der für die gesamte Zeit hier auf der Erde steht – und, dass nur diejenigen, die sie lieben, wissen, was dieser kleine Strich wert ist.

Avi blickt seinen Vater fragend und mit großen Augen an, ehe dieser mit seiner Erklärung fortfährt: „Es ist unbedeutend, wieviel wir besitzen. Wirklich wichtig ist, wie wir leben und lieben – und welche Bedeutung wir damit diesem Strich, dieser unserer Zeit auf Erden, verleihen." Avi beginnt, darüber nachzudenken. Als Vierjähriger versteht er freilich noch nicht viel von dem, was Jo ihm gerade einfühlsam zu erklären versucht. Jo denkt kurz nach und versucht es mit einer Geschichte von Rudis Begräbnis. Er erzählt Avi, dass es seine Aufgabe war, dabei einige Worte an die Gäste zu richten. Worte, die das Leben und den Lebensinhalt von Rudi umschreiben – und, dass diese sich auf jene Zeitspanne bezogen haben, die nun auf seinem Grabstein mit einem Bindestrich dargestellt wird. Avi scheint das zu verstehen und fragt nach, was Jo da gesagt hätte: Dass man nie weiß, wie viel Zeit einem bleibt. Dass Wertschätzung und Respekt gegenüber anderen Menschen entscheidend dafür sind, dass andere einmal etwas Gutes über einen selbst sagen, wenn es ihre Aufgabe werden sollte, die eigene Zeit auf Erden zu umschreiben, führt er aus.

Bei diesen Worten und dem Blick auf Rudis Ruhestätte wird Avi traurig. „Werde ich Uropa denn nie wieder sehen", fragt er und beginnt zu weinen, als wüsste er bereits, was Jo ihm antworten würde. „Nicht in diesem Leben und nicht in dieser Welt", erläutert sein Vater, ehe er versucht, dem kleinen Avi die Konsequenzen von Zeit näherzubringen:

„Sei immer freundlich zu jedem Menschen und umarme deine Eltern und alle, die du liebst. Drücke immer deine Gefühle aus. Ein Problem, das gelöst werden muss, darf niemals wichtiger sein als ein Mensch, der geliebt wird. Schon bald wirst du erwachsen, neue Menschen werden in dein Leben kommen und vertraute werden es verlassen. Nimm niemals die Anwesenheit von anderen Menschen als selbstverständlich hin. Das geht nur so lange, bis sie aus deinem Leben verschwinden – so wie Rudi jetzt aus unserem Leben verschwunden ist", erklärt er. „Warum?", fragt Avi: „Weil die bittersten Tränen immer über Gräbern vergossen werden – für ungesagte Worte und unerfüllte Taten."

Diese Begebenheit auf dem Friedhof empfindet Jo als einen besonders persönlichen und berührenden Moment, der seine ohnehin enge Verbindung zu Avi weiter stärkt. Noch viele Wochen und Monate nach diesem Besuch am Friedhof wird er sich daran erinnern – und dabei jedes Mal Tränen in den Augen haben. „Das Leben“, wird er sich dann immer wieder sagen, „ist eigenartig. Kaum lernen wir es halbwegs zu verstehen, zeichnet sich auch schon das Ende ab.“

Irgendwann, wenn wir nicht zuvor von einem Unfall heimgesucht werden, landen wir alle im eigenen Sterbebett. Ja, das mag vielleicht weit in der Zukunft liegen. Vielleicht auch nicht. Dort angekommen, wird der eigene Atem dann kurz und flach. Es besteht kein Zweifel mehr daran, dass das eigene Leben in wenigen Momenten zu Ende sein wird. Jede Gelegenheit, die sich jemals ergeben hat – wozu auch immer –, wird dann verstrichen sein. Alles, was dann noch bleibt, ist, zu sterben.
Keinen einzigen Sonnenaufgang gibt es dann mehr. Nie wieder den Duft einer Blume oder die Luft des Waldes. Das Lieblingslied besteht nur noch in unserer Erinnerung und der letzte Tanz mit unserem geliebten Partner ist vorbei. Unsere Kinder und Enkelkinder, so wir welche haben, sind dann wahrscheinlich schon groß und leben ihr eigenes Leben – vielleicht irgendwo anders.

Stellen wir uns kurz vor, dass sich an diesem unserem letzten Tag plötzlich der Raum erhellt und uns ein Engel erscheint, um uns ein Angebot zu machen. Er bietet uns die Chance, in der Zeit zurückzureisen – ins Heute – um den heutigen Tag noch einmal in vollen Zügen erleben zu können. Dann öffnen wir unsere Augen und sind zurückgekehrt in unseren jungen Körper von einst, zurück ins Heute. Was würden wir anders machen? Hätten wir Sorgen über die Zukunft? Würden wir uns von Ängsten treiben lassen? Wie würden wir reagieren, wenn uns gerade wieder unsere Kinder stressen oder unser Job nervt? Wie würden wir all die wunderbaren Dinge um uns herum wahrnehmen und wie würden wir den heutigen Tag angehen – wenn wir nur die Chance dazu hätten?

Leben bedeutet auch, zu lernen, den Geist zu kontrollieren und sich allmählich mit der Idee des Todes vertraut zu machen. Im Idealfall, ohne ihn zu fürchten. Es besteht kein Zweifel, dass die beste Vorbereitung darauf nur sein kann, das eigene Leben sinnvoll und nützlich für die Gesellschaft zu gestalten. Damit anzufangen ist etwas, was wir besser heute als morgen in die Tat umsetzen. Schließlich kommt der Tod mit jeder Sekunde, die vergeht, eine näher. Das verdrängen wir, wollen es nicht wahrhaben.

Gesichter hat er viele, dieser Tod, den wir nicht wahrhaben wollen: Ob natürlich oder unnatürlich, ob absehbar oder plötzlich, ob langsam oder schnell, unter Schmerzen oder im Schlaf. Schön ist keines davon, das Annehmbarste bestenfalls das geringste Übel. Zudem zwingt die moderne Medizin uns Menschen, darüber nachzudenken, wie der eigene Tod erlebt werden soll. Unzählige Varianten. Was uns alle eint, ist, dass wir nicht um die Endlichkeit des Lebens herumkommen.

Tage, Wochen, Monate oder Jahre: Vielleicht haben wir gar kein nächstes Jahr, vielleicht keinen nächsten Monat – vielleicht nicht einmal mehr ein Morgen. Was wir aber mit Sicherheit haben, ist das Jetzt. Wir müssen verstehen, dass „für immer" immer ein Ablaufdatum hat. Irgendwann ist auch „für immer" zu Ende. Auch wenn wir manchmal glauben, ewig für etwas Zeit zu haben: Das ist eine Illusion. Wir haben eben nicht ewig Zeit mit unseren Eltern, mit unseren Partnern, Kindern oder Freunden. Zeit kann man nicht kontrollieren, nicht stoppen und auch nicht zurückbekommen. Wenn sie abgelaufen ist, ist sie unwiederbringlich verloren. Am Ende unserer Lebenszeit steht der Tod. Ist sie abgelaufen, sterben wir.

Den dann einsetzenden Prozess des Übergangs vom Leben in den Tod beschreiben Experten als fließend – jedenfalls dann, wenn der Tod nicht plötzlich eintritt. Schrittweise löst sich dabei der sterbende Mensch von den eigenen Lebensaktivitäten. Dabei verändern sich die einzelnen Zellen, sterben nach und nach ab. Schritt für Schritt stellt der Körper seine Lebensfunktionen ein: Zunächst verringert sich die Hirnaktivität, wodurch die Wahrnehmung sich einschränkt. Die Atmung wird flacher. Seh- und Hörvermögen schwinden allmählich. Sobald dann der Herzstillstand einsetzt, folgt innerhalb weniger Minuten der Hirntod. Fünfzehn Minuten später sterben die Zellen des Herzgewebes ab. Leber- und Lungenzellen folgen. Die Nieren überleben dann noch etwa zwei Stunden. Der Stoffwechsel setzt aus und die Zersetzung beginnt. Der Körper verändert sich – auch nach dem Tod. Er kühlt ab und wird blass, Muskeln erschlaffen, Leichenflecken und Leichenstarre setzen ein.

Den Zeitraum zwischen Tod und Beerdigung nennt man im Christentum mitunter Schleusezeit. Üblicherweise dauert er nicht länger als zehn Tage, im Judentum sogar nur drei und im Islam nur zwei Tage. Für Trauer und Abschied der Hinterbliebenen ist dieses Zeitfenster besonders wichtig. In ihm sind Verstorbene zum letzten Mal fassbar beziehungsweise begreifbar vorhanden. Alles, was in dieser Zeit geschieht oder nicht geschieht, kann Auswirkungen auf die Trauer haben. Abschied am Sarg zu nehmen, bedeutet für Hinterbliebene, bewusst zu begreifen, dass ein Leben beendet ist. Am offenen Sarg besteht ein letztes Mal die Möglichkeit, Dinge zu einem physischen Körper zu sagen, die man zuvor vielleicht verabsäumt hatte, ehe die Bestattung folgt und der Körper damit beigesetzt wird.

Denken wir an unser eigenes Begräbnis. Durchschnittlich wird es etwa eine Woche nach unserem Tod erfolgen, und bis dahin wird schon vieles passiert sein: Nur wenige Stunden nach der tragischen Nachricht unseres Ablebens endet vielerorts das Tränenvergießen und unsere Angehörigen haben sich intensiv der Organisation unseres Begräbnisses und des Leichenschmauses gewidmet. Rasch werden Listen mit jenen Personen verfasst, die es zu verständigen gilt. Parten werden erstellt und verschickt. Nach unserer Beisetzung wird gegessen und getrunken – und in der Regel auch gelacht. Ablenkung und Verdrängung sind die treibenden Kräfte dahinter. Andere aus unserer Verwandtschaft diskutieren bei Kaffee und Kuchen aktuelle Ereignisse. Bekannte informieren unsere Angehörigen darüber, dass sie wegen eines unerwarteten Notfalls bedauerlicherweise nicht zu unserer Bestattung kommen können. Unser Arbeitgeber sucht bereits Ersatz für die durch unser Ableben für ihn verlorengegangene Arbeitskraft. Wenige Tage später gehen unsere Kinder wieder ihrer Arbeit nach und schon wenige Wochen danach wird unser hinterbliebener Partner, so es einen gibt, über einen Witz lachen. Wir werden erstaunlich schnell vergessen werden – und wenn dem so ist, für wen haben wir dann unser Leben gelebt?

Und es geht weiter: Schon wenige Jahrzehnte später werden alle Menschen gestorben sein, die wir jemals gekannt haben. In unseren Wohnungen und Häusern werden Fremde wohnen und Fremde sind es, die alles, was wir unter größter Anstrengung aufgebaut haben, besitzen werden. Vieles davon wird einfach verschenkt oder entsorgt. Unsere Fotos werden weniger, bis sie schließlich nach und nach verschwinden - im Dunkel der Geschichte.

Führen wir uns das sorgsam vor Augen, wird wohl das meiste dessen, worüber wir uns täglich den Kopf zerbrechen, rasch bedeutungslos. Wenn etwas in drei Jahren schon keine Rolle mehr spielt, warum sollten wir dann auch nur eine Minute daran verschwenden, uns darüber aufzuregen?

Trotz dieser trüben Aussichten hat unsere Generation mehr Glück als viele vor uns. Von unserer Geburt bis etwa Mitte zwanzig sind Schule, Sport und Exzesse nämlich unsere wesentlichen Lebensinhalte. Meistens jedenfalls - und dank dem Wohlstand unserer Zeit. In dieser Phase ist unser Leben im Normalfall relativ einfach und wir sind hoffentlich, abgesehen von banalen Sorgen, glücklich.

Dann, eines Tages, merken wir, dass dieser Abschnitt vorbei ist. Wir erkennen das auch daran, dass die gutgemeinten Ratschläge unserer Eltern und unsere Ausbildung noch lange nicht reichen, um uns zu dem zu machen, was wir früher einmal sein wollten. Wirtschaftliche Überlegungen, berufliche Sorgen, vielleicht schon die Gründung einer Familie und früher oder später ein geliebter Mensch, der uns für immer verlässt, kommen dazu. Die Jahre bis zur Lebensmitte sind die Aufbaujahre – da bleibt uns wenig Zeit, um nachzudenken und sie vergehen rasch. Dann werden wir, wie Jo, vielleicht selbst zu Eltern. Damit gewinnt das Leben jedenfalls überproportional an Dynamik und eine neue Dimension. Kaum in der Lebensmitte angekommen, erkennen wir des Lebens Endlichkeit. Mit einer hoffentlich über die Jahre erworbenen finanziellen Basis reden wir uns dann ein, uns die Kürze des Lebens versüßen zu können. Männer versuchen das auffallend oft mit einer jüngeren Frau oder einem schnelleren Auto. Was dann folgt, so könnte man glauben, ist eine weniger glückliche Zeit, getrübt von Krankheit, Beschwerden und anderen Einschränkungen – bis zum Ende, dem Tod. Wachen wir in der Lebensmitte auf, stecken wir voll im sogenannten Rad, das uns drückt: Job, Kinder, Ehepartner. Doch das alles ist Teil der Lebensreise. Je älter wir werden, desto besser nehmen wir das wahr und desto mehr Grund haben wir, der Welt mit einem Lächeln zu begegnen.

Rudi stammt aus einer Generation, in der die Jugend anders ausgesehen hatte. Als Jo auf die Welt kam, hatte er seinen fünfzigsten Geburtstag bereits hinter sich. Die erste Erinnerung, die Jo an Rudi hat, war eine Begebenheit in früher Kindheit. Es muss Jos vierter oder fünfter Geburtstag gewesen sein. Irgendwann, Anfang der Achtzigerjahre. Damals hatte er ein Stofftier bekommen, das größer war als er selbst. Es hatte ihn viele Jahre seiner Kindheit begleitet und deshalb kann er sich gut daran erinnern. Rudi hatte es ihm geschenkt. Was sein Großvater in den Jahrzehnten davor aber alles erleben musste, war da bereits lange vorbei. Der Krieg, der eiskalte Kampf ums Überleben, bitterliche Armut und wohl viele einzelne Begebenheiten, die ihn sein ganzes Leben lang belastet haben mussten, und weshalb er wohl nur wenig darüber sprach. Und trotzdem begegnete er dem Leben stets mit einem Glas, das halb voll war.

Es steht fest, dass, wenn wir die Art und Weise ändern, wie wir Dinge betrachten, sich auch die Dinge selbst ändern, die wir sehen. Wie wir entscheiden, die Welt zu sehen, ist eine der wichtigsten Entscheidungen, die wir zu treffen haben. Leben wir in einer grundsätzlich freundlichen oder grundsätzlich feindlichen Welt? Ist es eine voller Feindseligkeiten und Wut, in der die Menschen einander hassen und umbringen? Wer die Welt so sieht, erschafft sich damit genau das. Rudi jedenfalls hätte, nach seinem Start ins Leben, jeden Grund gehabt, die Welt so zu sehen. Doch er entschied anders. Jeden Tag seines Lebens, egal ob auf einem Schlachtfeld des Zweiten Weltkriegs, in einem zerstörten Zuhause der Nachkriegszeit oder in seinem Sterbebett hat er zwei Dinge bekommen: eine Chance und eine Wahl. Vielleicht war das Geheimnis seines Glücks, dass er beides zu nutzen verstand.

Wir sollten uns immer und immer wieder in Erinnerung rufen, dass, wenn wir Essen im Kühlschrank, Kleidung am Körper und ein Dach über dem Kopf haben, wir zu den reichsten Menschen der Welt gehören. Wenn wir obendrein gesund sind, dann geht es uns besser als der Million Menschen, die in dieser Woche das Zeitliche segnen wird. Und wenn wir dann vielleicht noch in der Lage sind, in Büchern wie diesem nach Inspiration zu suchen, gehören wir auch nicht zu den etwa drei Milliarden Menschen, die nicht lesen können und denen der Zugang zu dem uns zur Verfügung stehenden unendlichen Wissen verwehrt bleibt. Das Leben ist nicht da, um sich zu beklagen. Es ist da, um uns eine Milliarde Gründe zu zeigen, warum wir glücklich sein sollten.

Ein Verlust, wie Eva ihn mit dem Ableben ihres Vaters erfahren hatte, ist immer eine schmerzliche Erfahrung, die uns zeigt, wie wenig letztlich passieren muss, dass sich unser Leben für immer verändert. Ob ein Todesfall, ein Unfall, ein Verbrechen, eine Diagnose, eine Trennung, eine Entlassung oder etwas anderes: Ereignisse wie diese können uns in kürzester Zeit verängstigen, verwirren und lähmen. Orientierungslosigkeit kann eine Folge sein. Vielleicht wollen wir dann sogar alles beenden, uns vor der Welt verstecken, bis wir eines Tages wieder zu uns kommen und unser Leben wieder so ist, wie es vor diesem Ereignis war. Und so geht das Leben weiter: Wir müssen aufs Klo gehen, Einkaufen, Putzen und vieles mehr. Vor allem aber weitermachen - und so tun, als ob unsere Welt nicht auf so viele Arten um uns herum zusammengebrochen wäre. Das ist Trauer.

Achtzig Jahre sind in etwa der Zeitrahmen, den wir auf dieser Erde bekommen. Wenn wir Glück haben und uns nicht vorher ein Blumentopf trifft, ein Auto überfährt oder unser Herz entscheidet, mit dem Schlagen aufzuhören. Das wären dann achtzig Winter, achtzig Sommer, achtzig Frühlinge und achtzig Herbste. Genau betrachtet ist das nicht viel Zeit. Zu wenig jedenfalls, um uns in einem Konkurrenzkampf zu verlieren oder sie von Überflüssigkeiten bestimmen zu lassen. Zeit ist kostbar. Wir sollten sie den wichtigen Dingen widmen: unserer Familie, unseren Freunden. Wir sollten auch etwas riskieren – uns der Seite in uns widmen, die lebt. Der Seite, die unsere Menschlichkeit ausmacht. Dort – und nur dort – liegt unser Glück. Es liegt dort umso mehr, wenn wir bedenken, dass die tatsächlich relevanten Jahre, also jene in Gesundheit und ohne Einschränkungen, mit einem Augenzwinkern vorbeigehen.

Jo ist gerade fünfzig geworden. Eva wird diesen Sommer achtzig und Paul sogar fünfundneunzig. Avi ist bald fünf. Nächstes Jahr kommt er vom Kindergarten in die Volksschule. Wieder ein Abschnitt, der zu Ende ist und nie mehr wiederkommen wird. Wieder ein neuer Anfang.
Ob Eva und Paul dann noch leben, steht in den Sternen. Niemand weiß, ob es dann noch gemeinsame Familienessen auf der Terrasse geben wird. Im Fall von Paul spricht die Statistik jedenfalls dagegen. So wird das Fenster, das Jo bleibt, um die Dinge zu tun, die er tun will – mit den Menschen, die er liebt – , jeden Tag kleiner. Nein, in fünf Jahren schon wird vieles nicht mehr so gehen wie es heute geht. So funktioniert das Leben nicht. Die Familienessen mit Eva und Paul auf der Terrasse: Das ist 2024. Die Reise, die Jo schon lange mit Elli machen wollte: 2024 - und der für immer erste Skikurs für Avi: 2024. Wenn es die Schneeverhältnisse überhaupt noch zulassen.

Auch wenn wir dem Jetzt, dem Moment, der gerade stattfindet, nicht selten die geringste Priorität beimessen: Das Jetzt, genau dieser Moment, zählt. In einer Welt, die uns ständig mehr Aufmerksamkeit abverlangt, dürfen wir nicht vergessen, uns dem zu widmen, was das Wichtigste ist: der Augenblick – ihm entspringt alles, was wir uns jemals gewünscht haben.

Wer gestern gestorben ist, hatte Pläne für heute – und wer heute stirbt, hatte Pläne für morgen. Nichts ist selbstverständlich. Denken wir also immer daran, dass wir in jedem Moment unseres Lebens gewinnen und verlieren: In den schlimmsten Momenten gewinnen wir Erkenntnisse - und in den schönsten verlieren wir Zeit.

10. Momentum

Evas Auto ist in der Werkstatt, weshalb sie Jo um Hilfe bei diversen Erledigungen gebeten hatte: Ein Termin bei der Bank, ein Arztbesuch und ein paar andere Wege stehen an.

Jo ist am Weg zu ihr. Als er bei einer roten Ampel anhält, fällt ihm eine Frau im Auto nebenan auf, die verweinte Augen hat und sich eifrig die Nase putzt. Sie möchte nicht, dass man sie dabei sieht. Nachdem die Ampel grün wird, kann Jo zu dem wenige Meter entfernten Parkplatz vor dem Drogeriemarkt zufahren, in dem er noch ein paar Kleinigkeiten für Eva besorgen will. Nichts Besonderes. Hautcreme, Zahnpasta und Küchenrolle. Als er an der Kassa steht, lächelt ihn die Kassiererin an und wünscht ihm einen guten Tag. Er bemerkt dabei, dass sie traurig sein dürfte und selbst offenbar keinen guten Tag hat. Später, nach dem Termin in der Bank, sitzt er mit Eva in einem Cafe, in dem er einen älteren Herrn beobachtet, der allein am Nebentisch sitzt, aus dem Fenster schaut und den Eindruck erweckt, als würde er auf jemanden warten.

Die Frau im Auto hatte gerade erfahren, dass ihre Mutter schwer krank ist und nur mehr wenige Monate zu leben hat. Die Kassiererin im Drogeriemarkt hatte kürzlich ihre zweite Fehlgeburt und an diesem Morgen gehört, dass ihr Partner sie verlassen will, weil sie das Kind nicht bekommen kann, das er sich so sehr wünscht - und der ältere Herr im Cafe weiß, dass niemand kommen wird. Vor zwei Jahren saß er zum letzten Mal mit seinem Schulfreund an diesem Tisch. So wie sie es all die Jahre jede Woche taten - bis sein Freund verstarb.

Bevor wir urteilen, Kritik üben, Schlüsse über das Leben anderer ziehen, über das, was jemand getan hat, über das, was wir glauben, was in der Welt vor sich geht, sollten wir immer daran denken, dass wir nur wissen, was wir zu wissen glauben.

Jeder von uns ist absolut einzigartig. So wie Jo. Niemals hat es jemanden wie ihn gegeben und niemals wird es jemanden wie ihn geben. Niemand kann seinen Platz in dieser unserer Gesellschaft vollends ersetzen. Genau wie er müssen wir alle uns selbst, das Wunderbare in uns, anerkennen und zu uns selbst werden. Wenn wir dick sind, werden andere denken, dass wir zu viel essen. Nehmen wir dann ab, halten sie uns für krank. Kleiden wir uns gut, bezeichnen sie uns als arrogant, tun wir es nicht, als arm. Und sagen wir dann einmal unsere Meinung, gelten wir als unhöflich, tun wir es nicht, als feig. Was wir also tun oder nicht tun, ist total „powidl“, denn man wird uns immer kritisieren. Immer. Und solange wir uns jeden Scheiß, mit dem man uns konfrontiert, zu Herzen nehmen, solange werden wir leiden.

Das Innen ist wichtiger als das Außen. Hier tragen wir jene Kämpfe aus, die andere nicht sehen können. Oft verstecken wir sie, weil wir nicht stolz darauf sind. Dabei besteht doch jedes Leben aus Höhen und Tiefen. Dass plötzlich alles einfacher wird, ist hochgradig unwahrscheinlich. Wenn wir glauben, dass irgendetwas passieren könnte, dass plötzlich all unsere Sorgen der Vergangenheit angehören, ist das eine Illusion, denn das Rad des Lebens dreht sich seit Jahrtausenden genau so - und genau so wird es sich auch noch Tausend Jahre drehen. Doch wie sollen wir, vor dem Hintergrund dieser immerwährenden Konstante, damit umgehen?

Es ist klar, dass die Geschichte von Jo eine von unzähligen ist. Jeder hat seine eigene – und Themen, die dabei berühren. Egal ob Kindheit, Erziehung, Liebe oder andere Bereiche: Durch sie und an ihnen wachsen und gedeihen wir – solange wir leben. Daraus entsteht unser Wertekonstrukt, das wir mit der Zeit immer und immer wieder adaptieren und revidieren. Je öfter wir das tun, desto intensiver leben wir.

Egal, wer wir sind, auf welchen Namen wir hören, was wir glauben oder in welchem Land wir leben: Unsere Geschichte beginnt immer mit der Geburt und endet immer mit dem Tod. Ausnahmen gibt es nicht. In der Zeit dazwischen dreht sich alles um unsere Erfahrungen, unser inneres Empfinden und die Suche nach unserem individuellen Glück.

Allen Entscheidungen, die wir treffen, liegen immer Erwartungshaltungen an die Zukunft zugrunde. Wenn wir also jetzt entscheiden, schneller zu fahren, erwarten wir uns, früher ans Ziel zu kommen. Somit haben wir immer eine Erwartungshaltung an die Konsequenzen unseres Handelns. Das bedeutet, dass die Ereignisse in der Welt eine gerichtete Folge haben. Zum Beispiel wird ein rohes Ei beim Sturz auf den Boden zerplatzen, während der umgekehrte Vorgang – ein zerplatztes Ei setzt sich spontan zu einem intakten Ei zusammen – noch niemals beobachtet wurde. Damit unterstützt Zukunft die Idee, dass der Mensch einen freien Willen hat, womit er für seine Handlungen selbst verantwortlich wird. Das schafft Optionen.
Je mehr Optionen wir uns vorstellen und letztlich für möglich halten können, desto freier sind wir. Unsere Neigung, vieles an Bedingungen in der Zukunft zu knüpfen, etwa in Form von Wenn-dann-Sätzen, ist deshalb bizarr, weil unsere Zukunft durch den Tod zeitlich begrenzt ist und wir nicht wissen, wieviel Zukunft wir haben. Doch was wäre der Sinn einer Erfahrung, wenn nicht der, daraus für die Zukunft zu lernen?

Als Aristoteles die Zeit in der Physik behandelte, begann er damit, sie in Vergangenheit, Gegenwart und Zukunft zu teilen. Die Gegenwart bildet die Grenze zwischen der Vergangenheit und der Zukunft. Das Paradoxon dabei: Die Vergangenheit existiert nicht. Sie hatte existiert, tut es aber nicht mehr.

Auch die Zukunft existiert nicht. Sie wird es einmal, tut es aber noch nicht. Die Gegenwart wird damit zu etwas, das etwas nicht Existentes von etwas nicht Existentem trennt.

Auch die deutsch-französische Zukunftsforscherin Florence Gaub beschreibt die Zukunft als jene Zeit, die auf die Gegenwart folgt und hinter der die Vergangenheit liegt. So gesehen ist die Zukunft unwirklich und weit weg, weil sie noch nicht da ist. In ihrer Bedienungsanleitung für die Zukunft legt sie eindrucksvoll dar, warum diese Sichtweise nicht richtig ist. Die Zukunft ist nämlich keine ferne Zeit, sondern etwas, das wir alle ständig erzeugen. Einzelne Personen tun das genauso wie Staaten, Unternehmen und andere Organisationen. Obwohl wir Zukunft stets in der Einzahl denken, ist sie eigentlich immer eine Vielzahl. Eine Zukunft kann in unserer Anschauung rosig oder düster sein, wahrscheinlich oder unwahrscheinlich, möglich oder unmöglich. Es gibt also unzählige Versionen von ihr.
Unsere Fähigkeit, gedanklich in eine Zeit zu reisen, die noch nicht da ist, ist deshalb zutiefst menschlich – weil so ziemlich alles, was uns Menschen zum Menschen macht, wie das Treffen von Entscheidungen oder das Nachdenken über Optionen, das Träumen, das Zielesetzen oder das Sorgenhaben jeweils eine Form von Zukunft ist. Laut Gaub verbringen wir die Hälfte unserer wachen Stunden damit, über die Zukunft nachzudenken. Der größte Teil dabei gilt unserer alltäglichen Zukunft, also Dingen wie unserem Essen oder unserer Arbeit. Der weiteren Zukunft, also den nächsten zehn Jahren, widmen wir hingegen nur mehr sechs Prozent.

Wirklich, und das ist der entscheidende Punkt, ist aber nur der unendliche Moment der Gegenwart. Er ist das uns gegebene Geschenk. Ihm sollten wir die größte Aufmerksamkeit widmen, statt gedanklich vorwiegend im Unwirklichen zu leben, das wir ohnedies nicht kontrollieren können.

Was passiert ist, ist passiert. Es gibt nichts, was wir dagegen tun können. Wenn wir unsere Zukunft damit verschwenden, uns auf die Vergangenheit zu konzentrieren, versäumen wir das Einzige, was wir haben: die Gegenwart. Deshalb ist es so wichtig, dass wir uns ihr wieder mehr bewusstwerden. In ihr liegt der Schlüssel zum Glück, weshalb wir sie in den Mittelpunkt unseres Lebens stellen sollten – freilich immer unter sorgfältiger Abwägung der künftigen Konsequenzen unseres gegenwärtigen Handelns.

Glück definiert der Duden als eine angenehme und freudige Gemütsverfassung, in der wir uns befinden, wenn wir in den Besitz oder Genuss von etwas kommen, das wir uns gewünscht haben. Wünsche und Sehnsüchte haben wir alle. Wie wir sie definieren, hat gravierende Auswirkungen auf unseren Gemützustand. Ein reflektierter innerer Dialog seines „Ich“ mit seinem „Selbst“ ist ein großartiges Instrument, das wir nutzen sollten, um sie so zu kultivieren, dass wir uns damit nicht in eine potenzielle Unzufriedenheit stürzen.

Unsere Fähigkeit, gedanklich in die Zukunft zu reisen und darin über Optionen nachzudenken und Entscheidungen zu treffen, zu träumen und Ziele zu setzen, ermöglicht uns die Entscheidung, all diese Dinge selbst festzusetzen. Natürlich gibt es Ausnahmen: Der Gesunde hat in der Regel viele Wünsche, der Kranke nur einen. Doch grundsätzlich gibt uns diese Entscheidungsfreiheit Macht – und zwar über uns selbst, unsere Erwartungen und die Wahrscheinlichkeit und Intensität von deren Befriedigung - und folglich unsere individuelle Wahrnehmung der Welt, in der wir leben.

Glück ist außerdem eine gemeinsame Anstrengung: Von jedem Einzelnen, den Menschen in unserem Umfeld – und der Gesellschaft per se. Das veranschaulicht die Geschichte von den Luftballons in der Schulklasse:

Eines Tages brachte eine Lehrerin Luftballons in ihre Klasse mit und forderte ihre Schüler auf, sie aufzupusten und den eigenen Namen draufzuschreiben. Sobald alle fertig waren, durchmischte sie die Ballons und verstreute sie im ganzen Raum. Dann gab sie den Kindern fünf Minuten, um den Ballon mit dem eigenen Namen darauf zu finden. Obwohl alle motiviert suchten, fand kaum ein Kind den eigenen Ballon. So gab die Lehrerin die Anweisung, den nächsten Ballon zu nehmen und dem Kind zu geben, dessen Name draufstand. In weniger als einer Minute war die Aufgabe gelöst. Diese Ballons, erklärte die Lehrerin, sind wie das Glück: Wir werden es kaum finden, wenn wir nur nach dem eigenen suchen. Kümmern wir uns aber um das Glück anderer, werden wir auch unseres finden.

Künstliche Intelligenz, Technologie, Innovation – die Geschwindigkeit, mit der unsere Welt sich gerade entwickelt, ist schier unglaublich. Obwohl wir vernetzter denn je sind, sind wir isolierter als früher – und so bleibt das Persönliche zunehmend auf der Strecke. Internet und Geltungsdrang von uns allen haben soziale Medien längst zu so etwas wie billigem Fast Food gemacht, bei dem wir nicht mehr hinterfragen, was wir da eigentlich konsumieren. Es macht uns krank. Wir müssen gelegentlich auf die Bremse steigen, uns rekalibrieren und hinterfragen, was wirklich wichtig ist. Wenn wir nicht langsamer werden, wird uns diese Geschwindigkeit wahrscheinlich irgendwann überfordern. Wir haben damit eine Chance und einen Auftrag: Wir sind hier, um wieder mehr Stabilität und Gleichgewicht in diese Welt zu bringen. Gelingt uns das, dann werden wir belohnt. Wie, können wir aber erst erkennen, wenn wir das Tempo reduziert haben. Dieses Bremsen wird uns dabei helfen, wieder den Blick für das Wesentliche zu bekommen – und das ist nicht nur ein großartiges Gefühl, sondern auch die Voraussetzung für wahres Glück.

Aristoteles geht davon aus, dass man glücklich ist, wenn man macht, was dem eigenen Charakter und der individuellen Lebensaufgabe entspricht. Voraussetzung, wenn wir diese Definition auf uns anwenden wollen, ist, dass wir unsere individuelle Lebensaufgabe kennen – also schon gefunden haben, was zur Herausforderung werden kann.

Jo jedenfalls hat lange nach seiner Lebensaufgabe gesucht. Das eine große Lebensziel, das manche von Kindheit an zu haben scheinen, hatte er nicht. Durch die Folgen seiner Bequemlichkeit und die Ereignisse in seinem Leben hat sich seine Lebensaufgabe für ihn in gewisser Weise erst ergeben müssen. Er möchte für Elli ein guter Partner, für Avi ein vorbildlicher Vater, für Eva ein liebenswerter Sohn und für die Gesellschaft ein ehrenwertes Mitglied sein. Er möchte dabei leben, am Leben bleiben und das Leben genießen - anderen helfen, Freude bereiten und dafür eintreten, dass sich die Menschen gegenseitig inspirieren und bereichern. Seine Existenz besteht nicht nur aus dem Verstreichen von Zeit. Für ihn ist sie ein bewusstes Sammeln von Erfahrungen. Seinen Erfahrungen.

Früher war seine Existenz geprägt von Wünschen und Sehnsüchten – allen voran berufliche. Daran geknüpft war Materielles, wie ein schönes Auto, und schließlich Immaterielles, wie Status und Ansehen. Ohne es zu merken, hatte er sich Schritt für Schritt von seinen Träumen und Vorstellungen an die Zukunft verabschiedet. Wann immer er das realisierte, hatte er damit zu kämpfen. Doch seine wohl entscheidendste Erkenntnis bei alledem war, dass es keinen Grund für ihn gibt, deshalb auch nur einen Moment lang traurig zu sein.

Ja, er hatte sich für den Weg der Bequemlichkeit entschieden. Als er das tat, konnte er noch nicht wissen, dass diese Entscheidung zur Folge hätte, dass er einmal auf gewisse Dinge verzichten müsse - das vielzitierte Auto als Sinnbild. Doch das hat auch einen positiven Effekt: Er erkannte nämlich, dass es eine Korrelation zwischen bestimmten Auto- und Charaktertypen gibt. Als Jugendlicher konnte er das nicht sehen. Heute aber weiß er, dass er mit den meisten dieser Typen ohnehin keinerlei Berührungspunkte suchen würde. Nicht alles, was glänzt, ist Gold. Als Jo fünfundzwanzig war, war er von Alexanders Glanz komplett verblendet – bis ihm klar wurde, welchen Preis Alexander dafür zahlte.

Persönliche Ideale spiegeln das, von dem wir glauben, dass es erstrebenswert sei und uns glücklich macht. Wen oder was wir als Ideal stilisieren, sollten wir damit stets kritisch hinterfragen.

Jos Vorstellung darüber, was ihn glücklich machen würde, hat sich mit der Zeit gewandelt. Mit zunehmendem Alter hat er begonnen, nach etwas zu streben, das tiefer geht – nach etwas, das auch sinnvoll ist, statt „nur" Freude zu bereiten. Das ist tiefgründiger, gibt eine bessere Orientierung und hilft dabei, die Bodenhaftung auch dann zu behalten, wenn das Glück einmal auf sich warten lässt. Zudem macht es uns zu besseren Menschen für unsere Familien und unsere Gesellschaft.

Was wir am meisten suchen, finden wir mitunter dort, wo wir es am wenigsten vermuten – es dort also auch nicht suchen. Bildlich gesprochen kann sich damit an der dunkelsten Stelle das hellste Licht verbergen. Und das ist es allemal wert, entdeckt zu werden. Akzeptieren wir das, so bekommt jede Herausforderung in unserem Leben eine positive Komponente. Herausforderungen fordern uns heraus. Vielleicht machen sie uns verbittert, doch erst wenn wir uns ihr stellen, können wir sehen, dass sie weitaus mehr Potenzial haben, als uns nur Angst und Schrecken einzujagen.

Die „Rote-Auto-Theorie" belegt, dass Glück überall ist. Es ist eine Metapher, die darauf hindeutet, dass wir in unserem Leben bessere Chancen auf persönliches Wachstum, Erfolg und Erfüllung haben, wenn wir aktiv nach entsprechenden Möglichkeiten suchen und offen für neue Erfahrungen sind. Wenn wir abends gefragt werden, wie viele rote Autos wir heute gesehen haben, werden wir wahrscheinlich bestenfalls eine Schätzung haben. Wenn wir aber am Morgen desselben Tages gesagt bekommen, dass wir für jedes rote Auto, das wir sehen, Hundert Euro bekommen, dann werden wir am Abend genau wissen, wie viele rote Autos uns begegnet sind - weil wir aktiv danach gesucht haben.

Mit dem Glück ist es ähnlich: Es hängt nie an einem Job oder einer Beziehung – und es geht bei Glück nie darum, wie andere zu sein, sondern immer um die Entdeckung, die Hoffnung, das Bauchgefühl und ihm nachzugeben – wohin es uns auch führen mag. Glück bedeutet immer, dass wir freundlich und wertschätzend zu uns selbst sind, uns annehmen und lernen, mit uns zu leben und uns zu lieben.

Spiritualität, der sich Jo erst durch Elli öffnete, hat ihm gezeigt, dass die Welt unendlich viel mehr zu bieten hat als alles, was er bis dahin als wichtig empfunden und wonach er sich orientiert hatte – und so sein Leben, Schritt für Schritt, intensiviert. In kleinen und für ihn verdaulichen Happen hat sie ihm vor Augen geführt, dass wir keine menschlichen Wesen sind, die eine spirituelle Erfahrung machen, sondern viel mehr spirituelle Wesen, die eine menschliche Erfahrung machen. Außerdem, dass nicht unser Körper definiert, wer oder was wir sind, nicht unsere Persönlichkeit und nicht unser Schicksal – sondern ein kleiner Funke einer höheren Macht. Daten, die im Zusammenhang mit geistiger Gesundheit und Wohlbefinden gesammelt wurden, zeigen, dass Gelassenheit, Sinn, Zweck, ein Sich-Verlieren an ein transzendentes Selbst des Göttlichen, die Qualität unseres Lebens erheblich steigern. Wir sind Teil von etwas, das viel größer und viel schöner ist als wir selbst. Mit dieser Wahrnehmung durchs Leben zu gehen, hat jedenfalls das seine in so vielerlei Hinsicht besser gemacht.

Spiritualität korreliert immer mit der Frage nach dem Sinn des Lebens. Manche von uns meinen, dass nichts einen Sinn macht. Und zwar absolut gar nichts. Sie argumentieren dann zum Beispiel, dass wir nicht in einem Land oder auf einem Planeten leben würden, sondern letztlich nur auf einem Weltraumfelsen, der im Nichts schwebt. Im unendlichen Nichts. Und dieses unendliche Nichts wird auch noch größer, während Menschen wie Jo so tun, als ob alles einen Sinn hätte. Wie gut, dass dem gegenüber Menschen wie der Psychiater Viktor Frankl stehen. Er postuliert unserem Leben einen bedingungslosen Sinn, der sich selbst in den schwierigsten Situationen hinter allem und jedem verbirgt. Im Zweifel ist es der Sinn, dass wir für eine Verbesserung der Situation von uns selbst und unserem Umfeld eintreten. Daraus resultiert eine positive Weltanschauung. Wenn wir dennoch keinen Sinn in unserem Leben finden, bleibt uns, den Kopf in den Sand zu stecken. „Trotzdem Ja zum Leben sagen“ ist eines von Frankls großartigen Werken, das es wohl nicht gäbe, wenn er anders entschieden hätte.

Mit der Auffassung durchs Leben zu gehen, dass alles gleichgültig ist, dass es egal ist, ob wir etwas tun oder nicht tun, würde jede unserer Bemühungen, jedes Gutsein sinnlos werden lassen und uns früher oder später zur Resignation führen. Entscheiden wir jedoch, dass das Leben bedingungslosen Sinn macht, resultiert daraus Mut zu gestalten und Vertrauen darin, dass unsere eigene Existenz den Unterschied macht.

Laut Frankl zählt für uns ohnehin nicht das Glücklichsein selbst, sondern, dass wir einen Grund dazu haben. Zwischen Reiz und Reaktion sieht er einen Raum, in dem unsere Macht liegt, zu entscheiden, wie wir reagieren. Sein grenzgenialer Schluss: *Es kommt niemals darauf an, was wir vom Leben zu erwarten haben, viel mehr lediglich darauf, was das Leben von uns erwartet.*

Psychische und seelische Erkrankungen sind in unserer Wohlstandsgesellschaft stark auf dem Vormarsch. Das zeigt, wie viele von uns nach einer falschen Form von Wohlstand streben - einer, bei der nicht mehr innere Ausgeglichenheit Priorität hat, sondern das Streben nach Profit und Reichtum. „Geht's der Wirtschaft gut, geht's uns allen gut", wird gerne gepredigt – und so lassen wir zu, dass uns Gesellschaft und Kapitalismus vorgeben, wonach wir uns zu sehnen haben und wie wir leben sollen.
Dieselbe Gesellschaft ist es, die dann im Laufe der Zeit unsere Helden von einst zu Fall bringt: Missbrauchsvorwürfe, Wirtschaftskriminalität oder sonst ein Tabu: Fast jeder, der es in ihr zu etwas gebracht hat, wird früher oder später auf die ein oder andere Art angeschwärzt. So wird die Gesellschaft doch irgendwie zu einem Schwindel, der uns ständig etwas vorzugaukeln versucht. Allzu offensichtlich wird das auf sozialen Medien: Sie geben uns die Möglichkeit, anderen unseren Mist als großartige Erfolge zu verkaufen – und anderen eben jene, uns ihren Mist anzudrehen. Soziale Medien konterkarieren unsere Gesellschaft. Sie erst ermöglichen es, den größten Blödsinn zu verzapfen und einem Millionenpublikum zugänglich zu machen. Kostenlos. Dabei motivieren sie uns sogar zu dummen und verletzenden Inhalten – weil wir dadurch Reichweite generieren – und folglich Profit machen. Das ist sozialer Sprengstoff, der nur explodieren kann. Trotzdem reüssieren in dieser Gesellschaft auf dem Holzweg gerade viele Menschen mit gefährlichen Geschäftsmodellen wie diesen – und werden damit reich. Diesen Reichtum verwechseln wir dann häufig mit Freiheit. Prominente, Musiker, Mannschaftssportler oder Influencer stellen ihn zur Schau und verkaufen sich als Individualisten – mit Markenlogo.

Der Duden versteht unter Freiheit, dass wir das tun, was wir tun wollen, ohne Rücksicht auf andere. Doch ist das nicht eigentlich Willkür? Willkür heißt, dass wir tun, was wir wollen, ohne Rücksicht auf andere. Freiheit ist doch viel mehr der Schutz vor Willkür – und damit das genaue Gegenteil. Wir sollten sie also

mit einem Zustand verbinden, in dem wir Schutz vor Willkür erfahren und uns entfalten können.
Einerseits haben wir es verlernt, uns gegenseitig zu respektieren. Andererseits gelingen uns großartige Leistungen – zum Beispiel, Menschen gesund zu machen, die als unheilbar galten, Ziele zu erreichen, die als unerreichbar angesehen wurden und Grenzen zu verschieben, die man als in Stein gemeißelt sah. Sinnstiftendes.

Jo ist kein Weltrekordhalter, hat keine weltverändernde Innovation erfunden und stellt auch in sonst keinem Bereich der Weisheit letzten Schluss. Trotzdem hat er seinen Platz auf der Welt und dafür gibt es Tausend gute Gründe. Selbst dann, wenn er sie phasenweise selbst nicht wahrgenommen hatte. Es können Kleinigkeiten im Alltag sein, die dann, später und an vielleicht unbekannter anderer Stelle, ungeahnte Auswirkungen haben. Karma. Genau wie Jo sollte es niemandem von uns auch nur einen Deut schlechter gehen, nur weil die Folgen der eigenen Existenz nicht in irgendeinem Buch, wie dem der Rekorde, oder auf irgendeiner Liste, wie einem Forbes-Ranking der Milliardäre, abgebildet sind.

Trotzdem fühlen wir uns von Zeit zu Zeit nutzlos. Das ist normal. Jo hilft sich dann damit, einen Moment innezuhalten und sich eine der unzähligen Absurditäten unserer Gesellschaft vor Augen zu führen - etwa, dass die Vereinigten Staaten von Amerika vier Präsidenten, unzählige Milliarden Dollar, Tausende Menschenleben und zwei Jahrzehnte benötigt haben, um die Taliban durch die Taliban zu ersetzen. Solche Dinge passieren andauernd.

Vielen ist nur ein kurzes Leben vergönnt. Trotzdem kann es viel intensiver, viel bunter sein als so manch längeres. Unabhängig davon, wie lange wir leben, sollte es unser Ziel sein, die uns gegebene Zeit mit Erlebnissen zu füllen – und mit Intensität. Leben bedeutet, jede Türe zu öffnen, die sich anbietet.

Viele werden wieder zugehen. Und? Erst wenn wir gesehen haben, was sich dahinter verbirgt, können wir daran wachsen. Mensch sein und menschliche Erfahrungen machen, sind dazu da, dass wir Emotionen spüren. Wissen, wie der Wald riecht oder die Strömung des Meeres klingt: Sinnliche Erfahrungen machen, uns auf das Leben ein- und es in seiner vollen Intensität zulassen.

Unser Leben, unser Partner, mit dem wir zusammen sind, Finanzen, Schulden und anderes spiegeln direkt unsere tiefsten Werte, Gedanken, Gefühle und Emotionen, die wir über uns selbst und das Leben haben. Zu uns gekommen ist all das schon in dem Moment, als wir geboren wurden. Bis zu einem gewissen Grad entstammt es der Beziehung zu unseren Eltern und aus den Wunden unserer Vorfahren, die sie uns weitergegeben haben. Wir haben die Macht, all das heilen und damit verändern zu können – wenn wir es nur wollen.

Alles in unserer persönlichen Vergangenheit, worüber wir glaubten, nie hinwegzukommen, und wie unwichtig es heute ist; Die Tatsache, dass wir nicht außergewöhnlich, schön, erfolgreich oder talentiert sein müssen, um Dinge zu erleben, die dem Leben Tiefe verleihen wie etwa Liebe, Kinder oder Verbundenheit. Was wir im Leben bereits erreicht haben, die eigene Sterblichkeit oder alles, was wir bereits über das Leben gelernt haben: All das sind Dinge, über die es sich mehr lohnt nachzudenken als über Dinge, die uns zermürben.

Somit liegt es an uns selbst, die wir allein sind, wenn wir auf die Welt kommen und allein sind, wenn wir sie verlassen, das uns gegebene Zeitfenster dazwischen zu nutzen. Alles, was wir dabei erreichen, sollten wir gut hüten, denn es ist zerbrechlich und der Neid groß. Reue bringt uns nicht weiter, Erkenntnis schon. Geraten wir an jemanden, der besser ist als wir, entscheiden wir, ob wir ihn zum Mitstreiter oder zum Mentor machen. Das Leben wartet nicht auf uns. Aufstehen und entscheiden müssen wir selbst.

Jo hatte sich die längste Zeit um ein außergewöhnliches Leben bemüht. Er dachte einst, Ereignisse wie der Almrausch wären ein Abbild einer erstrebenswerten Gesellschaft, Prominente zu treffen ein Privileg, teure Autos zu fahren eine Form der Abgrenzung. Heute führt er ein nach außen zutiefst gewöhnliches Leben. Und das ist deshalb so großartig, weil es im Innen so außergewöhnlich ist.

Es wird immer jemanden geben, der etwas hat, was wir nicht haben. Dem gegenüber werden immer viele stehen, die alles dafür geben würden, wenn sie nur haben könnten, was wir haben. Wir entscheiden selbst, ob unser Glas halb voll oder halb leer ist. Sich an den, augenscheinlich, randvollen Gläsern anderer nicht sattsehen zu können und dabei die Fülle des eigenen zu übersehen, kann jedenfalls fatale Folgen haben.

So hat sich Jo abgewöhnt, Dinge zu wollen, die er nicht haben kann. Niemand kann alles haben und er musste feststellen, dass es auch für ihn manches einfach nicht gibt. Einen Vater zum Beispiel, wie er ihn gerne gehabt hätte. Im Leben bekommt man nicht alles. Eine höhere Macht, ein Gott oder ein Universum hat aber immer einen Plan. Jo hat nicht bekommen, was er wollte, aber alles, was er gebraucht hat, um zu dem zu werden, was er ist - und so hatte diese höhere Macht einen besseren Plan für ihn, als er selbst es hatte. Längst trauert er keinem unerfüllten Traum mehr nach, der ihn ohnedies nur in seinem Vorankommen blockieren würde. Er möchte also nichts, was er nicht haben kann. Und kann er es eines Tages vielleicht doch, dann wird er sich überlegen, ob es überhaupt Sinn für ihn macht. Viel entschlossener ist er geworden, an den Dingen zu arbeiten, die ihn wirklich ausmachen und die ihm niemand nehmen kann. Allem voran seine Integrität und sein Charakter.

In seiner Rolle als Ehemann und in der Gegenwart von Elli hat er sich noch nie auch nur eine Sekunde gelangweilt. Einfach ist es deshalb nicht. Höhen und

Tiefen eben. So ist das im Leben. Aber was zählt, ist, dass er Elli vermisst, sobald sie aus der Türe geht – und, dass sie ihm Türen geöffnet hat, durch die er ohne sie nie blicken hätte können. Zudem hat sie ihm gezeigt, wie wichtig es ist, sich von negativen Menschen fernzuhalten – und, dass man niemanden von etwas überzeugen kann, der das nicht möchte. Egal, wie wir darüber denken, wie gut wir glauben, dass unsere Argumente sind und was immer wir sagen wollen: Wenn unser Gegenüber es nicht möchte, werden wir scheitern. Der Umkehrschluss hingegen ist falsch. Ein negativer Mensch kann einen positiven Menschen sehr wohl zu Fall bringen.

Als Vater findet Jo seine Vorbildwirkung großartig. Nicht, weil sein Sohn ihn als Idol sieht, macht, was er macht, oder denkt, was er denkt, sondern schlicht, weil sein Herz in dem Moment höherschlägt, indem er ihn ansieht. Und er hat entschieden, es anders zu machen als Leo - den Fluch der Generationen zu brechen.

Als Avi zwei war, ging Jo mit ihm in ein Lebensmittelgeschäft, um Beeren für Elli zu holen, die sie für eine Torte brauchte. Die Frau an der Kassa kannte ihn, weil er und Elli dort regelmäßig einkaufen. An diesem Tag fragte sie nach dem Alter seines Sohnes. Er sagte, dass Avi bald drei wird. Weil er der letzte in der Schlange war, konnten sie kurz miteinander plaudern. Sie erwiderte, dass er seinen Sohn als Zweijährigen wertschätzen solle, weil der Zweijährige schon bald ein Dreijähriger sein wird - und der Zweijährige dann für immer vergangen sein wird. Ein Jahr später wird es sich mit dem Dreijährigen wiederholen.

Seit Avis Geburt kann Jo aus nächster Nähe sehen, wie schnell sich Kinder verändern, wie schnell sie erwachsen werden. Jedes Jahr ist Avi eine neue Person. Seitdem er das so deutlich sieht, denkt er immer wieder an sich und daran, dass sein zweiundfünfzigjähriges Selbst nicht mehr das Gleiche sein wird, wenn er erst einmal dreiundfünfzig ist. Das ist grundsätzlich gut, es ist

Entwicklung. Unglücklicherweise setzt aber bei den meisten von uns irgendwann etwas ein, das diese Entwicklung verlangsamt, sie hemmt. Und dann übernehmen Unsicherheit und Ängste die Kontrolle über uns. Lassen wir das zu, ist plötzlich nicht mehr so ein großer Unterschied zwischen einem Fünfundvierzigjährigen und einem Fünfzigjährigen. Und kaum haben wir es uns versehen, stehen wir jahrelang an derselben Stelle – wie Jo, der ganz bestimmt kein schönes Gefühl hatte, als er das erkannte.

Wenn wir gerade versuchen, unser eigenes Leben in den Griff zu bekommen, und uns Freunde dabei im Weg stehen, dann sollten wir ihnen danken, denn sie zeigen uns damit, wer nicht unsere Freunde sind. Wir meinen, sie nicht aufgeben zu wollen, doch genau das wäre das Beste. Wenn sie sich nämlich nach unten orientieren, und uns dabei mitziehen möchten, dann gibt es daran nichts Gutes für uns. Für sie ohnehin nicht. Doch das ist ihr Problem – und wir sollten es nicht zu unserem machen.

Wie oft hatte sich Johnnie seinerzeit gefragt, was er später einmal werden möchte - und wie viele von uns ist er über Äußerlichkeiten, also das, was er sehen konnte, zu seinen Entscheidungen und Wünschen gekommen. Tatsächlich spielt sich aber alles, was von Bedeutung ist, in unserem Inneren ab – und das ist nicht auf den ersten Blick erkennbar. So erst kam er auf den Holzweg. Folglich musste er die schwierigste Bitte äußern, die er jemals äußerte: jene um Hilfe. Er dachte früher, um Hilfe zu bitten wäre ein Zeichen von Schwäche – ein Armutszeugnis. Doch um Hilfe zu bitten bedeutet keinesfalls, aufzugeben. Vielmehr bedeutet es das Gegenteil – eben nicht aufzugeben. Das Leben stellt uns vor viele Herausforderungen, die Mut erfordern. Und Mut hat viele Gesichter. Eines der mutigsten Dinge, die wir tun können, ist, wenn wir zurücktreten und sagen können, dass wir es morgen noch einmal versuchen werden.

All das bildet für Jo die Grundlage jener Spielregeln, nach denen er sein Leben zu gestalten versucht. Das gelingt nicht immer. Niemandem. Das macht uns zu Menschen und unterscheidet uns von Maschinen. Dennoch helfen diese Spielregeln uns in unserer persönlichen Entwicklung und bei unserem Wachstum.

Ob das, was Jo tut, was wir alle tun, am Ende irgendeinen Sinn ergibt? Wer weiß das schon. Ob aber nun der Weg oder das Ziel für uns im Vordergrund steht: Die Menschen, an die wir uns binden, und was sie in unserem Leben hinterlassen, haben einen besonderen Stellenwert.

Jeder von ihnen, von uns allen, hat einen Namen. Er ist Teil unserer Identität. An ihr arbeiten wir und sie verändert sich – weil sich unser Inneres verändert. In der Geschichte von Jo bringt das auch sein sich mit der Zeit wandelnder Name zum Ausdruck. Damals, beim Almrausch, hätte Jetset-Johnnie noch gewettet, dass er zwanzig Jahre später ein Wirtschaftsanwalt mit großer Kanzlei sein würde. Weil er das wollte und dachte, es zu wollen würde ausreichen. Damals war er überzeugt, die Frau fürs Leben an Orten wie einer Alm zu finden, auf der sich alle kollektiv ins Koma saufen. Hätte man ihn dort nach seinen Idealen gefragt, hätte er es bestens verstanden, über die Oberfläche derer zu monologisieren, die so waren, wie er es damals werden wollte. Doch was sich alles unter der Oberfläche verbergen würde, davon hatte er keine Ahnung. Was konnte er als Teenager schon über das Leben wissen?

Der gereifte Hannes war später noch immer davon überzeugt, auf die richtigen Ideale zu setzen - wollte nicht davon abkommen. Weil er nicht hören wollte, musste er fühlen, ehe er zu Jo werden konnte.

Früher war seine Lieblingsfarbe Schwarz, heute ist es Blau. Früher konnte er Spargel nicht ausstehen, heute liebt er ihn. Früher sah er sich als Unternehmer, heute ist er angestellt. Früher hatte er Kinder abgelehnt, heute bedeuten sie ihm alles. Wir sagen gerne, dass sich manche Dinge nie ändern, doch das stimmt nicht, denn die meisten Dinge ändern sich – und zwar schneller als wir glauben.

Jo hat sich mit allem, was er erlebt hat, abgefunden. Er war in Beziehungen, hat Vertrauen aufgebaut – und es wurde zerstört. Er hat gesehen, wie Freunde zu Feinden wurden und wie Lügen alles kaputt gemacht haben. Wie Menschen gekommen und gegangen sind. Er hat den Tod realisiert – und, dass er zum Leben gehört. Er hat geglaubt und wurde belehrt, hat vertraut und verloren. Er hat geliebt und wurde verletzt, hat aufgehört und immer wieder neu angefangen.

Was er durchgemacht hat, hat ihn durcheinandergebracht und verletzt. Es hat ihm das Gefühl gegeben, allein zu sein. Es hat ihm schlaflose Nächte und Emotionen beschert, die er lieber nicht empfunden hätte. Doch es hat ihn stärker gemacht und er hat sich selbst befreit. Heute konzentriert er sich darauf, glücklich und zufrieden zu sein. Alles, was er dazu braucht, ist eine Frau, die ihn liebt, ein Sohn, der ihn schätzt und eine Familie, die ihm Geborgenheit gibt.

Es spielt keine Rolle, wo im Leben wir gerade stehen. Das Geniale am Leben ist nämlich, dass es immer auf den nächsten Schritt ankommt – er ist der entscheidende. Nun, da Jo über fünfzig ist, möchte er noch immer jeden Tag so viel verändern. Daran, wieviel wir immer noch verändern möchten, wieviel besser es unserem Empfinden nach immer noch sein könnte, lässt sich mitunter ein gutes Leben messen. Wir sehen das an dem Ausmaß, in dem wir uns selbst in Frage stellen, wie oft wir unsere Meinung ändern oder eben an der Entwicklung unserer Art, über andere Menschen zu denken und sie wahrzunehmen.

Ein gutes Leben muss nicht leidenschaftlich sein – nur zielgerichtet. Leidenschaft ist lediglich der Funke in uns, den es braucht, um unser Feuer zu entzünden. Die Zielsetzung aber ist das Kleinholz, das tagein tagaus die Flamme in uns am Lodern hält. Die Befreiung besteht für uns darin, nach mehr zu streben, obwohl wir es uns vielleicht im Moment nicht vorstellen können. Dieses unbeschreibliche Gefühl ist das Kennzeichen eines guten Lebens. Messen können wir es zum Beispiel daran, wie oft wir den Sonnenaufgang als etwas Wunderbares empfinden oder wie oft wir uns selbst dabei beobachten, ein besserer Mensch geworden zu sein.

Unsere Gedanken sind immer der Schlüssel. Nichts kann uns mehr Schmerz zufügen als sie - und nichts kann uns so sehr heilen wie sie. Sie zu pflegen ist eine Notwendigkeit. Damit sie gut sind, nicht schlecht - genährt von Glauben, statt von Zweifeln. Sie allein bestimmen, ob wir glücklich sind oder nicht, denn der glücklichste Mensch ist der mit den glücklichsten Gedanken in seinem Kopf. Wer also Friede in seinem Inneren sucht, muss erkennen, dass er die Verantwortung dafür zu einem wesentlichen Teil selbst trägt und der Schlüssel in den eigenen Gedanken liegt.

Im Laufe unseres Lebens passieren Dinge, deren Intensität wir oft erst erkennen, wenn sie eingetreten oder lange vorbei sind: Freunde werden uns enttäuschen und verlassen, unsere Eltern werden sterben, wir werden Geld verlieren und Menschen werden uns ohne Grund wehtun. All das gehört wohl irgendwie dazu. Eine Welt, die in unendlichem Frieden erstrahlt, ist Wunschdenken.

Charly Chaplin meinte einmal, wenn man genau hinsieht, ist das Leben eine Tragödie. Erst der Abstand, die Ferne, macht es zur Komödie. Die Gabe, uns zurückzuziehen und unser Leben mit einem gesunden Abstand zu betrachten, sollten wir uns nach Möglichkeit bewahren. Sie kann uns in schwierigen

Momenten stützen. Und genau die sind es, in denen Entwicklungen in eine bestimmte Richtung zu laufen beginnen. Dieses Momentum ist etwas, von dem wir meist im positiven Sinn sprechen.

Nun, wo wir uns dem letzten Absatz dieses Buches nähern, und über die Geschichten von Jetset-Johnnie, Hannes und Jo gelesen haben, können wir vielleicht - und bestenfalls ansatzweise - erahnen, woher Johannes kommt und wer er ist. Das hilft uns im Umgang mit ihm, sobald wir ihm begegnen. Und das tun wir ganz sicher, denn ein bisschen Johannes steckt in jedem von uns.

Viele Versionen von ihm existieren in den Köpfen anderer. Manche kennen den lauten Jetset-Johnnie, andere den quirligen Hannes und andere den ausgeglichenen Jo. Wieder andere den introvertierten Johnnie, manche den impulsiven Hannes und andere wiederum den cholerischen Jo. Manche sehen ihn als kühl und gefühlsarm, andere als fürsorglich und warmherzig.

Er zeigt uns, dass wir das Leben nicht einfach so erleben, sondern wir genau das erleben, worauf wir uns fokussieren - indem er uns veranschaulicht, dass der Unterschied zwischen dem, was wir gerne wären, und dem, was wir sind, in unseren Taten liegt; dass der Schlüssel zum Glück in unseren Gedanken zu finden ist, die wir allein selbst bestimmen; dass das Leben nicht etwas ist, das einem passiert, sondern etwas, das von einem ausgeht; dass es ein Spiegelbild der eigenen Gedanken, Handlungen und Überzeugungen ist; dass, wer das erkennt, die Macht hat, seine Realität nach eigenen Wünschen zu gestalten und, wie er – Schritt für Schritt – die Kontrolle zu übernehmen. Was wirst du aus dem Momentum machen, das entsteht, wenn du die letzte Seite dieses Buch gleich gelesen haben wirst?

Eines steht fest: Am Ende unseres Lebens werden wir versuchen, uns an die guten Zeiten zu erinnern und die schlechten zu verdrängen. Nie zu dem geworden zu sein, was wir einmal werden wollten, gehört wahrscheinlich zu den Dingen, die dann viele von uns bedauern, so sie es nicht zumindest versucht haben. Mag sein, dass wir in eine Welt gestoßen werden, in die wir nicht auf Anhieb passen. Versuchen wir dann, unseren Weg zu finden, gaukeln uns viele etwas vor: Dass wir etwas bedeuten würden, wenn wir eine Auszeichnung bekämen, dass wir es zu etwas gebracht hätten, wenn wir gut verdienten, dass wir etwas Besseres wären, wenn wir ein bestimmtes Auto hätten oder an einem bestimmten Ort wohnten.

Wir schwimmen dann durch diese Lügen, bis wir schließlich zum Schluss kommen, dass wir diese Erde als die Person verlassen wollen, von der wir tief in unserem Innersten wissen, dass wir sie sein sollen.

Bis wir an diesen Punkt kommen, sollten wir uns weniger Sorgen machen – dafür ist die Zeit zu knapp. Reflektiert sein – das macht Sinn -, und jeden Tag, an dem wir aufwachen, daran denken, dass jemand anderem dieses Glück nicht zuteilwurde. Verzweifeln wir dann immer noch, lohnt sich der Blick in den abendlichen Sommerhimmel und das Zählen der Sterne. Vielleicht erhaschen wir eine Sternschnuppe – und, wie sie für einen Moment lang die Nacht für uns zum Tag macht. Dann sollten wir uns etwas wünschen und an unsere wunderbare Reise denken – und das Kleingedruckte auf der Rückseite unseres Tickets, mit dem wir hierher zur Erde gekommen sind, das sagt:

Du musst nicht reich werden und nicht schön.
Kein Radio hören und keine Filme sehen.
Du musst keine Follower haben und keine schönen Haare.
Keine Muskeln und keinen Plan für die nächsten Jahre.

Du musst - gar nichts.
Wer sagt, dass du das musst? Leicht!
Die Stimme in Deinem Kopf - und die lügt, weil leben reicht.[7]

Willkommen.

[7] Danke Clara Loesel für diese wunderbaren Worte. Es gibt an dieser Stelle keine passenderen.